JN312509

宮本裕基のスッキリわかる ミクロ経済学

はしがき

〈本書のねらい〉

　公務員試験・資格試験を目指す方の中には，経済学は理解が難しく苦手だという方も数多く見受けられます。しかし，経済学は段階を踏んで理解していけば，決して得点できない科目ではありません。本書は経済学の初歩から丁寧に説明しています。一歩一歩階段を上るように無理なく学習を進めていくことで，本書を終えるころにはきっと経済学を得点源とすることができるでしょう。

　本書はミクロ経済学編となります。マクロ経済学については別冊になっています。

〈本書の対象〉

　公務員試験をはじめ，不動産鑑定士，中小企業診断士，証券アナリスト，公認会計士といった経済系の資格を目指す方など，経済学を理解したい方に幅広くご利用いただけます。

〈本書の特長〉

1　経済学のベテラン講師によるわかりやすい解説
　　本書は長年ＬＥＣ公務員講座で経済系科目を担当している宮本裕基ＬＥＣ専任講師による書き下ろしです。長年の経験から得られた経済学理解のポイント，コツを伝授します。

2　対話形式でわかりやすい解説
　　本書はユウゾウ先生と生徒のマナブ君，アキコさんとの会話形式になっています。初学者が抱きがちな疑問点について，ユウゾウ先生が語りかけるように解説します。

　本書をご活用いただき，最終合格を勝ち取られることを心より祈念しています。
　なお国家公務員試験について，平成24年度から国家Ⅰ種は国家総合職区分に，国家Ⅱ種は国家一般職（大卒程度）区分に名称が変更になりますが，過去問については出題当時の名称を使用させていただいております。みなさまのご理解のほど，お願い申し上げます。

2012年1月吉日

　　　　　　　　　　　　　　　　　　　　株式会社　東京リーガルマインド
　　　　　　　　　　　　　　　　　　　　ＬＥＣ総合研究所　公務員試験部

はじめに

　資格を取得してキャリア・アップや転職，起業をしたい！　公務員試験に合格して公務員になりたい！　この本を手にされるほとんどの方々は，そんな思いを持っていらっしゃると思います。しかし，特に文系学部出身者や大学での学問から離れてある程度の時間が過ぎている方にとって，第一印象が最も"良くない"科目は，経済学なのです。短い時間で合格に足る実力を身に付けたい！　と思っている皆さんからの声を集約してみると，学習を始める前に最も難しそうで最も時間がかかりそうに見える科目が経済学，経済原論のようです。なぜなのでしょうか？

　数式が出てくる，グラフを活用しなければならない，用語が難しそう，暗記だけでは点が取れないらしい，新聞やニュースを聞いて最も難しくてわかりにくいテーマが経済関連のものだ，等がその理由としてよく挙げられます。どれもある程度は当たっていると思います。ところが不思議なことに，講義を聴いて，そういった点を乗り越えた後には得意科目になってしまう方が多いのも経済学なのです。ただし，きっと自学自習だけではそのようになることは難しかったのではないかと思います。やはり講義形式での，講師と受講生との間の様々なやりとりや休憩時間中などにおける受講生との質疑応答が大きなポイントなのでしょう。

　そこで本書では，講義形式・会話形式で学習が進みます。生徒であるマナブ君とアキコさんからの質問や疑問は，日頃から受講生が抱きやすいものばかりで，そしてそこには，経済学を理解するうえでの重要な考え方が潜んでいるのです。登場するキャラクターについて紹介します。

ユウゾウ先生

　資格試験を目指す受講生をサポートする講師としての経験から，優しくわかりやすく経済学を教えてくれる。具体例を豊富に出して，身近なものをイメージしながら効率的に理解してもらえることを目指している。

マナブ君

　ちょっぴり数学に苦手意識を持っているけれど，元気に素直に前向きに経済学に取り組んでいて，どんどん質問してくる憎めないキャラクター。

アキコさん

　成績優秀で学級委員長タイプの容姿端麗（？）なキャラクター。素直な性格で，時々先生をびっくりさせる鋭い質問をする。

　この生徒たちに共感をしていただきながら，読み進むにつれて経済学の基本的な考え方を身に付けてもらえたら，私としては最高です。そしてまたいつか，過去問を実際にどんどん解けるようになることを目指した本が，この続編として出版されて皆さんとお会いできることを楽しみにしています。
　それでは，経済学という長い道のりに元気で旅立って行ってください！

2007年3月吉日

LEC東京リーガルマインド専任講師
宮本裕基

CONTENTS

はしがき
はじめに
本書の効果的活用法
難易度＆出題予想率

●●● 講義を始める前に… ●●●

Part 1　0-1　ミクロ経済学の基本的な考え方 …………… 2
Part 2　0-2　数式やグラフについて …………………… 7

●●● 第1部　消費者の行動 ●●●

Stage1　最適な消費の実現　　　　　　　　　　21
Part 1　1-1-1　効用 ………………………………… 22
Part 2　1-1-2　無差別曲線 ………………………… 29
Part 3　1-1-3　限界代替率 ………………………… 36
Part 4　1-1-4　予算制約線 ………………………… 43
Part 5　1-1-5　効用最大化 ………………………… 47
Part 6　1-1-6　【補論】その他の無差別曲線 ……… 54

Stage2　所得の変化が与える効果　　　　　　　　59
Part 1　1-2-1　予算制約線への影響 ……………… 60
Part 2　1-2-2　最適消費点の移動 ………………… 63
Part 3　1-2-3　所得消費曲線 ……………………… 65
Part 4　1-2-4　財の分類 …………………………… 68
Part 5　1-2-5　エンゲル曲線 ……………………… 72

Stage3　価格の変化が与える効果　　　　　　　　75
Part 1　1-3-1　予算制約線への影響 ……………… 76
Part 2　1-3-2　最適消費点の移動と価格消費曲線 … 78
Part 3　1-3-3　代替効果と所得効果 ……………… 80

| Part 4 | 1-3-4 | 個別需要曲線の導出 ……………… 89 |

Stage4　需要曲線について　91
| Part 1 | 1-4-1 | 市場需要曲線の導出 ………………… 92 |
| Part 2 | 1-4-2 | 需要の価格弾力性 …………………… 95 |

Stage5　"最適消費"の応用　103
| Part 1 | 1-5-1 | 最適労働供給量の決定 …………… 104 |
| Part 2 | 1-5-2 | 異時点間の最適消費行動 ………… 109 |

第2部　生産者の行動

Stage1　生産者の行動の枠組み　113
| Part 1 | 2-1-1 | "生産者"を理解するために ………… 114 |
| Part 2 | 2-1-2 | 生産関数と限界生産力 …………… 116 |

Stage2　利潤最大化行動　123
Part 1	2-2-1	利潤とは ……………………………… 124
Part 2	2-2-2	売上（総収入）と価格について ……… 126
Part 3	2-2-3	総費用 ………………………………… 128
Part 4	2-2-4	平均費用，平均可変費用，限界費用 …… 132
Part 5	2-2-5	供給曲線の導出 ……………………… 140
Part 6	2-2-6	損益分岐点，操業停止点 …………… 144

第3部　完全競争市場

Stage1　市場の均衡　151
Part 1	3-1-1	完全競争市場の成立条件 ………… 152
Part 2	3-1-2	市場における"均衡"とは ………… 156
Part 3	3-1-3	完全競争市場における短期均衡と長期均衡 …… 158

Stage2　市場の安定性　163
- Part 1　3-2-1　ワルラス的調整過程 …………… 164
- Part 2　3-2-2　マーシャル的調整過程 …………… 167
- Part 3　3-2-3　クモの巣理論 …………………… 170

Stage3　市場での均衡に対する評価　175
- Part 1　3-3-1　余剰分析 ………………………… 176
- Part 2　3-3-2　課税政策がもたらすもの ……… 182

第4部　不完全競争市場

Stage1　不完全競争市場について　185
- Part 1　4-1-1　不完全競争市場とは …………… 186
- Part 2　4-1-2　不完全競争市場の分類 ………… 188

Stage2　独占市場　191
- Part 1　4-2-1　独占企業の行動 ………………… 192
- Part 2　4-2-2　利潤最大化条件"MR=MC"からわかること
　　　　　　　　～"P=MC"との関係および「ラーナーの独占度」～ ‥ 196
- Part 3　4-2-3　余剰分析 ………………………… 198
- Part 4　4-2-4　差別独占（差別価格政策） …… 201
- Part 5　4-2-5　独占的競争市場 ………………… 205

Stage3　複占市場　209
- Part 1　4-3-1　クールノー均衡 ………………… 210
- Part 2　4-3-2　シェア維持のケース …………… 214
- Part 3　4-3-3　シュタッケルベルク均衡 ……… 217

Stage4　寡占市場　221
- Part 1　4-4-1　屈折需要曲線 …………………… 222
- Part 2　4-4-2　フル・コスト原理 ……………… 225

| Part 3 | 4-4-3 | 売上高最大化仮説 ･･････････････････････ 227 |
| Part 4 | 4-4-4 | ゲーム理論 ････････････････････････････ 229 |

第5部　市場の失敗

Stage1　市場での"失敗"と"成功"　237
Part 1	5-1-1	より良い市場を目指して ～余剰と効率性～ ･･ 238
Part 2	5-1-2	パレート最適 ･････････････････････････ 240
Part 3	5-1-3	エッジワース・ボックス・ダイアグラム ･･････ 244

Stage2　公共財の存在　253
Part 1	5-2-1	公共財とは ･･････････････････････････ 254
Part 2	5-2-2	最適供給量の決定 ････････････････････ 260
Part 3	5-2-3	【補論】最適供給量の決定についての再考 ･･･ 268

Stage3　外部効果の発生　273
Part 1	5-3-1	外部効果とは ････････････････････････ 274
Part 2	5-3-2	外部経済と外部不経済 ･･････････････････ 277
Part 3	5-3-3	ピグー的政策 ････････････････････････ 283
Part 4	5-3-4	コースの定理 ････････････････････････ 293
Part 5	5-3-5	【補論】その他の解決方法 ･･･････････････ 297

Stage4　費用逓減産業の存在　303
Part 1	5-4-1	費用逓減産業とは ････････････････････ 304
Part 2	5-4-2	限界費用価格形成原理 ･･････････････････ 310
Part 3	5-4-3	平均費用価格形成原理 ･･････････････････ 313
Part 4	5-4-4	【補論】現実的な解決方法 ･････････････ 316

Stage5　情報の不完全性　321
| Part 1 | 5-5-1 | 逆選択 ･･････････････････････････････ 322 |
| Part 2 | 5-5-2 | モラル・ハザード（道徳的危険） ･･･････ 327 |

第6部　国際貿易論

Stage1　貿易政策の比較分析　　333
Part 1　6-1-1　閉鎖経済体制と自由貿易政策 ………… 334
Part 2　6-1-2　自由貿易と保護貿易（関税） ………… 338

Stage2　比較優位説　　347
Part 1　6-2-1　リカードの比較優位説 ……………… 348
Part 2　6-2-2　交易条件の確認 …………………… 354

INDEX

マクロ経済学　目次

講義を始める前に…
第1部　国全体の経済活動
第2部　財市場の分析
第3部　貨幣市場の分析
第4部　財市場と貨幣市場の同時分析
　　　　〜ＩＳ－ＬＭ分析〜
第5部　労働市場の分析
第6部　財市場,貨幣市場,労働市場の同時分析
　　　　〜ＡＤ－ＡＳ分析〜
第7部　インフレについて
第8部　国際マクロ経済学

本書の効果的活用法

部ガイダンス

経済学を初めて学習する人にとって"スッキリと"理解できるように，各部でどのような内容の学習をするのかについて整理しました。

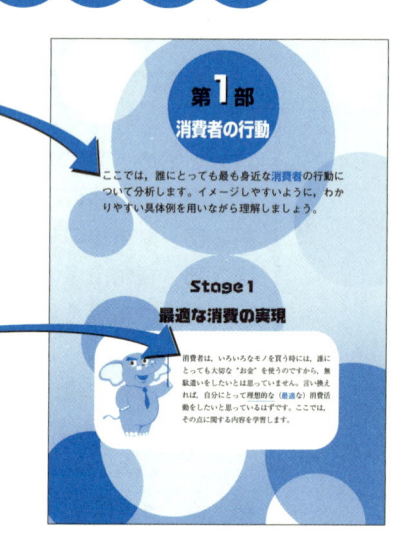

Stageガイダンス

各Stageで理解すべき内容や学習すべきポイントについてまとめました。

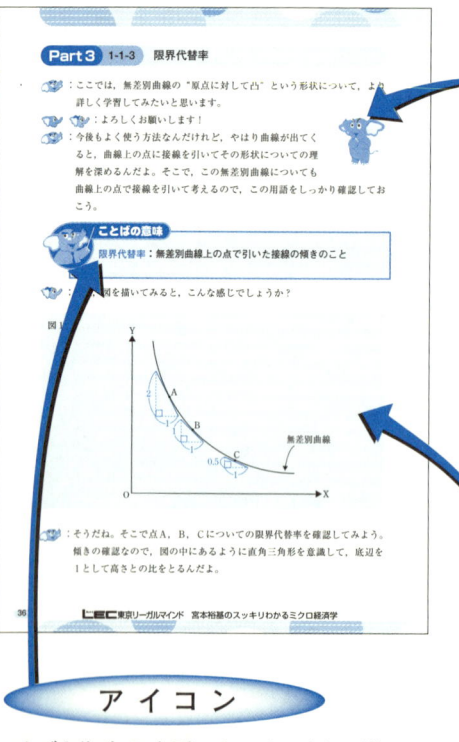

本文

ユウゾウ先生とマナブ君，アキコさんが会話しながら学習を進めています。ユウゾウ先生の過去の経験や，いろいろな生徒さんたちから受けた過去の質問，誰もが間違えそうな部分を織り交ぜながら，3人（3頭？）の性格を楽しみつつ会話を読み進めましょう。みなさんもいつの間にか経済学についての理解を深めてしまってください！

図表

経済学を"スッキリと"理解し，本試験の問題を"スッキリと"解くために，図や表はとても大事な"武器"です。何度も何度もよーく見て，自分で描いてみることも良いでしょう。

アイコン

ユウゾウ先生の出番のところですね。詳しくは，次のページを見てね！

Exercise

最新の本試験からセレクトした過去問です。基本的で標準レベルの問題を選びましたので、理解した内容の確認にぜひ活用してください!

> **●●● Exercise ●●●**
>
> 国家Ⅱ種行政職　2001年
>
> ある財の需要関数が、
> $$x = 180 - 4p \quad [x:需要量、p:価格]$$
> で与えられるとする。
> ここで$p=25$とすると、価格が4％上昇した場合に需要量は何％変化するか。
>
> 1　4％低下
> 2　4％増加
> 3　5％低下
> 4　5％増加
> 5　6％低下
>
> **解説**　正解　3
>
> 需要の価格弾力性E_dは、
> $$E_d = -\frac{\Delta x/x}{\Delta p/p} = -\frac{\Delta x}{\Delta p} \cdot \frac{p}{x} \quad \cdots\cdots ①$$
> と定義される。いま、需要関数の傾きは$-\frac{1}{4}$だから、その逆数をとって、
> $$\frac{\Delta x}{\Delta p} = -4$$
> である。また、$p=25$のとき、需要量は$x = 180 - 4 \times 25 = 80$である。これらを①に代入すると、

解説

理解してきたはずの内容を思い出しながら読んで、正解を確認してください。不明な点があったら、もういちど本文を読み直してみてね!きっとヒントが見つかるはずだよ!

ポイント

経済学を理解するうえでとても重要で"はずせない"部分の確認です。しっかり頭に入れてしまいましょう!

公式

特に計算問題に対応するうえで、"そのまま暗記してしまうとお得"な箇所をピックアップしました。

ことばの意味

経済学として重要とされている用語の意味を確認しました。何度でも見直してください!

補足

文字通り、ちょっとした補足です。みなさんにとって、参考になりそうなことにふれてみました。気軽に読んでみよう!

アドバイス

ミスしやすいところ、勘違いして覚えてしまう人が多いところについて、ミスや勘違いを防ぐために確認しました。

web 1

先生が特につまずきやすいところをweb講義でワンポイント解説しています。詳しく勉強したい人は、ネットからアクセスして確認しよう!下の数字は講義番号です。

難易度 & 出題予想率

難易度について

各種の資格試験合格を目指して学習する初学者からの声や模擬試験での結果などに基づいて、各ステージでの習得難易度を表示しました。易しい内容→難しい内容という順にA→B→C→Dとしてあります。

出題予想率について

資格試験別に近年の過去問のデータに基づいて出題される可能性を予想して表示しました。予想される可能性の高いもの→低いものという順に◎→○→◇→△としてあります。

	難易度	資格試験別の出題予想率					
		国Ⅰ	国Ⅱ	地上	国税	公認	中小	不動
第1部 消費者の行動							
Stage1　最適な消費の実現	A	◎	○	○	◎	◎	○	○
Stage2　所得の変化が与える効果	B	○	○	○	◎	◎	○	○
Stage3　価格の変化が与える効果	C	◎	◎	◎	◎	◎	○	◎
Stage4　需要曲線について	B	○	○	○	○	○	○	◎
Stage5　"最適消費"の応用	D	◎	○	○	◎	○	△	◎

			国Ⅰ	国Ⅱ	地上	国税	公認	中小	不動
第2部	**生産者の行動**								
Stage1	生産者の行動の枠組み	B	○	○	○	○	◎	○	○
Stage2	利潤最大化行動	C	◎	◎	◎	◎	◎	◎	○
第3部	**完全競争市場**								
Stage1	市場の均衡	A	○	○	○	○	○	○	○
Stage2	市場の安定性	B	◎	◎	◎	◎	○	○	○
Stage3	市場での均衡に対する評価	C	◎	◎	◎	◎	◎	○	◎
第4部	**不完全競争市場**								
Stage1	不完全競争市場について	A	○	○	○	○	○	△	○
Stage2	独占市場	B	◎	◎	◎	◎	◎	◎	○
Stage3	複占市場	C	○	○	○	○	○	○	○
Stage4	寡占市場	C	◇	◇	○	○	○	○	◎
第5部	**市場の失敗**								
Stage1	市場での"失敗"と"成功"	B	◇	○	○	○	△	○	○
Stage2	公共財の存在	B	◎	◎	◎	◎	◎	◎	◎
Stage3	外部効果の発生	D	◎	◎	◎	○	○	◎	◎
Stage4	費用逓減産業の存在	C	◎	○	○	○	◎	◎	◎
Stage5	情報の不完全性	B	○	◇	◇	○	◎	○	○
第6部	**国際貿易論**								
Stage1	貿易政策の比較分析	B	◎	◎	◎	◎	△	○	◇
Stage2	比較優位説	A	◇	◎	◎	○	△	◇	◇

（注）表内で用いられている省略表示の意味は，以下の通りです。
　　　国Ⅰ→国家Ⅰ種行政職試験→（新試験）国家総合職試験，
　　　国Ⅱ→国家Ⅱ種行政職試験→（新試験）国家一般職（大卒程度）試験（行政），
　　　地上→地方上級試験，国税→国税専門官試験，公認→公認会計士試験，
　　　中小→中小企業診断士試験，不動→不動産鑑定士試験

本書をさらに活用するための　本書と連動したWeb講義のご案内

～経済学をよりスッキリ理解したい方のための～
宮本裕基の「経済学ワンポイント解説」

視聴期限：2013年3月31日

無料!!登録不要!!

多くの受験生が理解できずに質問してくる箇所や誤解しやすい箇所など、経済学の中で、特につまずきやすいところを本書の著者である宮本講師が、自ら解説しています。
なお、本書に入っているWebアイコンマークの箇所が、Web講義と連動しています。
（下の数字が講義の番号となります。）

web ①

Web講義のここがすごい！

①Web講義でさらにスッキリ理解できる！
　⇒宮本講師のわかりやすい解説で、経済学の難解な箇所をスッキリ理解できます。
②短時間の解説講義で、簡単に理解が深まる！
　⇒それぞれの解説講義は15分程度の短時間です。負担なく理解を深めることができます。
③わかりにくいところが何度でも見られる！
　⇒アクセス回数に制限がないので、スッキリ理解できるまで何度でもご覧いただけます。
④24時間いつでも学習できる！
　⇒Web講義なので、自分の好きな時間に好きなだけ見ることができます。

利用方法

①WEB講義専用サイト　www.lec-jp.com/koumuin/bm/miya/
　ヘアクセスしてください。
②専用ページには、講義リストが並んでいます。その中から、自分の見たい講義を選んでください。

※Web通信教材使用上の注意
■Web通信講座をご受講いただくには、動作環境を満たしたパソコンが必要となります。受講申込前に必ず下記サイトよりご確認ください。　www.lec-jp.com/tsushin/
■受講にあたり必要なOS、ソフトウェアは、下記の通りです。詳しくは動作環境サイトをご確認ください。
　＜OS＞
　Windows®XP 日本語版
　＜ソフトウェア＞
　Internet Explorer 6 以上／Microsoft® Windows Media® Player9 以上
　Flash® Player7以降／Adobe® Reader 5.0以上
※Microsoft、Windows、Windows Mediaは、米国Microsoft Corporationの米国およびその他の国における登録商標または商標です。
※Flashは、Macromedia,Inc.の米国およびその他の国における登録商標または商標です。
※Adobeは、Adobe Systems Incorporatedの米国およびその他の国における登録商標または商標です。

※視聴期限について
2013年3月31日以降に上記URLにアクセスいただいてもご覧いただくことはできません。予めご了承ください。

講義を始める前に…

ここでは，ミクロ経済学の学習を始める前のウォーミングアップ＆イントロダクションとして，いろいろなことを確認します。ミクロ経済学がどのような枠組みになっているのかを大筋で確認しておくためにも，最初に読んでください。

Part 1　0-1　ミクロ経済学の基本的な考え方

：それではこれから，経済学の学習を始めましょう。

：よろしくお願いします！

：まず，大切なことを確認します。いろいろな資格試験の中で"経済学"とか"経済原論"という名前の科目で出題されていますね。その科目で出題されている問題の中身は2種類に分けられ，ミクロ経済学とマクロ経済学と呼ばれます。本書では，ミクロ経済学についての学習をします。

：どう違うんですか？

：ミクロ経済学については，これからゆっくりと理解していってもらえればいいので，ここでは省略しますが，マクロ経済学とは，"マクロ"が"大きく全体的に把握して理解する"という意味なので，「国全体の経済」に注目する経済学です。

：たとえば，どんなことを学習するのですか？

：そうだね…国民所得とか，ＧＤＰ（Gross Domestic Product:国内総生産）とか，物価指数や失業率，といった言葉が出てくる経済学だね。

：何だか，難しそうだな…

：まあ，マクロ経済学の話はこれくらいにして，ミクロ経済学の話にしましょう。これから始まるミクロ経済学の"ミクロ"とは，英単語microscope（顕微鏡）の"micro-"の部分のことで"大きなものを細かくしてよく見る"という意味だと考えていいよ。

："細かくして"というのはどういう意味ですか？

：それは簡単に言えば，「私たちが日頃から日常的に売買しているようなひとつひとつの商品や売買の結果に注目する」という意味なんだ。

：えっ！　日常の買い物でいいんですか？　たとえば，コンビニで買うペットボトルのお茶やお弁当とかでもいいんですか？

：もちろん。だって買い物をするためには，必ずお金が必要でしょ？　そして我々は，お金を使えば"経済"活動をした，と思っているでしょ？

：そうですね。ということは，ずいぶん身近な話でいいん

：ですね！　少しやる気が出てきたな…

：だから，ミクロ経済学の"登場人物"の一番手は消費者で，第1部に登場するのは消費者なんだ。そして買い手である消費者は，家計と呼ばれることもあるから注意してね。

：でも，私たちが何かを買いたい，としても売ってくれているお店がないと，どうにもならないわ…

：そうだね。だからミクロ経済学の"登場人物"の二番手は売り手である企業で，第2部に登場するのは企業なんだ。そして売り手である企業は通常，生産者とも呼ばれるので，注意してね。

：ユウゾウ先生，売り手を"企業"というのはわかりやすいけれど，どうして"生産者"なんですか？　何だか，お米や野菜を生産している農家の人を指しているみたいじゃないですか…

：いい点に気付いたね。実は，経済学が想定している売り手である"企業"とは，主に製造業（メーカー）を指している，と考えるとわかりやすくなるんだよ。

："製造業（メーカー）"というと，具体的には，自動車を生産している"トヨタ"とかパソコンを生産している"ＮＥＣ"のことですよね。それでいいんですか？

：そうそう！

：それは，面白そうですね。でも，企業で働いたことがなくても大丈夫ですか？

：もちろん大丈夫だよ。ただし，企業の中でいろいろな意思決定をしている人の気持ちになることを忘れないでね。

> **ポイント**
>
> ミクロ経済学：日常の商品についての売買に注目し，売り手と買い手が主役として登場する経済学

：つぎに，売り手と買い手が実際に売買する"場"に注目してみよう。

："場"ってお店じゃないんですか？

：そうだね。デパートも，コンビニも，スーパーも確かにお店だから"場"

だね。けれども最近は，お店に行かなくてもいろいろなモノが買えるようになってきたね。

：私は通販で買うのも好きだわ。

：そうそう。最近は，電話やＦＡＸ，インターネットを使って買い物を楽しむこともできるね。つまり，実際にお店に行かなくても売買は確かに成立しているよね。そういった具体的なお店や，抽象的なイメージで売買が成立するネットのような世界から，お店でなくても青果市場や魚市場などのような消費者が普通は目にしないような市場（いちば）まで，広く含めて，経済学では，そういった売買が行われる"場"を**市場（しじょう）**と呼ぶんだ。

：先生は，それが言いたかったんですね！

：それだけではないよ。

補足

「市場」という言葉のイメージが把握しにくかったら，「産業」と置き換えても，ミクロ経済学ではほとんど問題ない

：たとえば，「自動車市場」は「自動車産業」と置き換えて理解しても問題ないっていうことですね！

：そうそう！　それと，我々は"売買"という言葉を簡単に使っているけれど，経済学では使わないんだよ。

：えっ！！　本当ですか？

：実はそうなんだ。私は，説明の便宜上，わかってもらいやすいかな，と思ってついつい"売買"という言葉を使ってしまうけれど，試験の中では使われないんだよ。

：何て言うんですか？

：**取引**という用語を使うんだ。

：企業の経済活動だけではなくて，我々のコンビニでのちょっとした買い物もそう呼ぶんですか？

：もちろんそうだよ。150円でペットボトルのお茶を買ったとしても経済学としては立派な"取引"なんだよ。

：へー！

:そこで，ミクロ経済学に登場してくる3つ目の大切な視点は，買い手と売り手によって取引が行われる市場に注目して分析することなんだ。

:それが第3部と第4部で行われるんですね。

:詳しい話は後回しだけれど，完全競争市場と不完全競争市場という市場について学習するよ。

:それで終わりにならないんですか？

:実は市場というステージの登場人物は，主役は買い手である消費者と売り手である企業，生産者なんだけれども，他にも大切な第三の"登場人物"がいるんだ。

:えっ？　誰ですか？

:日頃，ほとんど意識しなくても生活できるけれど，それは政府なんだ。

:そうか…でも，たとえばどんな関係があるんですか？

:たとえば，海外旅行へ行く時に何か考えたことはなかった？

:えーと，航空運賃がもう少し安かったら大好きな海外旅行にもっと行けるんだけどなぁ…ぐらいしか考えたことないですね…（苦笑）

:では，もう少しヒントを出そうかな。君たちが東京で暮らしている時に，電気を使っているよね。

:あっ！！　わかりました！　値段が政府によって決められているんですね。

:もう少し正確に言うと，料金規制がなされていて，上限の価格が決まっているんだね。

:ニュースを見ていると，「航空会社によって航空運賃の値上げ申請が行われました」なーんて言ってました。航空会社は自分で航空運賃を決められないのかなぁ…と思ったことがありました。

:そうだね。つまり，実際に取引される商品にはいろいろな特徴があるので，その性質に基づいて，政府がいろいろなルールを決めて取引に対して規制をしているんだよ。そういったことについて考えていくのが第5部の「市場の失敗」というテーマなんだ。

:ユウゾウ先生！　最後の第6部は，海外とのさまざまな経済活動の結果について注目するんですね。

:そうだよ。そこまで学習してきたミクロ経済学の考え方を活用して国際経済の重要なテーマである貿易について考えて，ようやく終わりになるんだよ。

:何だか大変そうだな…

:大丈夫だよ！　どんなに高い山だって一歩ずつ気をつけて登れば必ず頂上に到達できるだろう？　それと同じだよ。登った後に見えてくる"風景"は，なかなか見晴らしがいいよ！

:はーい！　頑張ります！

Part 2　0-2　数式やグラフについて

1　関数について

🐘：ここでは，これから学習するミクロ経済学を効率的に理解して実際の試験問題がスッキリと解けるようになるための大切な"道具"である数式やグラフの活用について学習してしまおう。

🐘🐘：はい！　よろしくお願いします。

🐘：まず，簡単で身近な具体例から考えてみよう。1本150円のペットボトルのお茶を買うとしよう。これを1本ずつ買い足していくとすると，買い手の支払う金額，すなわち支出額はどう変化していくのかな？

🐘：簡単ですよ！　こうなりますよね。

表1

買う本数	1	2	3	4	……
支出額(円)	150	300	450	600	……

🐘：うん，そうだね。それでは，タテ軸に支出額，ヨコ軸に買う本数をとって直線で結ぶと，どのように表せるかな？

🐘：はい！　こうなりますよね。

図1

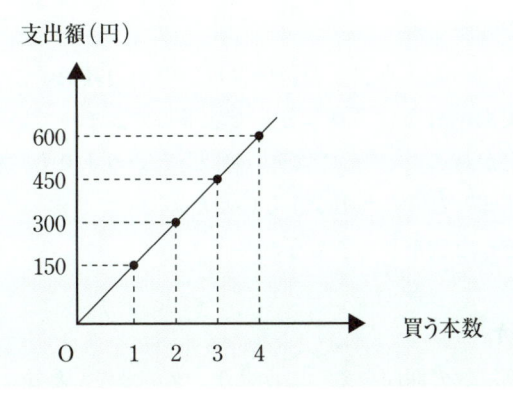

🐘：いいね。それではつぎに，タテ軸の支出額をy円，ヨコ軸の買う本数を

：x本とすると，このxとyの関係を式にして表すとどうなるかな？

　　：これでいいんですよね…

　　　　　y＝150 x

　　：いいよ。ところで君たちは，このようにxとyの関係を確認したわけだよね。このように何らかの数値と数値の関係・関連性を表したものを**関数**と言うんだよ。

　　：えっ！　高校の数学の授業中にはもっと難しく習ったような気がするんだけど…

　　：きっとそうだと思うよ。でもね，ここで学習するのはあくまで"経済学"なのであって"数学"ではないんだから，高校の数学の授業中に感じた苦手意識は，すっかり忘れてしまってほしいんだ。

　　：ユウゾウ先生，それは，高校の数学の時間に学習した細かい定義にはあまりこだわらなくていいのですか？

　　：経済学では，何度も何度も"関数"が出てくるけれど，すべて次のように考えてしまってOKなんだよ。

> **アドバイス**
>
> **関数**：タテ軸とヨコ軸に表れる数値の関係・関連性のこと。式で表してもグラフで表しても構わない。特に，タテ軸・ヨコ軸の用いられた図を見たら関数だと考えていい。

　　：ホッとしました。ボクは数学は大の苦手だからちょっと気楽になったなぁ…

　　：さっきも言ったように，経済学は数学の中の経済学にとって必要な部分を"道具"として活用してしまっているんだ。だからここでは，"数学の確認"というよりも"経済学の中で使う道具の確認"と考えた方が正しいんだよ。

　　：頑張れそうな気がしてきたなぁ…

2　傾きと切片

　　：それでは，次の問題をやってみよう。タテ軸のyとヨコ軸のxとの間に，

　　　　① y＝2 x＋1

② $y = 0.5x + 4$

という関係があるならば，それらはどのような図で表されるかな？

🐘：これでいいでしょうか？

図2

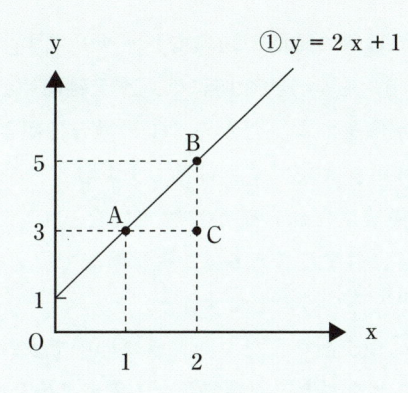

① $y = 2x + 1$

図3

② $y = 0.5x + 4$

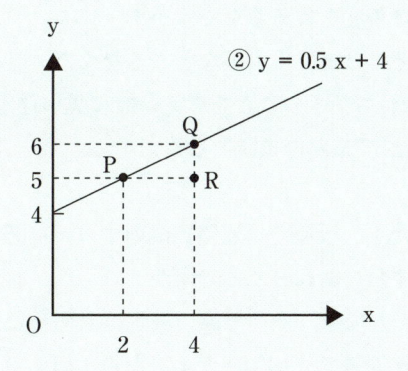

🐘：いいね。図1～3の中に書き入れられている点A，B，P，Qのように，どのような点を通っているのか意識して線を書き入れることがとても大事なんだよ。あくまでグラフは，タテ軸の数値とヨコ軸の数値を意識してその関係を描いたものだからね。ところで，図を描く時や見る時に，他にも注意してほしいことがあるんだ。

🐘：何でしょうか？

:まず1つ目は、グラフの線とタテ軸との交点だよ。図2では1,図3では4だね。これを切片と呼ぶんだ。正確には、タテ軸切片だね。今後は注意して見てみよう。そしてそれよりも大事な2つ目は、線の傾斜のことだよ。傾きと呼ぶね。それぞれの傾きの値はいくつかな？　そしてその理由は？

:それは、中学の数学の時間の知識でバッチリです。数式が"y＝ax＋b"という形の時には、タテ軸切片がbの値で、aの値が傾きです。だから、①の場合は傾きは2で、②の場合は傾きは0.5です。OKですよね？

:アキコさんは優等生だね。確かに答えは合っているよ。けれども、傾きに対する考え方は、実は暗記で捉えないでほしいんだ。

:えっ！　それはどういうことですか？

:それは、こういうことなんだよ。グラフの中で表れる線を"坂道"と考えて、傾きのことを"坂道の傾斜"だと考えてほしいんだ。

:傾斜ってことは角度を答えるんですか？

:注意してね。そこはとても大事なところなんだ。"坂道の傾斜"、すなわち傾きのことを考える時に思い浮かべてほしいものは、"道路の標識"なんだ。

: :えっ！

:思い出しました！　坂道では道路標識の中に、"10％"とか"5％"とか書かれていますね。あれのことですか？

:そうそう！　それでは、その標識の表示は、何を表しているんだろう？

:たとえば、道路標識で"10％"とあったら、図4のような傾斜の坂道だ、ということですよね。

図4

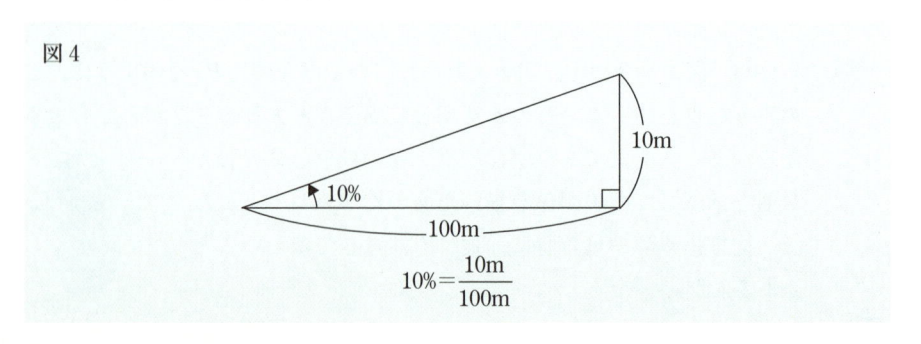

$$10\% = \frac{10\text{m}}{100\text{m}}$$

:そういうことだね。つまり傾きとは，図4のように直角三角形を意識して，

$$傾き=(坂道の)傾斜=\frac{高さ}{底辺}$$

ということなんだね。それでは，この式を使って，図2の①と図3の②の直線の傾きを求めると，どうなるかな？　マナブ君！

:えーと，①の点AからBへの傾きは，底辺がACで高さがBCだから，

$$傾き=\frac{高さ}{底辺}=\frac{BC}{AC}=\frac{5-3}{2-1}=2$$

ということになりますね。つぎに，②の点PからQへの傾きは，底辺がPRで高さがQRだから，

$$傾き=\frac{高さ}{底辺}=\frac{QR}{PR}=\frac{6-5}{4-2}=0.5$$

ですね。

:そうそう！　傾きについては，暗記に頼るのではなくてこのように求める意識をしっかり持っていてほしいんだ。

公式

$$傾き=\frac{高さ}{底辺}$$

:念のため，この式がどのような意味を持つのかについて，もう少し確認しておこう。この式の両辺に"底辺"を掛けて分母をはらうとどうなるかな？

:えーと，

$$高さ=傾き×底辺$$

ですよね。これは簡単ですよ。

🐘：それではマナブ君，これは図1とどのような関係になっているのだろう？

🐘：えっ！　ちょっと意味が…

🐘：先生！　それはもしかすると，yの支出の値を"高さ"に，xの買う本数を"底辺"の長さに，そして1本の価格が"傾き"にあたるものなので，

$$y = 150 \cdot x$$

の式をそのように見よう！　ということですね。

図5

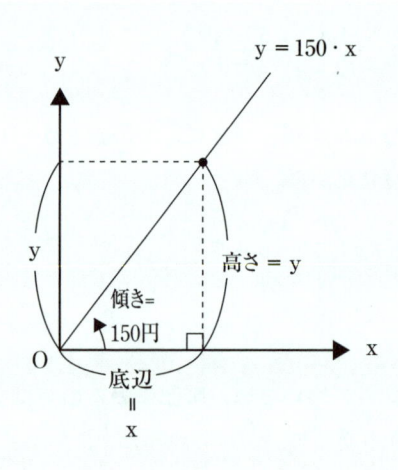

🐘：そうだよ。このように，経済学ではいろいろな式が出てくるけれど，いつもタテ軸とヨコ軸との関係を意識していてほしいんだ。

3　指数

🐘：それではつぎに，"〜乗"という指数について学習しよう。

🐘：たとえば，3^2とか2^5とかのことですよね。

🐘：そうだね。ところで，この指数には，次のような法則があるので，きちんと覚えてほしいんだ。

公式

① $x^a \times x^b = x^{a+b}$
② $x^a \div x^b = x^{a-b}$
③ $(x^a)^b = x^{a \times b}$

そしてこれに付随して，こんなことも覚えておいてほしいんだ。

ポイント

・ $x^0 = 1$

・ $x^{-a} = \dfrac{1}{x^a}$

🐘：先生，質問していいですか？ どんな文字や数値でも0乗（ゼロ乗）のときは1になるんですか？

🐘：そうだよ。指数法則について，次のように考えてみるとよりよくわかると思うよ。

アドバイス

$5^3 = 1 \times 5 \times 5 \times 5$

$5^2 = 1 \times 5 \times 5$

$5^1 = 1 \times 5$

$5^0 = 1$

$5^{-1} = 1 \div 5 = \dfrac{1}{5}$

$5^{-2} = 1 \div 5 \div 5 = \dfrac{1}{5^2}$

🐘：へー！ 指数って「1に掛けていく計算」と考えるといいんですね。

🐘：そうだよ。

4 微分とその活用法

🐘：それでは，指数を用いて2次式や3次式を活用しつつ，微分についても理解しておこう。まず，一番簡単な2次式を使ってみよう。

$$y = x^2$$

を図に表すとどうなるかな？

🐘：それぐらいならば，何とか…

図6

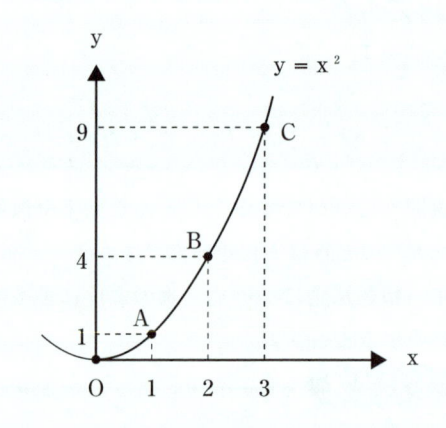

🐘：いいね。経済学では，マイナスの領域はあまり必要ないから，特にプラスの値の領域に注目しておこう。実はここでは，これで終わりではないんだ。ここで注目しておきたいことは，この曲線上の点の接線の傾きなんだ。つまり，点AやB，Cに接線を引いた時の傾きを求めてほしいんだ。できるかな？

🐘：えっ！ どうしたらいいんだか…

🐘：実はそこで，微分が役に立つんだ！

🐘：えっ！ あの数学の時間に勉強した微分ですか！ 経済学でも使わなきゃいけないんですか…困ったなぁ…

🐘：大丈夫！ ここは高校の数学の時間ではないから，難しい定義式や三角関数の微分とかは出てこないから，高校の時の苦手意識はちょっと忘れておいてね。

🐘：結局，どうしたらいいんですか？

🐘：実は微分のことがわかっていると，このように考えられるんだよ。軸を

はずして $y = x^2$ の曲線だけを抜き出して描いてみると，傾きはこうなるんだ。

図7

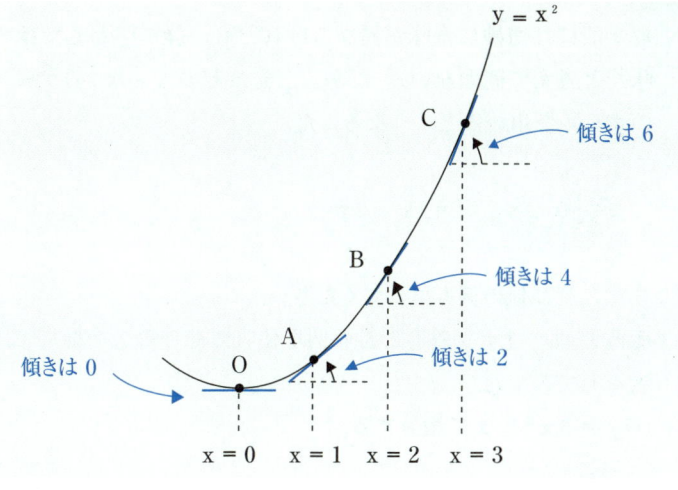

(グラフ: $y = x^2$ の曲線上の点 O ($x=0$, 傾きは0), A ($x=1$, 傾きは2), B ($x=2$, 傾きは4), C ($x=3$, 傾きは6))

どうしてこのようにわかるのかというと，$y = x^2$ を x で微分すると，

$y = 2x$

になるからなんだ。つまり x の値を2倍にすると接線の傾きの値がわかるんだよ。

🐘：へー！　どうすればその $y = 2x$ の式が導き出せるんですか？

🐘：それではここで，微分を完成させる基本ルールを確認しておこう。実はこれだけなんだ。

公式

微分の基本操作
① 〜乗を表す，右肩の指数の値を前に付けて掛け算にする
② 〜乗を表す，右肩の指数の値から1を引く

🐘：他にも気をつけることは少しだけあるけれど，基本的な微分を行う手順はこれだけなんだよ。

🐘：これだけでいいんですか？　ちょっと安心したな。

🐘：マナブ君のその前向きな考え方はとても大切だよ。それでは，具体例を使いながら微分の基本的な求め方を学習しよう。まず，yをxで微分することを，$\frac{\Delta y}{\Delta x}$と表すんだ（$\frac{dy}{dx}$または$\frac{\partial y}{\partial x}$と表す場合もあって，数学的には微妙に意味が異なるけれども，経済学としてはすべて同じ意味だと考えて問題ない）。だから，先ほどの$y = x^2$のケースは，①と②のルールを用いるとこうなるんだ。

$$\frac{\Delta y}{\Delta x} = 2 \times x^{2-1} = 2x^1 = 2x$$

🐘：先生，ぜひ他の例も出してください。

🐘：そうだね。マナブ君もこんな例を使ってぜひ微分の練習をしてみてね。

(1) $y = 3x^5$ をxで微分する。

$$\frac{\Delta y}{\Delta x} = 3 \cdot 5 \times x^{5-1} = 15x^4$$

(2) $y = 3x^4 - 2x^3 + 5x + 4 + 7k$ をxで微分する。

$$\frac{\Delta y}{\Delta x} = 3 \cdot 4 \times x^{4-1} - 2 \cdot 3 \times x^{3-1} + 5 \cdot 1 \times x^{1-1} = 12x^3 - 6x^2 + 5$$

(3) $u = 3x^4 y^2$ をxで微分する。

$$\frac{\Delta u}{\Delta x} = 3 \cdot 4 \times x^{4-1} \cdot y^2 = 12x^3 y^2$$

アドバイス

- 微分は，"＋"や"－"でつながれた各項ごとに微分をする。
- "xで微分する"とあったら，xに注目して微分するのだから，xの入っている項についてのみ微分の操作をして，xの入っていない項については無視する。つまり，上の式の中の定数項の"＋4"と"＋7k"の部分については，xが入っていないので微分された後の式の中にはまったく現れない。
- x^0は1になるので忘れずに！　ちなみに，y^0もk^0も25^0も，その値は1である。

> **アドバイス**
>
> 2種類以上の文字が入っている項については，指示された文字（"〜で微分する"と表された文字のこと。もちろんここではxのこと）に注目して微分の操作をすること。なお，このように複数の種類の文字が入っている式の中のある1種類に注目して微分することを偏微分と呼ぶこともあるが，特に気にしなくてよい。

🐘：ところで，これが経済学とどのような関係があるんですか？

🐘：経済学では，いろいろな曲線が図となって出てくるんだ。だから第一には，その曲線の形を正確に理解してもらうため，というのが大きな理由かな。ただ，実はもう1つ大きな理由がある。それは，最大値や最小値を確認することなんだ。

🐘：どうして微分と最大値や最小値が関係してくるんですか？

🐘：もしかして先生は，たとえばさっきの図7の点Oのことを最小になる時の点って言っているんじゃないかしら？

🐘：そのとおりだよ。曲線に注目して，タテ軸の値が最大や最小になる時には，曲線の形状がどうなっているのかな？

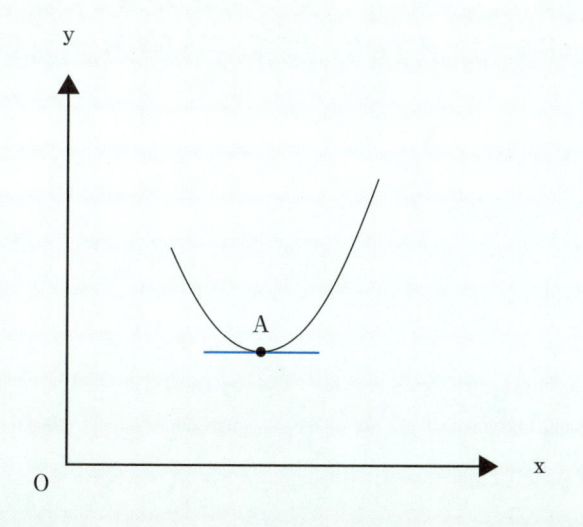

図8

図9

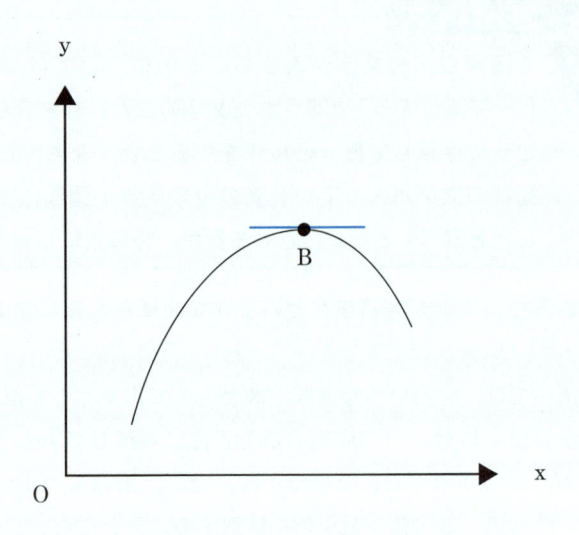

：わかりました！　この図9の点Bのような"山の頂上"のケースがyの値が最大になる時で、図8の点Aのような"谷底"のケースがyの値が最小になる時なんですね。どちらのケースでも、接線の傾きがちょうど水平、すなわちゼロになっているんですね！

：そのとおり！　だから微分してその時の値がゼロになれば、グラフが最小か最大になる時になっていて、本番の試験でよく用いられるのは、最大化になるケースなんだ。そこで、こんな例題を解いてみてごらん。

例題

関数：$y = -x^2 + 10x$ について，y が最大になる時の x と y の値を求めよ。

解説

y を x で微分してゼロとおくことによって，y が最大になる時の x の値を求める。

$$\frac{\Delta y}{\Delta x} = -2x^{2-1} + 10x^{1-1} = -2x + 10 \underline{= 0}$$

∴ $x = 5$

そして，関数の式に $x = 5$ を代入して y の値を求める。

∴ $y = 25$

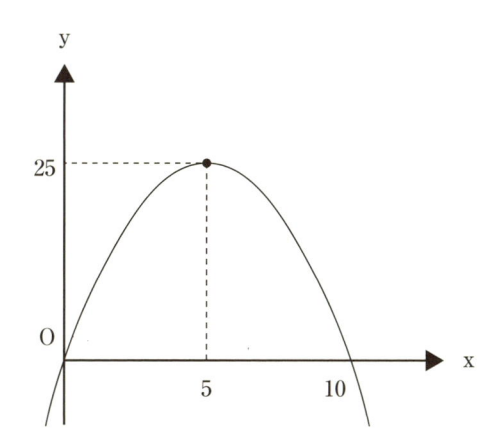

MEMO

第1部
消費者の行動

ここでは，誰にとっても最も身近な消費者の行動について分析します。イメージしやすいように，わかりやすい具体例を用いながら理解しましょう。

Stage 1
最適な消費の実現

消費者は，いろいろなモノを買う時には，誰にとっても大切な"お金"を使うのですから，無駄遣いをしたいとは思っていません。言い換えれば，自分にとって理想的な（最適な）消費活動をしたいと思っているはずです。ここでは，その点に関する内容を学習します。

Part 1　1-1-1　効用

：それでは，ミクロ経済学の講義を始めましょう。

：よろしくお願いします！

：すでにイントロダクションのところで確認したように，ミクロ経済学は，日常の生活と関連性が強いテーマからスタートできるんだよ。

：たとえば？

：「経済学」というと難しそうだから，とりあえず最初は，「経済」と聞くと，日常的には「お金」を連想するだろうから，2人にこんなことをたずねてみようかな。2人は今，財布にお金を持っている？

：はい，もちろんです。

：何のために持っているのかな？

：いろいろな物を買うためです。

：それでは，いろいろな物，すなわち商品を買う人は何と呼ばれる？

：消費者ですね。

：それでは，消費者は何のために商品を買うのかな？　言い換えれば，何を目的として買うのかな？

：お腹が空いた時にパンを買ったり，飲み物を買ったりするから，空腹を満たすためですよね！

：でも，それほど単純なケースばかりではないわ。たとえば洋服ならば，ちょっと見栄を張りたかったりするから買うこともあるし，行きたかったコンサートのチケットが買えたら，もうその時からコンサート当日のことを考えてドキドキしているから，そんな気分を味わいたくて買っているような部分もある気がするなぁ…

：いい点に気付いたね。つまり，大切なお金を出してせっかく消費をするのであれば，空腹が満たされたりドキドキ感が味わえたり，といった「満足感」を得たいと誰もが思っているんだよ。実はその「満足感」がタイトルの

「効用」の意味なんだよ。

> **ことばの意味**
> 効用（Utility）：消費者が消費活動の結果感じる満足感，満足度

：とても重要な用語だから忘れないようにね！

：はい！　でも，何だか今ひとつピンと来ない気がする…

：そうだろうね。そういう時のために，経済学では図を用いて理解を深めるんだよ。

：どんな図を描くんですか？

：その前に，もう1つ大事な用語の知識を増やそう。今まで，我々が消費者としてお店で買うモノ，すなわち売り手が売っている「商品」のことを「財」というんだよ。

> **ことばの意味**
> 財（Goods）：消費者が購入，消費する商品

：そこで，こんな図を描いてみよう。タテ軸に効用のレベル（効用水準）を，ヨコ軸に財の消費量をとる。消費量を増やすと，効用がどのように発生していると感じられるか，自分の正直な感覚を教えてくれないかな，マナブ君。

：何か具体的な財がないと，やっぱりピンと来ないなぁ…

：ユウゾウ先生はお酒が好きだから，ビールとかでいいんじゃない？

：ビールに限らず，飲み物はいい例だね。

：こんな感じでいいのでしょうか…ビールを一口ずつ飲み進めている時に，ユウゾウ先生の満足感は，こんな感じに見えます。

図1

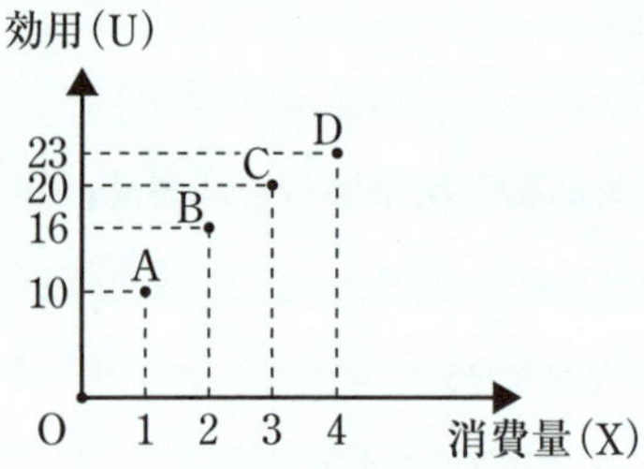

図2

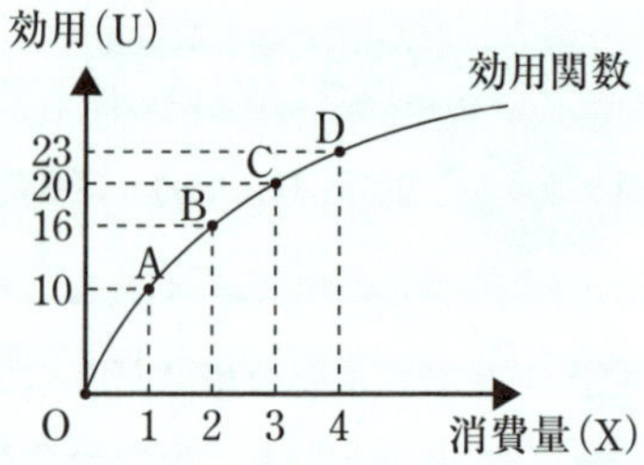

：よくここまで観察していたね。とてもいい図だよ。このように点を意識してから，それを結んで図を完成させることは，経済学ではとても重要なことだよ。これは，「1財モデルの**効用関数**」と呼ばれるものだね。「財の消費量」という“ヨコ軸の数値”と「効用水準」という“タテ軸の数値”の関連性を図に描いたから“**関数**”なんだね。

：高校の数学の授業中に勉強した「関数」の定義はあまり必要ないのですね。ホッとしました。単純に言えば，図を描けば「関数」と考えていいんですね。

：そうだよ。そして数学については，必要最低限のことしか活用しないから，細かい所はあまり気にしなくていいんだよ。そういった点以上に，この図には大事なことが詰まっているから，それらについてまとめてみよう。

図2から得られる重要ポイント1

：右上がりの形状をしている，ということだね。

：先生，それは見たまんまじゃないですか！

：慌てないでね。とりあえず言葉でまとめると，こうなるよ。

「消費量が増えると効用水準が高まる。」

このことを「消費における**不飽和の仮定**」と言うんだ。

：ユウゾウ先生！　お酒は飲みすぎると，気分が悪くなるから，効用はむしろ低下するのでは…？

：面白い質問だね。ただ，普通の人は気分が悪くなってきたらどうするの？

🐘：もちろん，飲むのをやめます。

🐘：どうしてかな？（笑）

🐘：わかりました！！ お酒を飲むためには，誰にとっても大切なお金を使うからですね。つまり，消費量を増やすためには必ずお金が必要で，消費者はお金を使って効用を低下させるために財を消費するはずがないからですね！ 言い換えれば，お金を使って消費量を増やしているのであれば，効用水準が下がるような不合理な消費活動をする人はいない，ということですね。

図2から得られる重要ポイント2

🐘：次は，タテ軸の効用水準（U）とヨコ軸の財消費量（X）がどのように変化しているのかについて注目してみよう。

🐘：そうそう，それが気になってたんだよね…

🐘：最初に，大切な記号を確認するよ。タテ軸やヨコ軸などに表れる数値の変化した量のことを表すための記号として経済学ではギリシャ文字のデルタ "Δ" を用いるんだ。だから，前ページの図1を用いてみると，以下のようにまとめられるよ。

表1

点	O	A	B	C	D
X	0	1	2	3	4	…
ΔX		1	1	1	1	…
U	0	10	16	20	23
ΔU		10	6	4	3

🐘：ユウゾウ先生！ このΔUの数値の変化が…

🐘：そうそう！ けれど正確には，ΔUの数値そのものではなくて，原点Oから点Aへ，点Aから点Bへ，点Bから点Cへの"傾き"に注目してほしいんだ。

🐘：どうして"傾き"に注目するのですか？

🐘：マナブ君ならば，この曲線の形状をどのように他の人に伝える？

🐘：えーと，やはり…「最初は急な傾斜の右上がりの曲線がだんだんと緩やかな傾斜の曲線になっている」と伝えると思います。そうですね。だから"傾き"が必要なんですね。

🐘：そうだね。経済学で出てくる曲線を"坂道"のように捉えて，坂道の傾斜を"傾き"と捉えるのが大切なんだね。

🐘：ユウゾウ先生，それではその"傾き"は，どうすれば求められるんですか？

🐘：それは，11ページで確認したように，"傾き"と言われたら，決して"角度"などと考えるのではなくて，山道にある道路標識を思い出してほしいんだ。標識には"5％"とか"10％"と書かれているよね。たとえば，上り坂で"5％"という標識は何を意味しているのかな？

🐘：100m進んだら5m上昇する，ということですよね。つまり，100mが底辺で5mが高さになっている直角三角形を意識して，

$$傾き = \frac{高さ}{底辺} = \frac{タテ軸の長さ}{ヨコ軸の長さ}$$

ということなんですね。

図3

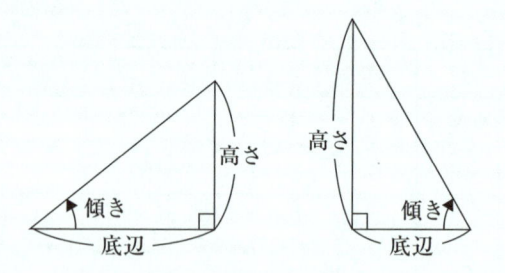

🐘：そのとおり！　それでは，これを図1や図2の点OからAへ，AからBへ，と坂道を登っているのだとしたら，その傾斜はどのように確認できるのだろうか？

🐘：最初は急な傾斜の坂道で，だんだんと緩やかな傾斜の坂道になっているんだね…

🐘：それでは，表1のΔUやΔXを使って傾きを表すとどうなるのかな？

🐘：$\dfrac{\Delta U}{\Delta X} = \dfrac{10}{1}$，$\dfrac{6}{1}$，$\dfrac{4}{1}$，$\dfrac{3}{1}$，…となりますよね。

🐘：経済学では，このように，

> **補足**
>
> 分数の形で表すものを"比"とか"比率"と呼ぶことが多い

そこで，ここでの $\dfrac{\Delta U}{\Delta X}$ も変化率または増加率と考えるんだ。そして経済学では，この $\dfrac{\Delta U}{\Delta X}$ を**限界効用**と呼ぶんだよ。とても大切な用語だから，きちんと理解しておこう。

> **ポイント**
>
> **限界効用**（MU：Marginal Utility）： $\dfrac{\Delta U}{\Delta X}$ のこと。言い換えると，財の消費量が（追加的に）1単位増えた時に，効用水準が（追加的に）どれだけ変化したかを表す比率のこと

🐘：ちなみに，この限界効用MUを図で表すと，このようになるよ。念のため，確認しておこう。

図4

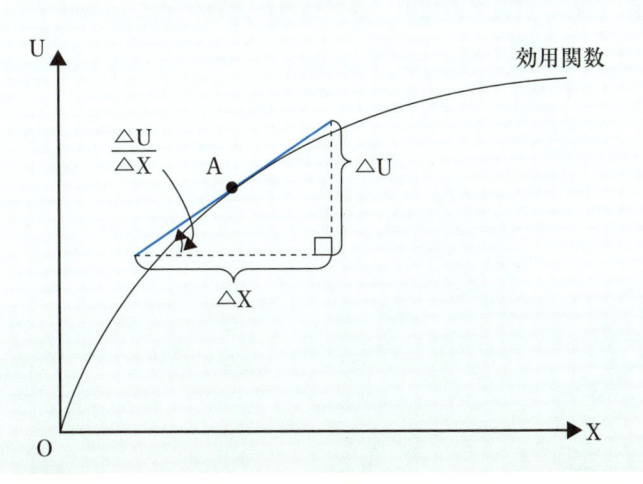

図2から得られる重要ポイント3

🐘：ユウゾウ先生，限界効用MUはだんだん減少していくのですが，その減り方は特徴的ですね。

表2

点	O	A	B	C	D …
△X		+1	+1	+1	+1
△U		+10	+6	+4	+3
△U/△X		10	6	4	3
減少分			4	2	1

🐘：そうだね。つまり，ビールやスポーツの時のスポーツドリンクを飲むケースでよくわかるように，効用（満足感）は1口目の時が一番大きくて，2口目の時の効用は1口目よりも小さい。3口目の時の効用は1口目や2口目よりも小さい。…となるから，限界効用の変化について見てみると，限界効用の減少幅がだんだん小さな値になっていくことが確認できるよね。このように数値が一定的にではなく，段々と減少していくことを逓減といいます。

ポイント

限界効用逓減の法則：限界効用が逓減すること

Part 2 1-1-2 無差別曲線

:前のPart1では，1つだけの財を利用しながら効用や限界効用について学習したね。そこでここでは，本番の試験を意識して2種類の財を利用しながら，効用についてより深く学習しよう。

:よろしくお願いします！

:すでに確認したように，ミクロ経済学は，日常生活と関連性のあるテーマからスタートしているわけだから，より現実に近づけるために，取り扱う財の種類を増やすんだ。

:何だか，ますます難しくなりそうで不安だな…

:大丈夫だよ。安心してね。

> **補足**
> 3種類以上の数の財を取り扱うケースは，基本的には出題されない

:少しホッとしました。

:ということで，試験で通常出題される2種類のケースについて学習しよう。ここでは，タテ軸とヨコ軸に異なる2種類の財の消費量をとって，2つの財の消費量とそこから得られる効用について，図を描いて考えてみよう。

:先生，効用を表す軸がないんですけれど，どうしたら…

:それについては，図を描く時に注意するので，後でしっかり確認してね。

:先生，タテ軸とヨコ軸におく財は，勝手に決めてしまっていいのでしょうか？

:それはいい質問だね。通常，本番の問題では，ヨコ軸にはX財の消費量を，タテ軸にはY財の消費量をおくように書いてあるだけなのだけれど，適当に設定してしまってはダメなんだ。そこにおくのは，自分にとって「どちらが欲しい？」とたずねられたら少し迷うような関係の2財をおいてほしいんだ。経済学では，そのような関係の2つの財を**代替財**（「だいたいざい」と読む）と呼ぶんだ。ちな

みに私にとっては，たとえば食後に「コーヒーと紅茶はどちらがいいですか？」とたずねられたら，いつも必ず迷ってしまうのでコーヒーと紅茶は代替財，ということになるね。

🐘：ボクにとっての，食事の時のパンとライスみたいな…

🐘：そうそう，そこでこれから，ヨコ軸にはX財としてコーヒーの消費量を，タテ軸にはY財として紅茶の消費量をおいて，こんなルールで点A，B，C，Dを書き入れて，それらを滑らかに結んでみよう。

【ルール】
同じ効用水準（満足度）を与えてくれる2つの財の消費量の組合せを表す点を記す。

図1

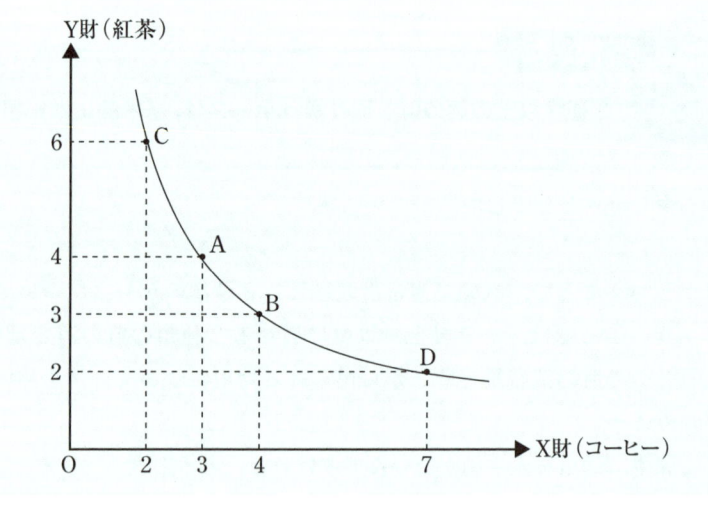

🐘：この曲線が，試験で非常によく出題される無差別曲線と呼ばれるものだよ。

ことばの意味

無差別曲線：同じ効用水準（満足度）を与えてくれる2つの財の消費量の組合せを表す点を結んで得られる軌跡

🐘：念のため確認すると，点A（3, 4）（コーヒーを3杯，紅茶を4杯消費すること）と点B（4, 3），点C（2, 6），点D（7, 2）は私にとって同

じ効用水準が得られる2財の消費量の組合せだ，ということだよ。あくまで，2財の消費量の合計値が等しい組合せ，という意味ではないことに注意してね。

🐘：先生，無差別曲線ってこれが普通の形なんですか？

🐘：そうだよ。これが通常の形なんだよ。ぜひ，しっかりと目に焼き付けておいてね。

🐘：そうなんですか。最初は，先生が普通の人と少し変わった嗜好の人なのかと思いました。それにしてもこの曲線は，とても微妙な形をしていますね。

🐘：最初はそう見えるかも知れないね。そこで，この通常の無差別曲線について，試験に出やすいポイントを確認しておこう。

無差別曲線の性質・その1

🐘：最初の性質は，右下がりである，ということだよ。

🐘：先生，それは見たまんまじゃないですか！

🐘：けれどもこれは大事な性質なんだよ。この性質を経済学では**代替性の仮定**と呼ぶんだ。

🐘：先生，さっきから出てきている"代替"ってどういう意味ですか？

🐘：それは大事な点だから，確認しておこう。

> **ポイント**
>
> **代替**：2つの財が，効用水準を変えないように交換可能である，ということ。なお"交換"とは，一方の財を減少させて他方の財が増加すること。たとえば，コーヒーの代わりに紅茶を飲んで同じ満足感が得られたとすれば，自分にとって，コーヒーの"代替品"が紅茶である，と表現してよい。

🐘：つまりこの無差別曲線は，**代替**という考え方がベースになって出来上がっている，ということなんだよ。たとえば，点Aから点Bへ，という軌跡は，紅茶を1杯誰かにあげる代わりに，コーヒーを1杯もらって，同じレベルの効用を変えずに維持した，ということなんだ。そしてそれは，どの点からどの点への移動の軌跡に注目しても同じことだから，「代替性

の仮定」がこの曲線の右下がりであることを表すんだよ。

：あー，そういう意味だったんですね。わかりました。

無差別曲線の性質・その2

：前のPart 1で，"不飽和の仮定"について学習したよね。つまり「消費量が増せば効用水準が増す」のが普通の消費者だったよね。

　　：はい。

：それでは，先ほどの図に加えて，効用水準のレベルを上げていくと，どんなことになるか考えてみよう。こんな図になるんだよ。

図2

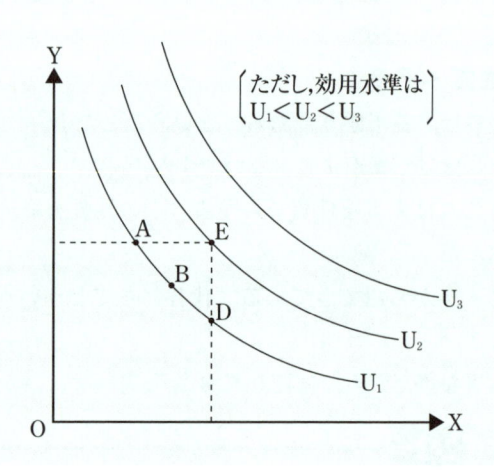

ただし,効用水準は
$U_1 < U_2 < U_3$

：第二の大切な性質は，無差別曲線は，右上方に位置するものほど高い効用水準を示す，ということだよ。

：これはすごくわかりやすいな。点Bはもちろん，点Aや点Dよりも点Eの方が満足度が高いのは，比較すれば消費量が多くなっているし，この補助線もあるから一目瞭然だね。

：ただ，ここでも，もう少し補足しておきたいんだな。ここでは，効用水準の大小関係がU_1，U_2，U_3と書いてあるけれど，この効用の大小関係を，できれば立体的に把握してほしいんだよ。

：それはどういう意味ですか？

：つまりそれは，上の図2を地図と見立てて，効用水準

が地理的な標高の高さであるように見てほしい，ということなんだ。たとえば，U_1を標高100m，U_2を標高200m，U_3を標高300mとみなすとすれば，右上方に山の頂上があるように見え，左下方などは山の麓に見えないかい？

：はい，そうですね！

：これは後で大切な意味を持つんだけれど，実は，無差別曲線をそのように見てくれると，次の性質もとてもわかりやすくなるんだ。

無差別曲線の性質・その3

：第三の大切な性質は，どの無差別曲線もお互いに交わらないということだよ。

：先生，それは簡単ですね。無差別曲線が地図の中の標高を表す線（等高線）だと考えれば，それが交わるはずはないですからね！

：これについても補足すると，この性質のことを経済学では，推移律の仮定と呼ぶんだ。これについては，名前さえ覚えておけば，これ以上問われることはないからこの辺で終わりにしておくよ。

無差別曲線の性質・その4

：ここでは，効用についてもう一度考えてみたいんだ。実は，Part 1の25～28ページでは，タテ軸に効用をおいたときに効用水準に数値を入れて，その差を求めてどのように変化していくかに注目したけれど，このPartに入って2財のケースになってから，効用水準に実際の数値を入れて差を求めたりせずに，大小関係だけに注目しているよね。

：そう言えば…

：実は，経済学の発達とともに効用水準に対して，次の2つの考え方が現れてきたんだ。

> **ポイント**
>
> 基数的効用：消費者の効用水準（満足度）を具体的な数値で示し、その数値そのものや数値の差に意味がある、とする考え方
>
> 序数的効用：消費者の効用水準（満足度）については、順序（大小関係）のみに意味がある、とする考え方

:先生，"基数"と"序数"って以前どこかで聞いたような気がするんですけど…

:そうだね。意外かも知れないけれど，きっとみなさんの中学か高校の時の英語の授業中にこんな用語をきっと学習しているはずなんだ。

> **補足**
>
> 基数：one, two, three, four, …といった普通の数値のこと
> 序数：first, second, third, fourth, …といった順番を表す数値のこと

:あっ！　そう言えば…

:ということで，文章題の中で突然出現する用語なので，注意して覚えておいてね。

無差別曲線の性質・その5

:それでは，最後になったけれど，次のPart 3につながる最も重要な性質についてやってみたいんだ。無差別曲線の形状そのものについてのことなんだ。

:さっき，先生は"微妙な形"という表現を使いましたよね？

:そうそう，実はあの時はわざとそう言ったんだけれど，経済学としては，こんな表現を使うんだよ。

> **ポイント**
>
> 無差別曲線は，原点に対して凸型の形状をしている

図3

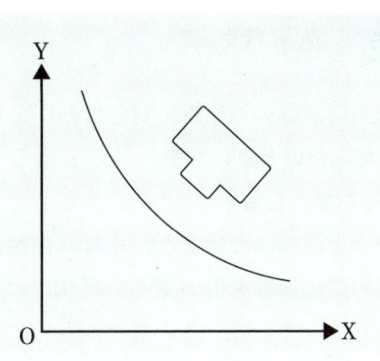

🐘：面白い表現ですね。
🐘：ところで経済学としては，この点をとても重視したので，効用関数のケースと同様に，無差別曲線上の点の接線の傾きに注目したんだ。この点について，次のPart 3で詳しくみてみよう。
🐘🐘：はい！

Part 3　1-1-3　限界代替率

🐘：ここでは，無差別曲線の"原点に対して凸"という形状について，より詳しく学習してみたいと思います。

🐘🐘：よろしくお願いします！

🐘：今後もよく使う方法なんだけれど，やはり曲線が出てくると，曲線上の点に接線を引いてその形状についての理解を深めるんだよ。そこで，この無差別曲線についても曲線上の点で接線を引いて考えるので，この用語をしっかり確認しておこう。

ことばの意味

限界代替率：無差別曲線上の点で引いた接線の傾きのこと

🐘：先生，図を描いてみると，こんな感じでしょうか？

図1

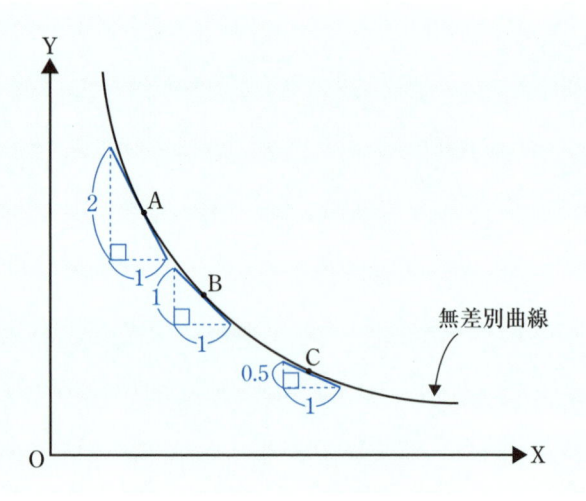

🐘：そうだね。そこで点A，B，Cについての限界代替率を確認してみよう。傾きの確認なので，図の中にあるように直角三角形を意識して，底辺を1として高さとの比をとるんだよ。

$$点Aでの限界代替率：\frac{2}{1} \rightarrow 点Bでの限界代替率：\frac{1}{1}$$

$$\rightarrow 点Cの限界代替率：\frac{0.5}{1}$$

:これを見ると，大事なことに気付くね。

:もしかすると，限界効用の時に出てきた"逓減"ですか？

:そのとおり！ 限界代替率も，ヨコ軸の消費量が増加するにつれて逓減しているんだよ。このことを限界代替率逓減の法則と呼ぶんだ。

> **ポイント**
> 限界代替率逓減の法則：ヨコ軸の消費量が増加するにつれて限界代替率が逓減すること

:ところで限界代替率は，英語ではMarginal Rate of Substitution と呼ばれていて，ＭＲＳと省略されてよく用いられるので覚えておいてね。なぜこれに触れたのかと言うと，限界代替率は，確かに図としては無差別曲線上の点の接線の傾きなんだけれども，タテ軸とヨコ軸との関係，という視点に立つとどういう意味なのかについて考えてほしいんだ。

:もしかして，"代替"という部分のことですか？

:図１をよーく見てほしいんだ。点Aでの限界代替率の$\frac{2}{1}$，点Bでの限界代替率の$\frac{1}{1}$，点Cでの限界代替率の$\frac{0.5}{1}$，というのは，何の比を意味しているのかな？

:わかりました！ 財の代替率，つまり２財の交換比率のことですよね？ 言い換えれば，この消費者としては，点Aのところでは効用水準を維持するためにＹ財２個とＸ財１個の交換に応じ，点Bのところでは効用水準を維持するためにＹ財１個とＸ財１個の交換に応じ，点Ｃのところでは効用水準を維持するためにＹ財0.5個とＸ財１個の交換に応じる，とい

：う意味ですよね？

：そのとおり！　経済学では正式には，ヨコ軸やタテ軸の数値を数える時に，"単位"という言葉を用いるので，きちんと書き直すと，各点においてこの消費者は，効用水準を維持するためにY財のΔY単位とX財のΔX単位の交換に応じるので，限界代替率は，

$$\mathrm{MRS} = \frac{\Delta Y}{\Delta X}$$

と表現されるんだよ。

：先生，あのー…具体的に説明してもらえませんか？

：前のPart 2の図1（30ページ）の例を使ってみよう。タテ軸が紅茶でヨコ軸がコーヒーだとすると，点Aのところでは効用水準を維持するために紅茶2杯とコーヒー1杯の交換に応じ，点Bのところでは効用水準を維持するために紅茶1杯とコーヒー1杯の交換に応じ，点Cのところでは効用水準を維持するために紅茶0.5杯とコーヒー1杯の交換に応じる，という意味なんだよ。

：先生，あのー…そのことは少しだけわかった気がするんですが，どうしてその交換比率が変わっちゃうんですか？　一定じゃないのかなぁ…？

：それはとてもいい質問なんだ。点Aでも点Bでも点Cでも同じコーヒー1杯なんだけれども，実は消費者にとって，各点ごとにその1杯の意味が変わってくるんだよ。

：えっ！？　どうしてですか？

：図1をよーく見てね。点Aではコーヒーの量が少ないよね。逆に点Cではコーヒーの量が多いよね。ということは同じ1杯でもその重要度が違わないかい？

：あっ！　わかりました。点Aではコーヒーの量が少なくて，たとえば2杯しかないから，その1杯を誰かにあげてしまうのは，ちょっと痛いですよね。だからその痛みが紅茶2杯分に換算されてるんですね。逆に点Cではコーヒーの量が多くて，たとえば7杯もあるから，その1杯を誰かにあげてしまってもあまり痛くないんですよね。だからその痛みが紅茶0.5杯に換算されているっていうことかな？

：大正解だね。

🐘：そのことを何て言いましたっけ…？

🐘：相対的に少ないものに大きな価値観を感じることですから，希少価値と言えばいいのでしょうか？

🐘：またまた大正解だね。たとえば，地球上での金とかダイヤモンドなどの貴重な資源や，砂漠における水のようなものに対して我々が感じているのが，その希少価値だね。実は，経済学の最重要課題がその点にあると言っても大げさではないよ。我々消費者の欲望は果てることがないよね。けれども存在する財は有限だ。だからみんなでその貴重な財をどのように分け合って消費するか，というのがとても大切なテーマなんだ。

🐘：そうですね。そういった希少性を感じないでいい財って…あえて挙げるとしても空気ぐらいしかないのかしら…？

🐘：まあ，これだけあちこちで大気汚染が進行して，酸素の缶詰（？）が売られているようになってくると，空気もだんだんと，そうは言えなくなってきているかも知れないね。ちなみに，そういった，空気のような無料で手に入る財のことを，経済学では自由財（Free Goods）と呼ぶんだ。

アドバイス

「1財モデル」と「2財モデル」を学習して

1財モデルで効用について学習して限界効用（MU）を，2財モデルで無差別曲線について学習して限界代替率（MRS）を学習した。そこでX財とY財について学習したので，まず限界効用は，

$$X財の限界効用：MU_X = \frac{\Delta U}{\Delta X} \quad \cdots\cdots ①$$

$$Y財の限界効用：MU_Y = \frac{\Delta U}{\Delta Y} \quad \cdots\cdots ②$$

であり，限界代替率については，

$$MRS = \frac{\Delta Y}{\Delta X} \quad \cdots\cdots ③$$

と表せるので，この①～③式を活用して，こんな関係が表現でき

る。

$$MRS = \frac{MU_X}{MU_Y}$$

これはとても大事な式なので、忘れないように！

≪理由≫

$$\frac{MU_X}{MU_Y} = MU_X \div MU_Y = \frac{\Delta U}{\Delta X} \div \frac{\Delta U}{\Delta Y} = \frac{\Delta U}{\Delta X} \times \frac{\Delta Y}{\Delta U} = \frac{\Delta Y}{\Delta X} = MRS$$

と変形できることより

ポイント

「2財モデル」における財と財との関連性について

2財モデルになって、その2つの財において、コーヒーと紅茶のような代替財という関係を学習したが、これとは違った関係もある。それは、2つの財が一緒に消費（利用）される可能性が高いと考えられるケースで、たとえば、コーヒーと砂糖、カレーと福神漬け、などが挙げられる。このような関係の2財を補完財という。

：そこでさらに、以下の用語とその無差別曲線の形状を確認しておこう。

ことばの意味

完全代替財：誰もがある一定比率で交換可能であると考えている
　　　　　関係の2財のこと

（例）50円玉と10円玉、角砂糖とスティック状の砂糖、…
　　［無差別曲線の形状］　　右下がりの直線
　　希少価値の状態が現れず、限界代替率が常に一定であると考えられるから。

図2

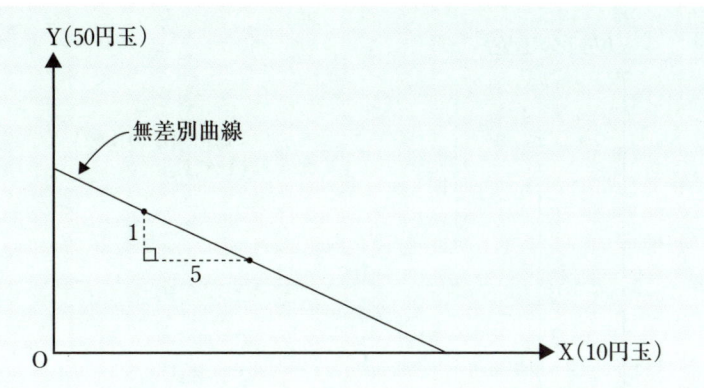

(Y軸: 50円玉、X軸: 10円玉の無差別曲線のグラフ。無差別曲線上の2点間で、縦方向に1、横方向に5の変化が示されている。)

> **ことばの意味**
> 完全補完財：誰もが両財を一組にして一緒に消費（利用）すると考えている関係の2財のこと

（例）ボルトとナット，右手と左手の手袋，…

［無差別曲線の形状］　L字型

点Aと点B，C，Dを比較しても，一方の財の消費量が増加せずに他方の財の消費量が増加するだけでは効用水準が上がらず，また，点Aと点E，Fを比較しても効用水準が上がらないから。同様に点Gと点H，Iを比較しても効用水準が上がらないことからもその形状が確認できる。医者が手術の時に使用する手袋などを想定するとわかりやすくなる。

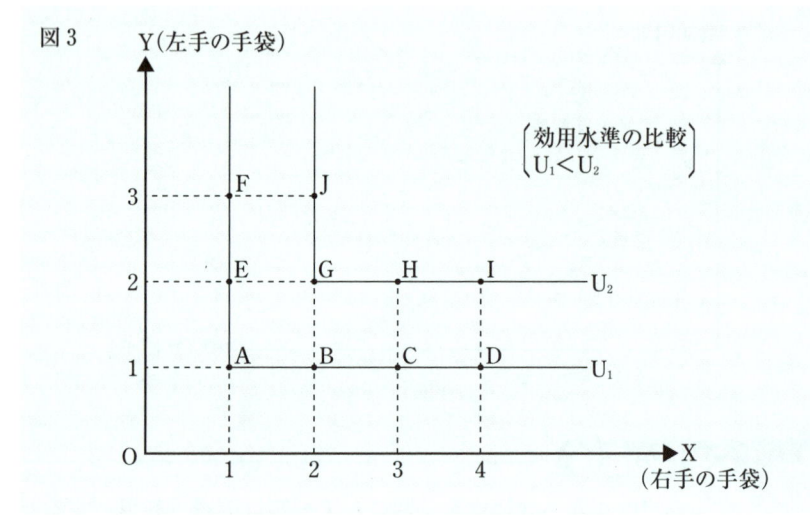

図3

効用水準の比較
$U_1 < U_2$

:なお，代替財と補完財をまとめて連関財と呼びます。

Part 4　1-1-4　予算制約線

🐘：ここでは，消費者にとっての予算による制約について学習します。

🐘🐘：よろしくお願いします！

🐘：ところで先生，"予算による制約"ってどういう意味ですか？

🐘：そこから説明するね。消費者は不飽和の仮定（24ページ）からもわかるように，より多くの財を消費してより右上に位置する無差別曲線上の点での消費を実現したいと思うよね。けれども残念ながら消費者は無限にお金を持っているわけではない。そのことを経済学としては，消費者には予算（所得）の制約（上限）があると考え，消費者にとっての消費の総額，すなわち支出額が予算（所得）を上回ることはできない，と仮定するんだ。

🐘：先生，それは…借金はしない，ということですか？

🐘：そのとおりだよ。ミクロ経済学では，多少の例外はあるけれど基本的には借金のケースは想定しないんだ。

🐘：どうしてですか？

🐘：もしも借金をしてもいいのであれば，マナブ君はどんな行動をとってしまうかな？

🐘：あっ！　わかりました。ボクの性格だと，予算を気にせず欲しい物をいくらでも買っていってしまいそうですね…（笑）

🐘：まあ極端に言えば，自分の所得（予算）を気にしなければ人間は無限に買い物をしてしまって，それでは経済の分析にならないからなんだよ。そこで消費者としては，価格が決まっている2つの財について，所得（予算）が与えられてしまったら，どのような制約の下で消費行動をとることになるのかを式と図で理解することがこのPartでの目標なんだ。

🐘：どのようにやるんですか？

🐘：まず，このように設定をします。

所得：M
X財の消費量：x，　　X財の価格：P_X
Y財の消費量：y，　　Y財の価格：P_Y

🐘：まず，各財に対する支出額（消費総額）はどうなるかな？

🐘：えーと，X財に対する支出額は$P_X \cdot x$でY財に対する支出額は$P_Y \cdot y$ですね。先生，ここで"円"とかの単位は付けなくていいんですか？

🐘：そうだね。特に問題文中に単位について指示がなければ，何も付けなくていいんだよ。つまり，"円"と考えても"ドル"と捉えても"ユーロ"と思っても"ポンド"とみなしても「単位」はどれでもいい，ということなんだよ。

🐘：ある意味では，便利ですね。

🐘：そうだね。そして借金はできないので，2財に対する支出額が所得Mを上回ってはいけないことを式にすると，どうなるかな？

🐘：えーと，こうなります。

$$P_X \cdot x + P_Y \cdot y \leq M$$

🐘：そうだね。つまり，所得（予算）をすべて使い切るとすると，

$$P_X \cdot x + P_Y \cdot y = M \quad \cdots\cdots ①$$

ということになるんだけれど，この①式を**予算制約式**と呼び，これを図にした時の直線を**予算制約線**と呼ぶんだ。

> **ポイント**
>
> **予算制約線**：与えられた2財の価格，所得において，所得をすべて使い切った時の2財の消費量のすべてのケースの軌跡
>
> **予算制約式**：予算制約線を式にして表したもの

🐘：けれども，この①式のままでは図で表しにくいので，これを変形してyについて解いて（"y = …"という形にして），

$$y = -\frac{P_X}{P_Y} \cdot x + \frac{M}{P_Y} \quad \cdots\cdots ②$$

🐘：とした方が，予算制約線が図として表しやすくなるよ。

🐘：どうしてですか？

🐘：タテ軸にyを，ヨコ軸にxをとって図を描いてみよう。

まず，タテ軸の切片は（②式でx＝0とおいて）$\dfrac{M}{P_Y}$とわかるし，ヨコ軸の切片は（②式でy＝0とおいて）$\dfrac{M}{P_X}$とわかる。また，傾きは$\dfrac{P_X}{P_Y}$とわかるね。

🐘：先生，傾きは$-\dfrac{P_X}{P_Y}$とマイナスの値ではないのですか？

🐘：もちろん，そのように負の値で表現しても構わないよ。しかし経済学は，数学のような厳密性をあまり無理に追求しないケースが多いんだ。数学の世界ならば「リンゴを－2個買う」ということも成立するかも知れないけれど，経済学では，そんなことは明らかにムリなので，あまりマイナスで表現することにはこだわらないんだ。それとたとえばこのケースでは，予算制約線が右下がりであることは，経済学を学習した人ならば全員知っているので，プラスかマイナスか，ということよりも関心事は数値がいくつなのか，ということなのでそちらをきちんと書けば大丈夫なんだよ。

🐘：そういうことだったんですか。

🐘：ただ，最初はそういった符号にまで気を配る姿勢は，経済学に慣れてくるまで大事なことだよ。さて，注意事項はそのくらいにしてマナブ君，予算制約線の図を描いてみてごらん。その時に，消費者にとってどこまで消費が可能なのか，ということを表す消費可能領域も明示しておいてね。

🐘：はい。これでいいでしょうか？

図1

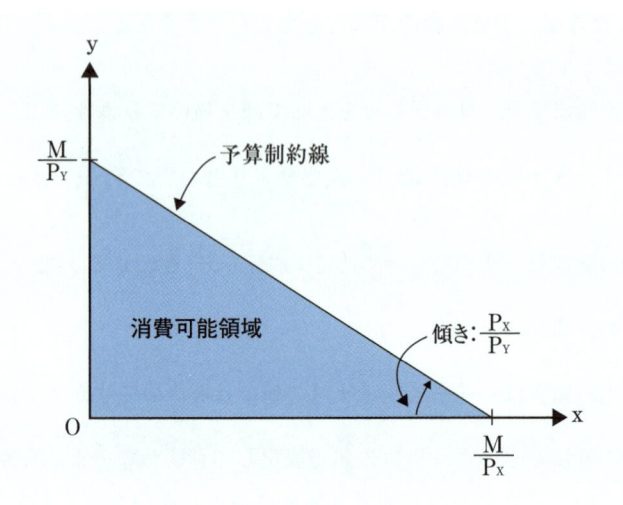

予算制約線のグラフ: タテ軸切片 $\frac{M}{P_Y}$、ヨコ軸切片 $\frac{M}{P_X}$、傾き: $\frac{P_X}{P_Y}$、消費可能領域。

🐘：うん，いいよ。そこで，予算制約線についてポイントを確認しておこう。この後の学習と関連して，特に傾きについて注意して理解しておこう。

ポイント

- **タテ軸切片，ヨコ軸切片**を意識して，必要に応じて求められるようになっておくこと。
- **傾き**を求められるようになっておくこと。特に，予算制約線の傾きは**2財の価格比**になっている点を忘れずに！
- **消費可能領域**は，予算制約線とタテ軸，ヨコ軸でできる三角形の辺上とその内側であり，それらすべての点が，消費の実現可能な領域になっている。

Part 5　1-1-5　効用最大化

🐘：ここでは，このStage 1のタイトルになっている，消費者にとっての"最適な"消費とはどういうことなのか，といった点について，図を活用しながら理解を深めていきましょう！

🐘🐘：よろしくお願いします！

🐘：最初に確認しておきたい考え方は，"最適消費"という用語です。

🐘：先生，ボクが何かを買う時には，欲しいと思う物が買えれば満足で，"最適"なんて考えたこともないのですが…アキコさんはどう？

🐘：そうねぇ…確かに"最適"と言われてもちょっとピンと来ないわねぇ…

🐘：そう来ると思ったので，きちんと学習しておこう。実はミクロ経済学の基本的なルールに，効用最大化の仮定というものがあるんだ。

🐘：それは何ですか？

🐘：消費者は，予算（所得）の範囲内で効用を最大化させるように消費量を決定させる，ということだよ。

> **ことばの意味**
>
> 効用最大化の仮定：消費者は，予算（所得）の範囲内で効用最大化を実現させるように消費量を決定する，という仮定

🐘：つまり，消費者は貴重なお金を最も効率的に活用しようとするはずだから，自分の満足感である効用を最も高めるように消費するはずだ，ということですね。

🐘：うまく言い換えてくれたね。そうだよ。つまり，消費可能領域の中で消費行動をする，という制約の下で，消費者はどのように最適な（効用を最大化させるような）消費を決めるのか，それを学習するのがこのStageのポイントなんだ。そこで，こんな図を使って理解を深めよう。

図1

〔$U_1 < U_2 < U_3$〕

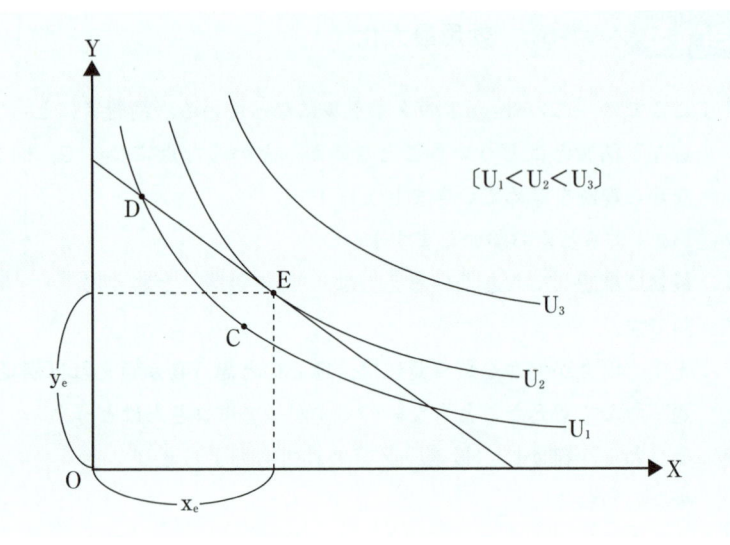

:効用水準の大小関係は$U_1 < U_2 < U_3$となっていることに注意しておこう。そして図の中の点に注目してね。まず，U_3上の点はすべて消費可能領域の外側にあるのだから，すべて実現不可能な点だね。それでは，完全に消費可能領域の中にある点Cのような組合せでX財とY財の消費をすることは最適なのだろうか？

:消費を実際に実現させることは可能ですよね。でもきっと"最適"ではないですよね…

:どうしてかな？

:もう少しお金を使って消費量を増やせば，借金をしなくても効用水準をもっと上げることができるから……ですよね？

:そうだね。それでは，予算制約線上の点，すなわち予算（所得）をすべて使い切っているわけだけれど，点Dは最適なのかな？

:最適ではないことはわかるんだけど，どう説明していいのかわからないな…

:点Dは点Cと同じ無差別曲線U_1上にあるのだから，消費者にとって効用水準の評価は点Dと点Cでは完全に同じなんですよね。ですから点Dでは，いくら予算をすべて使い切ったとしても最適ではなくて，点Cの状況と同様にもっと工夫した消費の方法を考えましょう，という状況だから最適ではないんですよね。

: いいね。点Dのケースは，2財がとてもアンバランスな消費のパターンなので，もう少しバランスがとれた消費のパターンを考慮した方がいい，という見方もできるんだよ。さて，それでは最適な点はどこかな？

: 予算制約線上と無差別曲線が接している点Eですよね。

: そうだね。この点Eのことを**最適消費点**，あるいは**効用最大化点**と呼ぶんだ。そしてその時に，必ずこの点Eからタテ軸，ヨコ軸に垂線を下ろして最適な消費量である x_e と y_e の数値を確認するようにしてほしいんだ。今後も図の中に重要な点が現れたら，その位置をすぐにタテ軸やヨコ軸と結びつけて確認するようにしてね。ところでこの点Eでは，"接している"ということから，図形としては，何と何が等しくなっているんだろうか？

: えっ！ "等しく"ですか…

: そうだよ。ヒントは，何の傾きと何の傾きが等しくなっているんだろうか，ということだよ。

: あっ！ わかりました。予算制約線の傾きと無差別曲線上の点の接線の傾きが等しくなっている点，ということですね。

: よく気付いたね。そうだよ。では，それぞれはどのように表されていたものだったか覚えてる？

: それぞれ，2財の価格比と限界代替率，というでしたよね。

: そうそう。だから最適消費，言い換えれば効用最大化については，まとめるとこのようになるんだ。

ポイント

最適消費点，効用最大化点について
　　　（位置）予算制約線と無差別曲線の接点
　　　（そこでの状況）予算制約線の傾きと無差別曲線上の点の接線
　　　　　　　　　　　の傾きが等しくなっていることから，
　　　　2財の価格比＝限界代替率

: さて，このPartの重要な部分はこれでほとんど終わったんだけれど，試験の問題に対処するためにもう少し補足しておこう。前のPart 3のところで，限界代替率MRSと限界効用MUとの間には，こんな関係があることを学

習したよね。

$$MRS = \frac{MU_X}{MU_Y} \quad \cdots\cdots ①$$

そしてたった今，効用最大化の時には「2財の価格比＝限界代替率」すなわち，

$$\frac{P_X}{P_Y} = MRS \quad \cdots\cdots ②$$

が成立することを学習したよね。つまり，効用最大化になっている時には，この①式と②式の両方が成立していることになるよね。すると，ちょうどMRSをはさんで，

$$\frac{MU_X}{MU_Y} = MRS = \frac{P_X}{P_Y}$$

となるので，中間にあるMRSは省略すると，

$$\frac{MU_X}{MU_Y} = \frac{P_X}{P_Y}$$

となることがわかるね。そこで，この式の両辺にMU_Yを掛けて両辺をP_Xで割ると，

$$\frac{MU_X}{P_X} = \frac{MU_Y}{P_Y} \quad \cdots\cdots ③$$

という式が成立することになるね。効用最大化の時に，この③式が成立することを，加重限界効用均等法則というんだ。効用最大化の計算問題を解く時に大切な公式なので，ぜひ知っておいてほしいんだ。

：はい！
：ただ，効用最大化の計算問題を解く時には，微分の学習をした時に確認した，"微分してゼロとおく"という手法も大事なので，どちらも使えるようになっておくといいよね。念のため，まとめておくよ。

公式

効用最大化の計算問題を解く方法

① **加重限界効用均等法則**の利用

$$\frac{MU_X}{P_X} = \frac{MU_Y}{P_Y}$$

② "最大化"のケースなので**効用関数を消費量で微分してゼロとおく**

:練習のために,次の過去問をやってみよう。

●●● Exercise ●●●

国家Ⅱ種行政職　1996年

x財とy財を消費するある個人の効用関数が,

$u = x^2 y^3$　[u:効用,x:x財消費量,y:y財消費量]

で示され,この個人の所得が100,x財とy財の価格がそれぞれ5,10であるとする。この個人が効用を最大にするときのx財とy財の需要量はいくらか。

	X財	Y財
1	4	8
2	6	7
3	8	6
4	10	5
5	12	4

解説　正解　3

以下に2通りの解答方法を示す。どちらでもできるようにしておくこと。

1. 加重限界効用均等法則を利用する方法

$$\frac{MU_X}{P_X} = \frac{MU_Y}{P_Y} \quad \cdots\cdots ①$$

①式を活用するために、まずMU_XとMU_Yを求める。

$$MU_X = \frac{\Delta u}{\Delta x} = 2xy^3,$$

$$MU_Y = \frac{\Delta u}{\Delta y} = 3x^2y^2,$$

であることから、①式より、

$$\frac{2xy^3}{5} = \frac{3x^2y^2}{10}$$

$$\therefore 4y = 3x \quad \cdots\cdots ②$$

ところで本問では、予算制約式より、

$$5x + 10y = 100$$

$$\therefore x + 2y = 20 \quad \cdots\cdots ③$$

そこで、②式と③式を連立させてxとyの値を求めると、

x = 8,　y = 6

したがって、正解は肢3である。

2. 効用関数を消費量で微分してゼロとおく考え方を活用する方法

本問では、予算制約式より、

$$5x + 10y = 100$$

$$x + 2y = 20$$

$$\therefore x = 20 - 2y \quad \cdots\cdots ①$$

そこで、この①式を効用関数の式に代入する。

$$u = x^2 y^3$$
$$ = (20-2y)^2 \cdot y^3$$
$$ = 400y^3 - 80y^4 + 4y^5$$

そして、この効用 u が最大化されればよいのだから、u を y で微分してゼロとおく。

$$\frac{\Delta u}{\Delta y} = 1200\,y^2 - 320\,y^3 + 20\,y^4$$

$$= 20\,y^2(y^2 - 16\,y + 60)$$

$$= 20\,y^2(y - 6)(y - 10) = 0$$

∴ y = 0, 6, 10

なお、y = 0 は消費量がゼロなので解答として不適。

つぎに、y = 10 は x = 0 となり、消費量がゼロなので解答として不適。

∴ y = 6, ①式より x = 8

したがって、正解は肢 3 である。

Part 6 1-1-6 【補論】その他の無差別曲線

🐘：ここでは，通常の"原点に対して凸型"以外の形状の無差別曲線に注目して，試験に向けての無差別曲線に対する理解を深めてみたいと思います。

🐘🐘：よろしくお願いします！

🐘：Stage 1 のPart 3（40〜42ページ）で，無差別曲線について，完全代替財の"右下がりの直線"になるケースと完全補完財の"L字型"になるケースを学習したよね。ここではそれ以外のケースを3パターン挙げて学習をしてみよう。最初は，無差別曲線の形状が原点に対して（凸ではなくて）凹型のケースです。

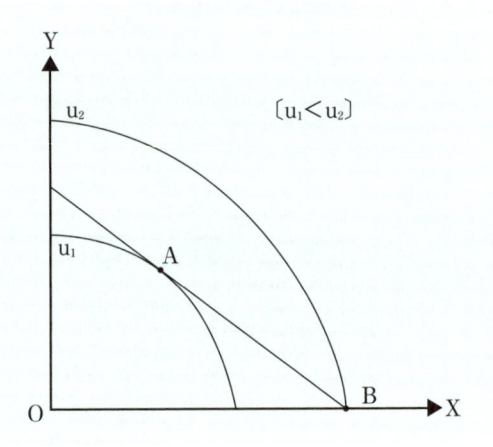

図1

〔$u_1 < u_2$〕

🐘：おかしな形ですねぇ！　ところで，ここでは何がポイントなんですか？　それと，この右下がりの直線は何ですか？

🐘：まず，この点AとBを通っている右下がりの直線は予算制約線だよ。試験で特に問われるポイントは，この予算制約線の下で，効用最大化を実現する最適消費点はどこか，というところだね。

🐘：えっ！　それは，無差別曲線と予算制約線が接している点Aじゃないんですか？

🐘：ちょっと待って！　効用水準の大小比較が$u_1 < u_2$なんですよね。ということは，点Aよりも点Bの方が効用水準が上なのだから，同じように予算を使い切るならば点Aよりも点Bの方を選ぶはずですよね。だから最

適消費点は点Bということになるのではないかと…でも，X財ばかり消費してY財をまったく消費しないことになってしまって，何だかちょっと違和感もあります。

：このように最適消費点を問われているケースには，やはり図を立体的（地理的）に見ることができるかどうかが重要なポイントなんだ。

：つまり，原点Oが谷底の方で，図の右上方向に向かうことが山などの斜面を昇って行くように見えればいい，ということなんですね。

：そして，予算制約線とタテ軸，ヨコ軸で作り出される三角形である消費可能領域の中で，最も"標高"の高い点を探せばいい，ということなんですね。

：そのとおりだよ。だから正解は点Bだよ。このように，予算制約線の端に最適点が来るケースを，経済学では端点解のケースと呼ぶんだよ。

：先生，そんなにアンバランスな消費パターンが最適点，ということは何だかピンと来ないんですけれど…

：それは，具体例をX財，Y財に入れてみればすぐにわかるんだよ。これは，ゴチャ混ぜに消費したくない，言い換えれば，どちらか価格の安い方の財ばかりをどんどん消費したい，というケースなんだよ。

：先生，こういうのは任せてください！　先生みたいに，お酒は好きなんだけど，チャンポンにして2種類のお酒を一緒に飲むのは次の日に悪酔いするので，安いお酒をガンガン飲みたいケースなんですね！　たとえば，タテ軸のY財に少し高いワイン，ヨコ軸のX財に相対的に安いビールをとって，ビールばかりをどんどん飲みたい，というケースですよね。

：ゴホン！　う，うーん，当たっているだけに何とも言いようがないなぁ…確かにそうだね。それでは，次のケースに行こう！　次は，無差別曲線の形状が円形のケースだよ。

図2

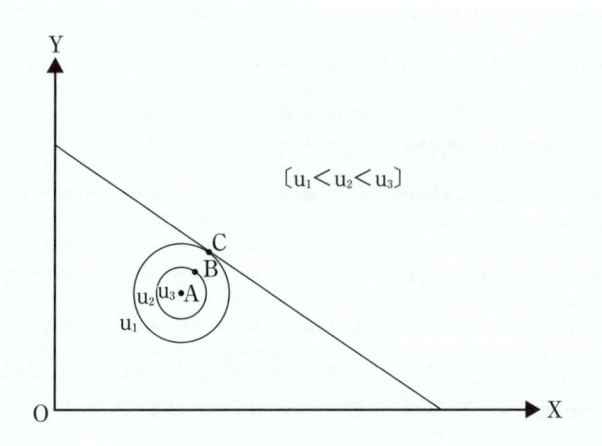

[u₁＜u₂＜u₃]

🐘：なお，u₃も円形なんだけれど，小さすぎてほとんど点になってしまっているので，注意してね。先ほどの図1のケースと同様に，右下がりの直線は予算制約線で，最適点はどこか，というのが試験で問われるテーマだね。

🐘：これは，かなり違和感のある形ですね。でも，これも無差別曲線の効用水準の大小関係を標高のように見ることができたらいいんですね。

🐘：そうだよ。

アドバイス

無差別曲線図は、見た目は平面図でも、標高の数値が入った地図のように立体的に見ることができると、ミスが防げる可能性が大！

🐘：つまり点Aを頂点とし，点Cが山の裾野，麓のように見えて，たとえば，工事中の道路に立っていたりする円錐形のコーンを真上から見ている気持ちでこの図を見てくれたらいいんだよ。

🐘：なーるほど。思わず，無差別曲線と予算制約線が接しているから，点Cが最適点かなぁ，と思ったのですが，やはりその考え方はマズイんですよね。

🐘：そのとおりだよ。ということで，最適点はどれかな？

🐘：ということは，消費可能領域の中で最も"標高が高い"最適点はAなん

ですね。

:そうだよ。

:先生，ということは，このケースでは予算を全額使い切らなくてもいい，ということなんですね。

:そうだね。気をつけてほしいのは，予算（所得）は必ず使い切らなければならない，というルールがあるわけではない，ということなんだよね。

:先生，このケースのような場合には，X財やY財にどんな具体例が入るのでしょうか？

:たとえば，体調の良くない人にとって，病院でX財とY財という2種類の薬を処方されたケース，と考えるとわかりやすいのでは？

:点Aが，処方された2種類の薬の適量の組合せを表している，ということですね。

:先生，つまり，いくらお金持ちだからといっても点Cのように薬を買いすぎて飲みすぎるようなことをしても副作用が出るでしょうし，もちろん薬が足らなければ効き目が効果的に出てこないから，結局，点Aが効用最大化の状態になる，と考えればいいんですね。

:そうだよ。それでは，次のケースに行こう。次は，無差別曲線の形状が右上がりの曲線，というケースだよ。

図3

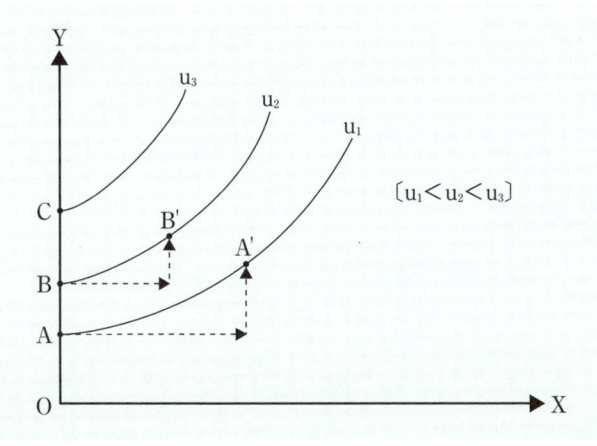

〔$u_1 < u_2 < u_3$〕

:ここでのポイントは何でしょうか？

🐘：ここでのポイントは，タテ軸とヨコ軸にどんな財が入るか，ということだね。特にヨコ軸の財が重要だね。

🐘：どう考えたらわかるんだろうか…

🐘：そんな時には，いくつか点を入れたり，ヨコ軸とタテ軸との関係から考えてみよう。まず確認すると，点A，B，Cを比較すると，どんどん効用水準が上がっていることがわかるので，タテ軸のY財は通常の「不飽和の仮定（消費量が増加するほど効用水準が高まる）」を満たす財（Goods）だとわかるよね。

🐘：はい！

🐘：そこで点Aから点A'へ，または点Bから点B'へ，のどちらでもいいので，状況を変化させてみるとよくわかるはずだよ。Y財の消費量を一定のままにしてX財の消費量を増加させると，通常とは逆にどんどん効用水準が下がっていることに気付くね。だからX財は，自分にとって必要がない，いやむしろ消費量が増えると効用を低下させてしまうような，通常とは逆の性質を持つ財なんだね。このような性質を持つ財をBadsと呼ぶんだ。

🐘：たとえば，どんな財ですか？

🐘：過去問でのBadsの例としては，ゴミや公害のような，明らかに"いらないなぁ…"と感じられる例が用いられているから，ぜひ覚えておこう。

🐘🐘：はい！　ありがとうございます。

Stage2
所得の変化が与える効果

Stage 1 では，消費者は自分にとって理想的（最適）な消費活動をどのように実現するのか，という点について学習しました。このStageでは，そのことをふまえて，消費者にとって何らかの変化が起きるとどうなるのか，について考えます。

具体的には，消費者にとっての所得（予算）に変化が起きるケースに注目し，重要な事項を学習します。

Part 1　1-2-1　予算制約線への影響

🐘：このStage全体としては，消費者にとっての所得（予算）に変化が起きると，どういった影響が出るのか，という点について学習します。このPartではまず，所得の変化が予算制約線にどのような影響を与えるのか，という点について学習します。

🐘🐘：よろしくお願いします！

🐘：ところで，どうして予算制約線に注目するのですか？

🐘：通常の原点に対して凸な形状の無差別曲線であれば，最適消費点は予算制約線上にあったよね。つまり，予算制約線に注目すると，（見た目の上では）"最適消費点になりそうな候補をすべて挙げた点"という考え方ができるんだね。だからまず，最適点に注目する前に"候補"である予算線に注目しているんだ。

🐘：そういう意味だったんですか…

🐘：それでは，本題に入ろう。もちろん2財のモデルで，2つの財の価格を変えず，自分にとっての所得のみが増加してMからM'へと増加するケースを考えてみよう。実はここで図を描く前に思い出しておいてほしいことは，予算制約線の切片と傾きはどうなっていたか，ということなんだ。それを意識して，予算制約線がどう移動するか図を描いてみてね。

🐘：はい。これでいいのでしょうか…？

図1

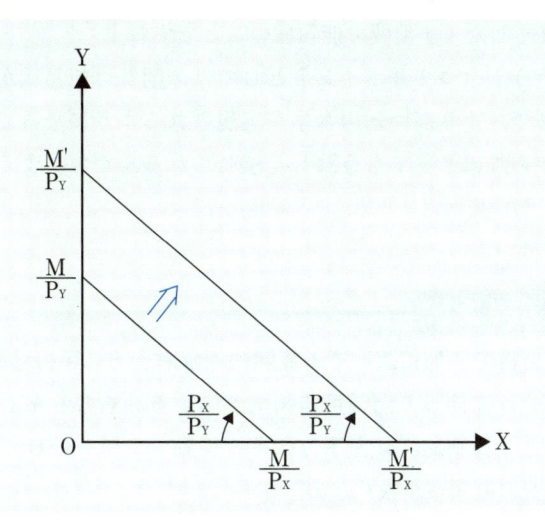

[図：予算制約線のシフト。縦軸Y、横軸X。切片が $\frac{M}{P_Y}$ から $\frac{M'}{P_Y}$ へ、$\frac{M}{P_X}$ から $\frac{M'}{P_X}$ へ右上方に平行移動。傾きは $\frac{P_X}{P_Y}$ で不変。]

🐘：いいよ。やはりポイントは，予算制約線の移動だね。経済学では，図の中の点や線の移動のことをシフトというんだ。

ことばの意味

シフト：図の中の点や線が移動すること

🐘：まず，所得Mが増加することによってタテ軸もヨコ軸も切片については増加するよね。つぎに，2財の価格比で表される傾きについては，所得Mが入っていないことから変化していないね。

🐘：だから，予算制約線が右上方に平行移動したように見える，ということですね。

🐘：そうだね。ただ，予算制約線のシフトはとても大事なことなんだけれど，この後の学習を意識すると，もう少し違う視点でこの図を見ておいてほしいんだ。

🐘：えっ！　予算制約線以外にですか？　どこのことなのかな…？

🐘：ヒントは，所得が増えるとうれしい？　悲しい？　どちらかな。

🐘：所得はお小遣いや給料みたいなものだから，増えれば当然うれしいですよ。

🐘：わかりました！　消費可能領域のことですね！

🐘：そうそう！　つまりポイントとしては，消費可能領域が広がって，より高い効用水準が実現されるようになってくるから誰にとってもうれしく感じられるんだね。よく覚えておいてね。

🐘 🐘：はい！

> **ポイント**
>
> 所得の増加によって予算制約線は右上方に平行移動（シフト）し，それに伴って消費可能領域が広がる。もちろん，所得が減少すると予算制約線は左下方に平行移動（シフト）し，それに伴って消費可能領域が狭くなる。

Part 2　1-2-2　最適消費点の移動

🐘：ここでは，所得の増加に伴って最適消費点が移動（シフト）し，それに伴って確認すべき諸事項を学習します。

🐘🐘：よろしくお願いします！

🐘：予算制約線と，原点に対して凸な無差別曲線が接することによって最適消費点が確認できるよね。ところが，所得が増加すると予算制約線が右上方に移動（シフト）することになる，ということは，最適点はどのように移動（シフト）することになるのだろうか？　このPartでは，そのことについて学習します。マナブ君，最適点はどのようにシフトすることになるのかな？　図に描いてみてください。

🐘：それは簡単です。これでいいんですよね。

図1

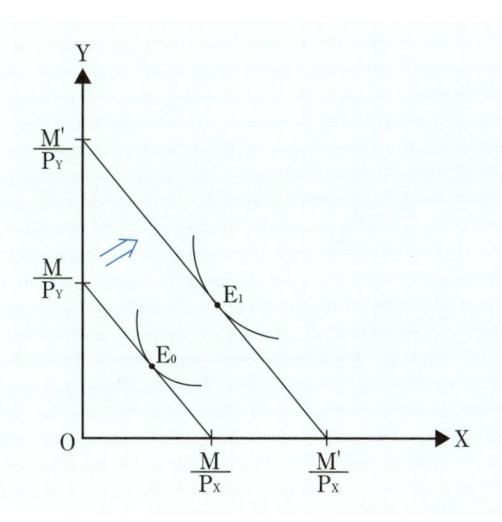

[図：予算制約線が $\frac{M}{P_Y}$ から $\frac{M'}{P_Y}$ へ，$\frac{M}{P_X}$ から $\frac{M'}{P_X}$ へシフトし，最適点が E_0 から E_1 へ右上に移動する様子]

🐘：つまり，最適点は E_0 から E_1 へと右上にシフトするんですね。

🐘：確かにこの図は間違いではないよ。ただし，注意しなければならないことは，最適点のシフトは，この図1のようにいつも右上にシフトするパターンとは限らない，ということなんだ。

🐘：えっ！　他にどんなパターンがあるのですか？

🐘：たとえば，こんな図も描けるよね。

図2

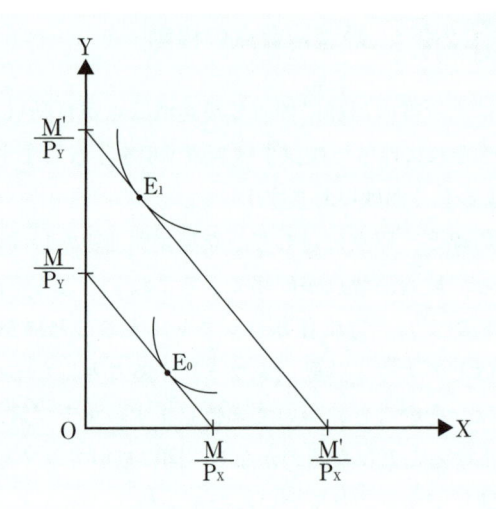

図3

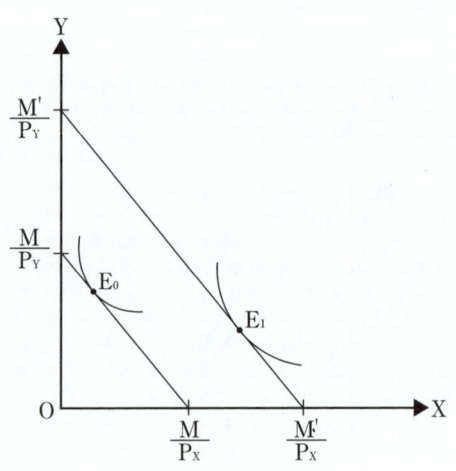

🐘：あっ！　そうですね…うっかりしてた…

🐘：つまり注意してほしい点は，あくまで最適点は予算制約線と無差別曲線の接点として確認できるので，慌てずに落ち着いていろいろなケースを考える余裕が欲しい，ということなんだ。

🐘🐘：はい！

🐘：そしてこの図を活用して，この後の学習につなげていくから，これらの図1〜3をよーく見ておいてね。

Part 3　1-2-3　所得消費曲線

🐘：ここでは，前のPart 2の図から得られる重要な用語の学習をします。

🐘🐘：よろしくお願いします！！

🐘：Part 2では，所得が変化して最適点がどのようにシフトするのかについて確認したね。しかも図を描いてみることによって，最適点は右上方向だけでなく左上や右下などの方向にもシフトすることがわかったね。経済学は，特にまだ慣れていない時にはどんどん図を描いて理解を深めたり暗記をしたりしよう。

🐘🐘：はい！

🐘：特にミクロ経済学では最初に，理解を深めるために前のPart（61ページ）のように，たとえば図の中に出てくる所得の数値を大きく変化させてイメージをつかむんだ。そこでここでは，もう少し現実的に考えてみよう。所得は給料と考えてもいいので，まさか急に2倍になったりすることは残念ながら起きないよね。そこで現実的に，少しずつ所得が変化すると考えてみよう。すると，所得が増加するにつれて最適点がどのような軌跡を描くか考えてみよう。たとえば，最初にマナブ君が考えてくれたケースで，所得が少しずつ増加していくとすると，最適点はどのような軌跡を描くのかな？

🐘：こんな感じでいいのでしょうか？

図1

所得消費曲線
（右上がり）

E_1

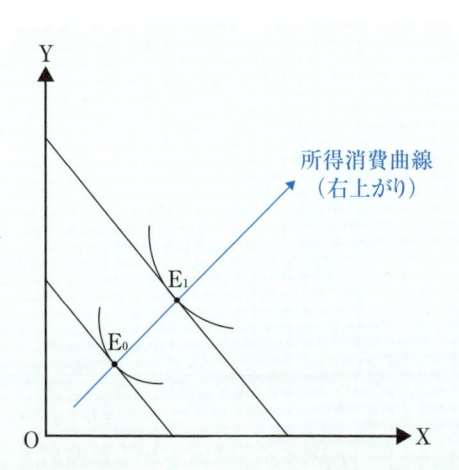

E_0

🐘：そうだね。この軌跡のことを，所得消費曲線と呼ぶんだ。

> **ことばの意味**
>
> 所得消費曲線：所得の変化に伴う最適消費点の移動（シフト）の軌跡のこと

🐘：つまり所得消費曲線には，右上がり（図1）や左上がり（図2），右下がり（図3）などのケースがある，ということなんだ。

図2

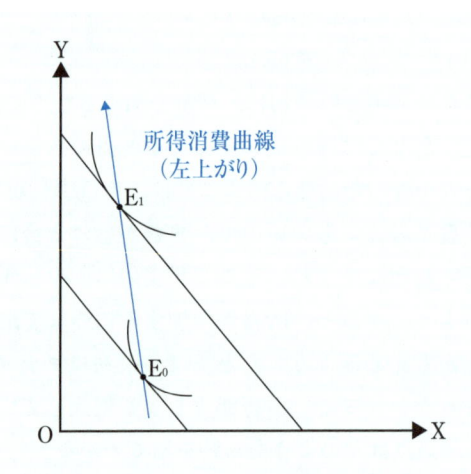

所得消費曲線（左上がり）

図3

所得消費曲線（右下がり）

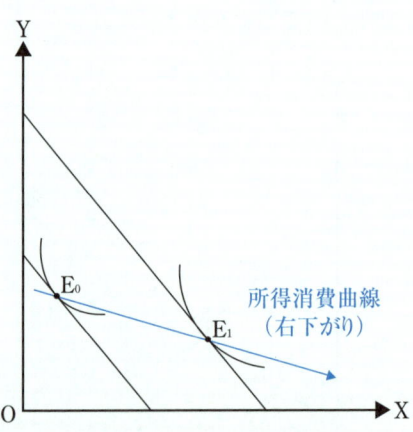

🐘：本番の試験では，図がなくていきなり文章題の中で"所得消費曲線"な

ーんて何の前触れもなく出てくるので，先ほども触れた"図を描こう"という話は，実は"図の問題に慣れるために"という目的だけではなく文章題の問題でも抵抗感なく図を描いて正解を得られるようにという意味でもあるんだ。実は，計算問題でも図が描ける方がミスが少なくなる，というメリットもあるので，いろいろな理由から図を描くことに慣れておこう！

：はい，わかりました！

Part 4　1-2-4　財の分類

🐘：ここでは，Part 3 で学習した所得消費曲線の形状の違いから確認できる，財の分類について学習します。

🐘🐘：よろしくお願いします！

🐘：所得消費曲線について理解したら，ここでは，その曲線をよく見て，所得と消費量の関係から財を分類してみたいと思います。たとえば，最初にマナブ君が考えた所得消費曲線が右上がりのケースでは，どうしてそのような形状になると考えたのかな？

🐘：えーと，やはり所得が増えたら消費量が増えるだろうなぁ，と考えたから，右上がりになるような気がして…

🐘：図を利用して考えると，こうなるかな。

図1

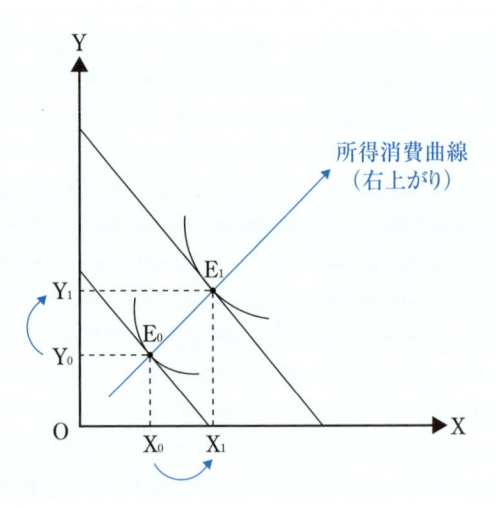

🐘：まず，X財に注目してみよう。この消費者は，所得が増加するにつれて消費量が X_0 から X_1 へと増加していることが確認できる（もちろん所得が減少すれば消費量は減少する）ね。

🐘：はい，そうです。

🐘：そこは非常に大事なところなんだ。だから，そういった性質を持つ財には，上級財（Normal Goods，正常財とも呼ばれる）と名付けられたんだ。とても大事な用語だから絶対に忘れないでね。

🐘🐘：はい！

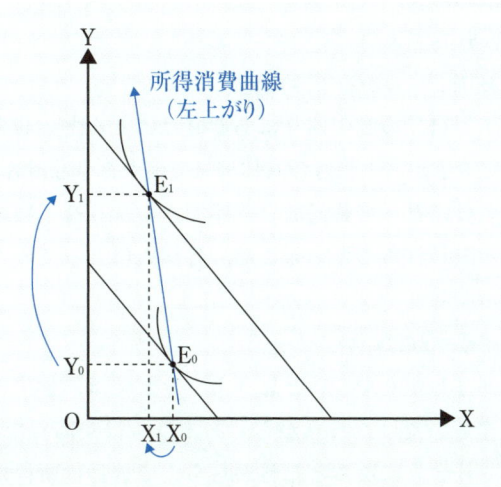

ことばの意味

上級財：所得が増加（減少）すると，消費量が増加（減少）する財

🐘：先生，ということはY財も上級財なんですね。
🐘：いいことに気付いたね。図1をよく見てもらえばわかるように，

アドバイス

所得消費曲線が右上がりであるならばX財，Y財ともに上級財

とわかるんだ。この点は，図を見ればすぐにわかるけれど，文章だけではわかりにくい部分なので，やはり経済学では図を描くことが大事だな，と改めてわかるよね。そして，図2のケースでは，所得が増加するとY財の消費量は増加しているから上級財であることがわかるけれど，X財はその逆に所得が増加すると消費量は減少しているので，こんな性質の財は**下級財**（Inferior Goods，**劣等財**とも呼ばれる）と名付けられたんだ。

図2

> **ことばの意味**
>
> 下級財：所得が増加（減少）すると，消費量が減少（増加）する財

🐘：それでは，図3のケースでは，X財とY財はどんな財かな？　マナブ君。

図3

（図：縦軸Y，横軸X。2本の予算線と無差別曲線の接点E_0（X_0, Y_0）とE_1（X_1, Y_1）。E_0からE_1へ右下がりの所得消費曲線（右下がり））

🐘：えーと，所得が増加すると，X財の消費量は増加しているから上級財で，Y財はその逆に消費量は減少しているので下級財ですよね。

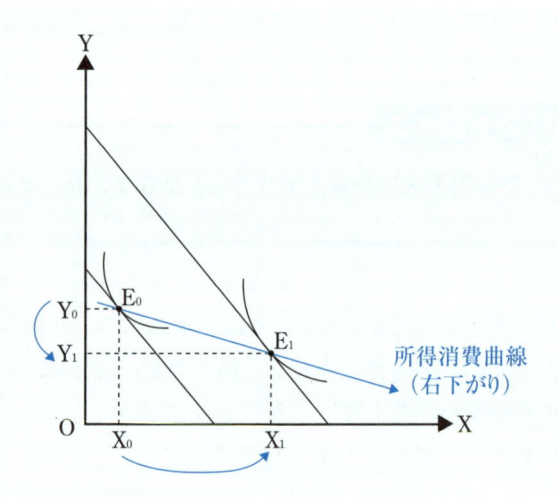

🐘：そのとおり！　わかってきたようだね。

🐘：でも先生，自分の身の回りにある財はほとんど上級財だと思うんですが，下級財の具体例って何かありませんか？

🐘：実は，全員にとって共通的に実感できるような下級財の具体例って存在しないと思われるんだ。そこで，各個人にとっての下級財を考えてほしいんだ。

🐘：先生，どうすればいいのか…？

🐘：こうすればわかりやすいと思うよ。たとえば，学生の時はアルバイトと仕送りぐらいだけだろうから，あまり所得が高くないよね。けれども，就職して社会人になると給料がもらえて普通は所得が増えるよね。つまり学生の時には消費したけれど社会人になったら消費しなくなるような物が浮かべばOKだよ。

：きっとファースト・フードにはあまり行かなくなるような気がするんですけど…

：それならば，ファースト・フードがマナブ君にとっての下級財，ということだね。そうやって各自で考えてみよう。

：先生，世の中には，所得の増減から消費量が影響を受けないような財ってありまよね？　こういった財はどう呼ばれるのですか？

：さすがにいいことに気付いたね。あまり試験には出ないけれど，そういった財は中級財（中立財）と呼ばれるんだ。そうすると，Y財が上級財でX財が中級財だとすると，所得消費曲線の形状はどうなるのかな？

：えーと，垂直になるんですね。

：そうだね。何か中級財で具体例は挙げられるかな？

：きっと，消しゴムとかシャープペンシルの芯などですよね。だって，たとえばアルバイトの時給が上がったとしても消費量が増えたり減ったりするような物ではないですから！

：いいね。ところで，念のため最後に付け加えておきたいのは，所得消費曲線を描いてみるとわかることだけれど2財モデルならば，2財が両方とも下級財になる，ということはないんだよ。

：あっ，そうですね。

：それに気付いたら，こういうことになるので注意してね。2財モデルの問題で，「一方の財が下級財である」と書いてあったら，何も記述されていなくても自動的に「他方の財は上級財」ということになるんだよ。

：うわぁ，そうですね。気付かなかったなぁ…注意します。

アドバイス

2財モデルの問題で，2財が同時に下級財になる，ということは考えられない

Part 5 1-2-5 エンゲル曲線

🐘:ここでは，これまでに学習したことを踏まえて，特に所得と消費の関係に注目してみます。

🐘 🐘:よろしくお願いします！

🐘:上級財や下級財のことを図示する方法としては，実は所得消費曲線よりももっと直接的なものがあるんだ。図の軸に消費量と所得の金額をおいてその関係を表してしまう方法なんだ。たとえば，タテ軸に財の消費量を，ヨコ軸に所得の金額をおいたとすれば，上級財と下級財におけるタテ軸とヨコ軸との関係を表す図は，それぞれどうなるかな？

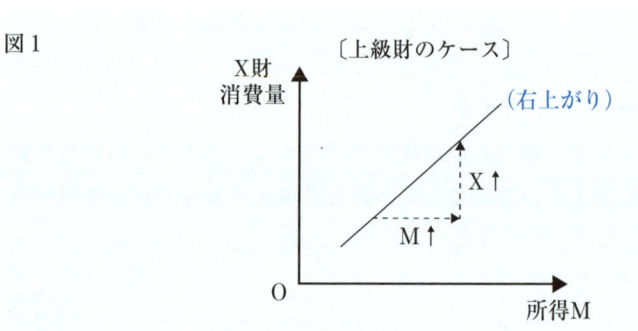

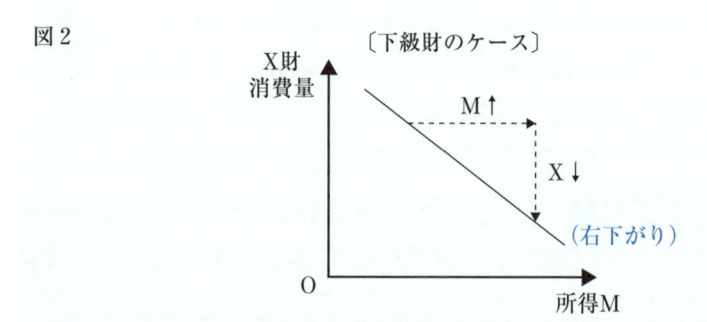

🐘:前のPart 4で学習した定義によれば，上級財ならば右上がりで，下級財ならば右下がりですよね。

図1

〔上級財のケース〕

縦軸: X財消費量 / 横軸: 所得M
(右上がり)
X↑ M↑

図2

〔下級財のケース〕

縦軸: X財消費量 / 横軸: 所得M
M↑ X↓
(右下がり)

"↑"とは，数値が増加すること，"↓"とは，数値が減少することを表す

🐘:そうだね。このように表された線をエンゲル曲線と呼ぶんだ。

> **ことばの意味**
>
> エンゲル曲線：所得と財の消費量の関係を表す曲線。上級財（M↑⇒X↑）であれば右上がり，下級財（M↑⇒X↓）であれば右下がりの図になる。

🐘：そこで，もう少し付け加えておこう。上級財についてなんだけれど，エンゲル曲線が右上がりになる，ということは下の図のように2つのケースに場合分けできることになるんだ。

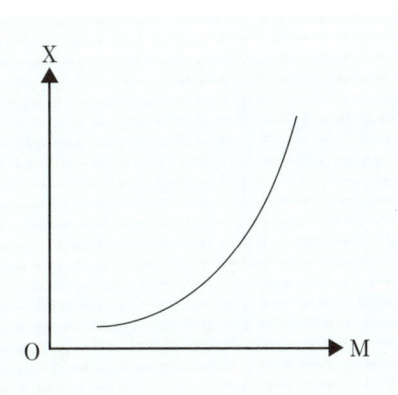

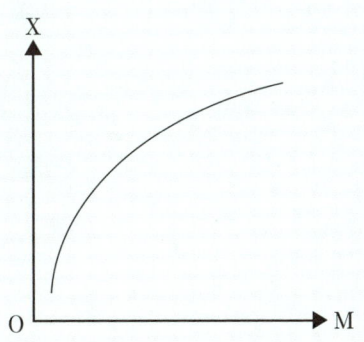

図3

図4

🐘：そして，図3のケースは**奢侈品**（「しゃしひん」と読む），図4のケースは**必需品**と呼ばれるんだ。ちなみに，必需品とは生活上必要と考えられる生活必需品と考えていいし，奢侈品とは高級ブランドの製品のようなぜいたく品だと考えていいんだ。

🐘：どうしてそんな形状になるんですか？

🐘：生活必需品，たとえば主食のお米を考えてごらんよ。所得が2倍，3倍になったとしても消費量がそんなペースで増加しないで，消費量はだんだんと頭打ちになってくるよね。だから，だんだんと緩やかな曲線になり，逆に奢侈品，言い換えれば高級ブランドのようなぜいたく品の場合は，低所得の時にはそういった物を消費する余裕がないけれども，高所得者になると，所得の伸び以上のペースで買いたいものが出てきて消費量がどんどん増加する可能性が高まるからなんだよ。

🐘：そう考えるといいんですね。やっぱり具体例があるとピンと来るなぁ…

Stage 3
価格の変化が与える効果

前のStageでは，消費者にとって所得（予算）に変化が起きるケースに注目し，重要事項を学習しました。そこでこのStageでは，この前のStageで学習した考え方や知識を活用して，財の価格に変化が起きるケースについて理解していきます。

Part 1 1-3-1 予算制約線への影響

🐘：ここでは，財の価格が変化した時に予算制約線がどのような影響を受けるのか，について学習します。

🐘🐘：よろしくお願いします！

🐘：ここでは，前のStage 2で学習したとおりに，まず予算制約線のシフトについて学習します。ただ注意してほしいことは，今度は所得は一定のままでどちらか一方の財の価格が変化するケースについて考えます。そこで，ヨコ軸のX財の価格が下がるケースについて考えよう。価格がP_XからP'_Xへ（$P_X > P'_X$）と下落するものとします。所得が変化したケースと同様に，切片と傾きに注意しながら予算制約線のシフトを描くとどうなるかな？

🐘：こんな図になりますよね。

🐘：そうだね，大事なポイントは，傾きの値が小さくなってヨコ軸切片の値

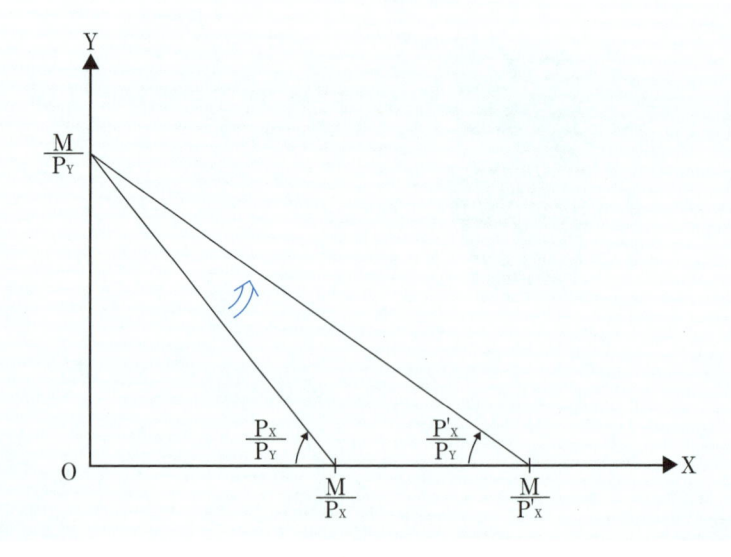

図1

が大きくなり，タテ軸切片の値は変わらないので，予算制約線はタテ軸切片を中心に上方へシフト（回転シフト）することが確認できるね。けれども大事な点は，所得の変化のケースと同様に予算制約線のシフトそのものだけ

ではないんだよ。

🐘：やっぱり，消費可能領域のことですか？

🐘：そのとおりだよ。我々は，財の価格が下がる，という値下がりの情報を聞くと，うれしく感じるよね。実はこれは，所得が増えたケースとよく似たうれしさなんだ。

🐘：えっ？　起きたことは"所得の増加"と"価格の下落"とまったく違う出来事ですよね？

🐘：もちろんそうだよ。けれども，その2つの出来事は一見まったく違うように見えるかも知れないけれど，経済学としては似ていることなんだよ。

🐘：どうしてですか？

🐘：どちらのケースも消費可能領域が広がった，という意味で同じだ，ということですよね？

🐘：そのとおりだよ。どちらのケースも消費可能領域が広がって，より高い効用水準を実現できるようになる，という意味では同じことなんだ。

🐘：そう言えばそうですね。つまり，どちらのケースのうれしさも経済学としてはとても似ていることなんですね…

🐘：このことは，後で大きな意味を持つから，よく覚えておいてね！

🐘 🐘：はい！

Part 2　1-3-2　最適消費点の移動と価格消費曲線

🐘：ここでは，財の価格変化に伴う最適消費点のシフトに注目してみましょう。

🐘 🐘：よろしくお願いします！

🐘：価格変化に伴う予算線のシフトは前のPartですでに確認してあるので，それを活用すると，最適消費点のシフトは以下のような図になることはわかるよね。

図1

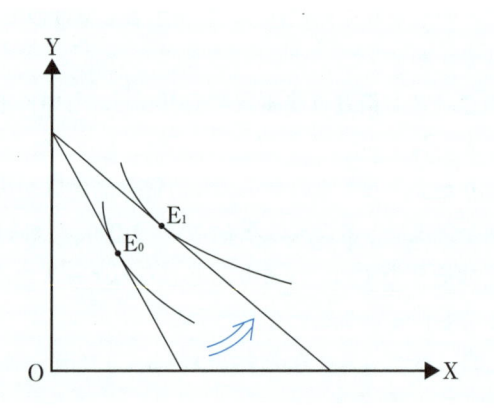

🐘：そこで，所得が変化したケースと同じように考えてみるよ。まず，上の図1は，X財の価格が大きく値下がりしたケースを想定して描いた図であることはわかるよね。

🐘 🐘：はい。

🐘：そこで，現実的な状況で考えてみよう。財の価格も所得と同様に大幅に変化することはない，すなわち価格も徐々に変化すると考えれば，最適点も少しずつシフトしていくことになるね。そこでその軌跡を意識して描いてみると，どうなるかな。

🐘：これでいいですよね。

図2

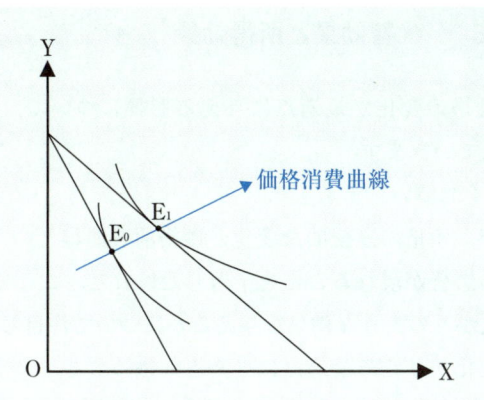

🐘：すると，今度は所得ではなくて価格が変化して描かれた軌跡だから，その曲線の名前は価格消費曲線と呼ばれるんですね。

🐘：そのとおりだよ。

ことばの意味

価格消費曲線：価格の変化に伴う最適消費点の移動（シフト）の軌跡のこと

🐘：さっきの所得のケースで慣れたせいか，少し楽な感じだな。

🐘：頼もしいね。ただ，このStageの山場はこの後のPart 3 からだから，気を引き締めて行こう！

🐘 🐘：はい！

Part 3　1-3-3　代替効果と所得効果

🐘：ここでは，価格の変化が最適点に与える影響について，より詳しく見ていきます。

🐘🐘：よろしくお願いします！

🐘：前のPart 2で，価格の連続的な変化が価格消費曲線という軌跡でその影響が現れることを学習したけれど，ここでは改めて，1回の価格変化がどのような効果を与えるかについて注目します。最初に，1回の価格変化が与える最適点に与える効果のこと，つまり図1としては下の点E_0からE_1へのシフトという効果（影響）のことを全部効果と呼びます。

図1

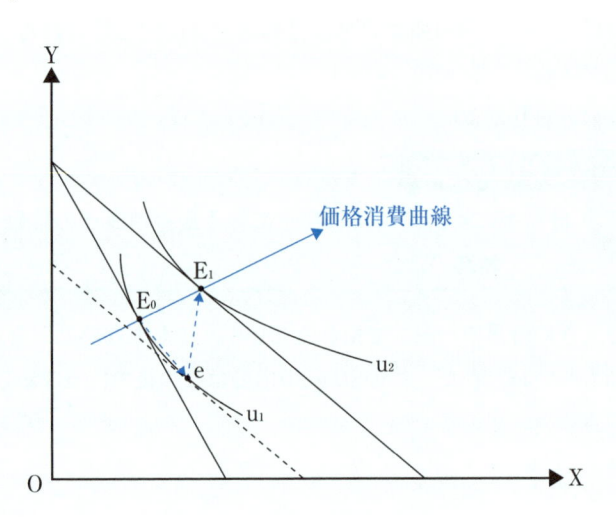

🐘：この図には，他にもいろいろ書き込まれていますねー！

🐘：そうだね。このPartでは，この図の見方がわかることが大事なんだ。その最も大切なポイントは，経済学では全部効果によって発生した消費量の変化を代替効果と所得効果の2つに分解して考える，ということなんだ。

🐘：わざわざ分解しなくても，わかりやすい図だと思うんだけどなぁ…

🐘：確かに，一見，図を見ただけだとね。それでは，どのように分解しているかというと，こうなるんだ。

> **ポイント**
> 全部効果（点E_0→点E_1）＝代替効果（点E_0→点e）＋所得効果（点e→点E_1）

🐘：先生，この分解のための点eはどのように描いたんですか？

🐘：重要な所だから，定規を用いてしっかり確認してね。補助線として引いた点線は，価格変化後（X財の価格P_Xが下落した後）の予算制約線と平行な線だよ。つまり平行ということは，傾きが等しいのだから価格変化後の価格比を表している，ということなんだ。もちろん，点eは点線と無差別曲線u_1との接点，ということだよ。

🐘：要するに，代替効果というのは，無差別曲線u_1上で価格比が変化して，どれだけ変化が起きるかを表しているんですね。

🐘：そうだね。ただ，それに加えて確認しておきたい点は，価格が下落した方の財の消費量は必ず増加する，ということなんだ。

> **ことばの意味**
> 代替効果：効用水準を一定と仮定して（同一無差別曲線上で），2財の価格比（予算制約線の傾き）の変化に伴う最適点のシフトの効果のこと。なお，通常は相対的に価格が下落した方の財の消費量は増加する。

🐘：つぎに，点eから点E_1へのシフトに注目してみよう。どこかで見たようなシフトに見えないかい？

🐘：前のStage 2の，所得が変化したケースのシフトに似てますよね？

🐘：そうだね。確かに，そのシフトに対する名前も所得効果と呼ぶしね。

🐘：でも，先生！　今回のケースは，あくまで変化したのは価格の下落であって，所得は変化していないんですよね。ようするに，給料は変わらないけれど財が値下がりした，ということですよね。

🐘：もちろんそうだよ。確かに起きた出来事は違うんだけれど，似ている点があるんだ。そうそう，覚えてるかな？　このStageのPart 1（77ページ）

で確認したように，所得増加のケースと価格下落のケースでは，何かが似ていたよね？

🐘：形は違うけれど"消費可能領域が広がる"，という点については同じだ，ということですよね？

🐘：そうそう！　簡単に言えば，消費者としての"うれしさ"は，どちらのケースも似ている，ということなんだ。そこで経済学としての結論は，こうなるんだ。

ことばの意味

所得効果：（少なくとも）一方の財の価格が変化したことによる実質所得の変化が消費量に与える効果のこと

🐘：あのー，実質所得って何ですか？

🐘：たとえば，あるサラリーマンが30万円の給料をもらっているとするね。先月も今月も30万円の給料をもらっていて給料の額が変わらないことを，我々は簡単に「給料（所得）が変わっていない」と言うよね。経済学では，そういった，通常我々が使う"見た目の""金額で表示された"所得を名目所得と呼ぶんだ。だからこのケースは，「名目所得は変化していない」と言うんだ。

🐘：あのー，結局，実質所得って何ですか？

🐘：まあまあ，慌てないで。経済学で使用される"名目"と"実質"はとても重要な語だからきちんと確認しておこう。マナブ君，それでは，給料すなわち名目所得が30万円で変わらなかったとして，もしも世の中のあらゆる財の価格が半額になったら，どう思う？

🐘：とてもうれしいですね。理由は，いろいろな商品が2倍消費できるようになるからです。

🐘：ほらっ！　今言ったじゃない！　借金せずに消費できる消費可能な消費量が増えるってことでしょ？

🐘：あっ！　そうだね。

🐘：つまり，こういうことなんだ。名目所得が増えなくても，我々は価格が下がると消費できる量が増えることから，「実質的な所得が増えた」と実感するだろう？　それが実質所得なんだよ。

🐘：つまり，見た目の金額表示ではなくて，財の量で判断すれば，それが**実質所得**，ということですか？

🐘：まあ，とりあえずはそんな理解で充分だよ。結局我々は，経済が豊かになった，とか所得増加や価格下落のうれしさを，最終的には金額ではなくて財の数量で認識している，ということ知っておいてほしいんだ。そこで念のため，以下の2つのケースを比較してみてごらん。

> A：名目所得（給料）が変化せず，価格が半分に下落する。
> B：名目所得（給料）が2倍になったが，価格も2倍になった。

🐘：えーと，これでいいのかな…Aのケースは，名目所得は変化していないけれど，実質所得が倍になっていて，Bのケースは，名目所得は2倍になったけれど，実質所得がまったく変化していない，ということなんですね。それが，AはうれしいけれどBは全然うれしくないなぁ，ということなんですね。

🐘：ところで先生，どうしてそんなに所得にこだわるんですか？

🐘：それがこの後のポイントなんだ。所得を意識する理由は，前のStage 2で確認した"財は上級財と下級財に分類される"からなんだ。そして所得効果の少し難しい点は，**名目所得**の変化のケースだけでなく**実質所得**の変化のケースでも"上級財と下級財の分類"を意識する，ということなんだ。つまり，所得効果だけを取り出して描いてみると，こんな分類になるね。

図2

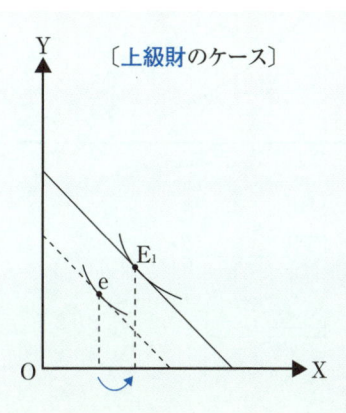

〔上級財のケース〕

図3

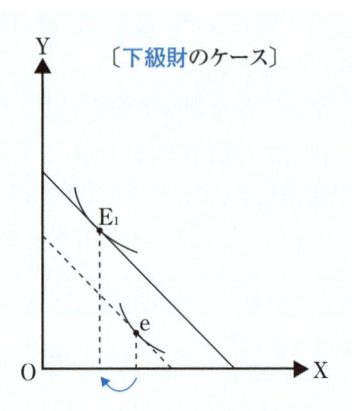

〔下級財のケース〕

🐘：そこでこれを意識して，全部効果について図を描いて理解しよう。もちろん，ヨコ軸のX財の価格が下落するケースで，まずは上級財の場合だよ。

図4

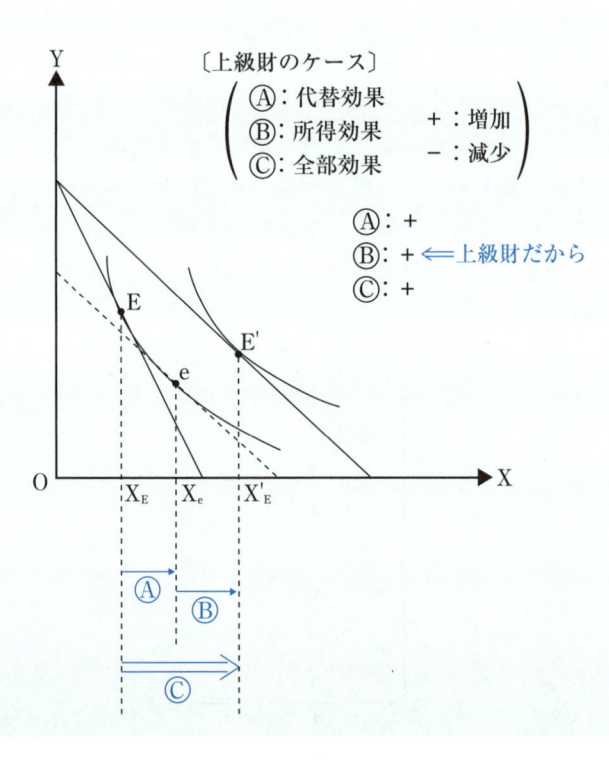

〔上級財のケース〕
- Ⓐ：代替効果
- Ⓑ：所得効果
- Ⓒ：全部効果

＋：増加
－：減少

Ⓐ：＋
Ⓑ：＋ ⇐ 上級財だから
Ⓒ：＋

🐘：上級財だから，所得効果がプラス（増加）の効果になっていて，全部効果がプラスになっているんですね。

🐘：そうだよ。それでは，次は下級財のケース・その1だよ。

図5

〔下級財のケース・その1〕

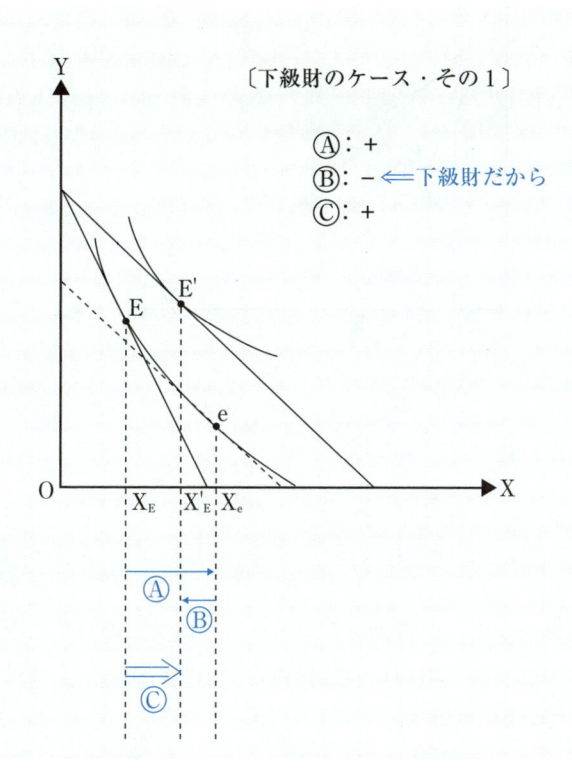

Ⓐ：＋
Ⓑ：− ⇐下級財だから
Ⓒ：＋

🐘：下級財だから，所得効果がマイナス（減少）の効果になっているけれど，代替効果のプラス（増加）の効果の方が大きいから，全部効果がプラスになっているんですね。

🐘：そうだね。今アキコさんが言ってくれたことからわかるように，下級財のケースとしては，所得効果によるマイナス（減少）の効果と代替効果によるプラス（増加）の効果が逆転してしまうケースも出てくるんだ。そして，それが次の下級財のケース・その2なんだよ。

図6

〔下級財のケース・その2〕

Ⓐ： ＋
Ⓑ： －　⇐下級財だから
Ⓒ： －　⇐ギッフェン財の特徴

🐘：下級財だから，所得効果がマイナス（減少）の効果になっていて，代替効果のプラス（増加）の効果の方が小さいから，全部効果がマイナスになっているんですね。

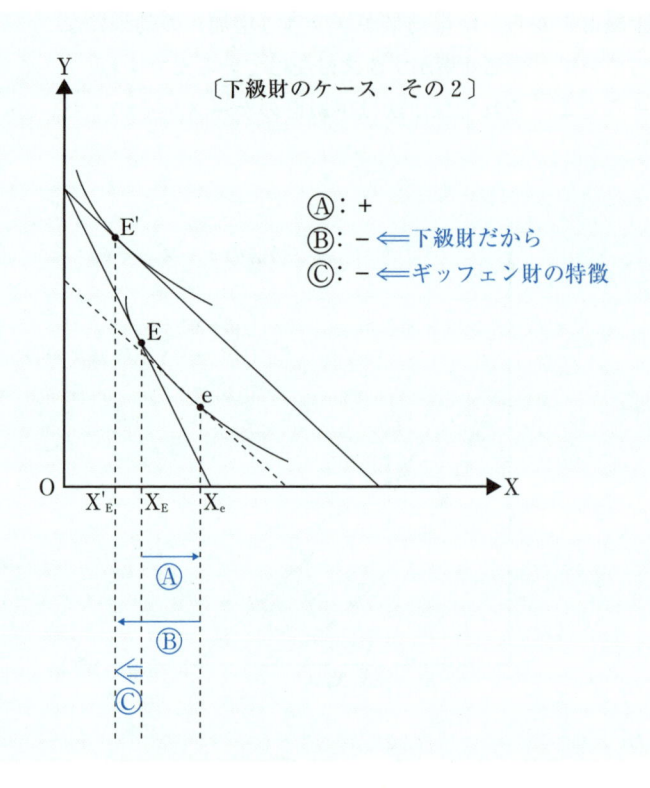

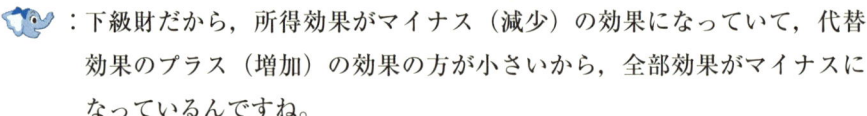

🐘：先生，全部効果がマイナスになっているってスゴいことじゃないですか？　だって，せっかく値下がりしているのに，財の消費量が減っているんですよー！　考えられないよな…

🐘：確かにそうだね。そこでこんな財には，名前が付いていて，ギッフェン財と呼ばれているんだ。

> **ことばの意味**
>
> ギッフェン財：下級財の中で，価格が下落（上昇）しているのに財の消費量が減少（増加）する財のこと

🐘：先生，ギッフェン財の具体例って何かありますか？

🐘：残念ながら，ちょっと見当たらないね。言い換えれば，とても理論的な

財なので，必ず図を使ってきちんと理解しなければいけない図なんだね。

：はい，わかりました。

：それでは，こんな問題で知識を確認しておこう。

●●● Exercise ●●●

国家Ⅱ種行政職　1998年

図は二つの財X，Yの購入に充てている個人の予算制約線（AB，AC）と無差別曲線（u_1，u_2）を表したものである。

当初の最適消費点はE_0であったが，Xの価格が変化し，最適消費点がE_2に変化した。この場合に関する次の記述のうち，妥当なのはどれか。

ただし，DFとACは平行であり，名目所得は変化しないものとする。

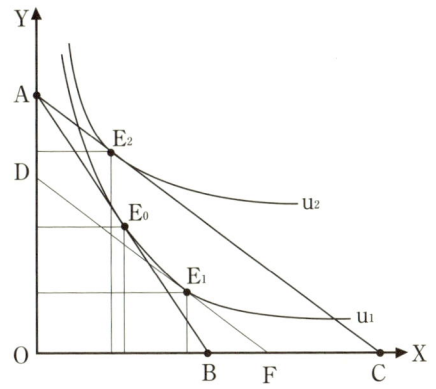

1　XとYはともに上級財である。また，Xは代替効果が所得効果を上回っているのでギッフェン財ではない。
2　Xは上級財であるがYは下級財である。また，Xは所得効果が代替効果を上回っているのでギッフェン財ではない。
3　XとYはともに下級財である。また，Xは代替効果が所得効果を上回っているのでギッフェン財である。
4　Xは下級財であるが，Yは上級財である。また，Xは所得効果が代替効果を上回っているのでギッフェン財である。
5　Xは下級財であるが，Yは上級財である。また，Xは代替効果が所得効果を上回っているのでギッフェン財である。

解説　正解　4

1 妥当でない　問題文の図において，所得効果は点E_1から点E_2への移行として示される。X財の価格が下落したため実質所得が増加しているにもかかわらず，所得効果においてX財の消費量が減少しているので，X財は下級財である。

2 妥当でない　肢1の解説どおりX財は下級財である。一方，Y財は所得効果で消費量が増加しているので上級財である。

3 妥当でない　肢1と2の解説どおりX財は下級財，Y財は上級財である。なお，2財モデルにおいて両財とも下級財になることはない。

4 妥当である　図において，代替効果は点E_0から点E_1への移行として示され，X財の価格が下落したとき，(代替効果のみに着目した場合) X財の消費量は増大している。しかしX財の所得効果が大きいため，全部効果 (点E_0から点E_2) において，X財の価格が下落したとき，X財の消費量を減少させている。よって，X財はギッフェン財である。

5 妥当でない　X財は，所得効果が代替効果を上回っているため，ギッフェン財となる。

Part 4　1-3-4　個別需要曲線の導出

🐘：ここでは，ミクロ経済学の消費者理論にとっての大きな目標となる需要曲線の導出につながる大切な部分を学習します。

🐘🐘：よろしくお願いします！

🐘：中学校の公民や高校の政経の教科書にも"需要曲線"というのはよく出てくるけれど，それはこういうものなんだよ。

ことばの意味

需要曲線：財の価格をタテ軸に，消費者の最適な需要量（消費量）をヨコ軸にとって，その関係を示した曲線

🐘：ただ，より正確に言えば，特に問題文中に指定がなければ「需要曲線」とは，市場に参加する消費者全員の消費量を合計する形で得られる「市場需要曲線」のことであり，これについては次のStageで学習します。ここでは，その前の段階として，各消費者にとっての需要曲線である個別需要曲線を描くことについて学習します。

ポイント

個別需要曲線：各消費者にとっての需要曲線

🐘：易しいテーマでも難しいテーマでも，図を描く時に注意してほしいことは，タテ軸とヨコ軸は何か，ということ なんだ。ここでは，タテ軸の価格とヨコ軸の需要量（消費量）の関係を考えればいいので，前のPart 3で確認した全部効果を活用すればいいんだ。

🐘：全部効果の時の図は，タテ軸がY財の消費量ですよね。どうすれば…？

🐘：でも逆に言えば，タテ軸がY財の消費量からX財の価格に変わればいいんですよね。それならば，こうすればいいのでは…？

図1

（図：予算制約線と無差別曲線、および右下がりの個別需要曲線）

個別
需要曲線
（右下がり）

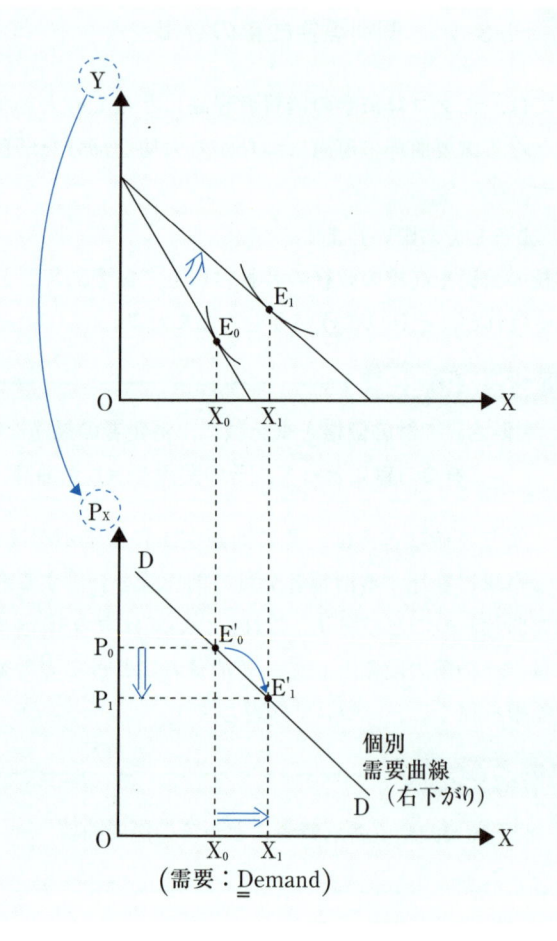

（需要：Demand）

🐘：よくできたね！　そうだよ。そして，個別需要曲線が右下がりになっている，という形状に注意しておいてね。

🐘：どうしてですか？

🐘：それは，この図1が上級財及びギッフェン財以外の下級財のケースだからだよ。同じように図を描いてみてごらん。全部効果に注目してわかるように，財がギッフェン財ならば，個別需要曲線が右上がりになるんだよ。

🐘🐘：はい，わかりました。

Stage4
需要曲線について

消費者理論の重要なテーマは，消費者の行動の分析です。経済学としては，それを図に表すことが大事になりますから，需要曲線を描いてそれについて学習することはとても重要なことです。ここでは，その需要曲線（市場需要曲線）に注目して，それに関する諸事項を学習します。

Part 1　1-4-1　市場需要曲線の導出

：ここでは，前のStageのPart 4で学習した個別需要曲線を用いて，市場需要曲線を導出することを学習します。

：よろしくお願いします！

：各消費者の消費行動の状況を表したものが個別需要曲線でした。けれども，我々が最終的に注目し試験に出てくるものは，市場に参加するすべての消費者の消費行動をまとめ，足し合わせた結果である市場需要曲線です。

：すべての消費者の行動をまとめる，だなんてどうすればいいんでしょうか？

：あまり難しく考えない方がいいよ。市場に消費者が2人しかいないと仮定してみよう。そしてその2人の消費者の個別需要曲線が把握できたら，どのようにまとめて足し合わせたらどうなるのか示してみよう。2人のケースのまとめ方がわかれば，何人になっても恐くないよ。

図1

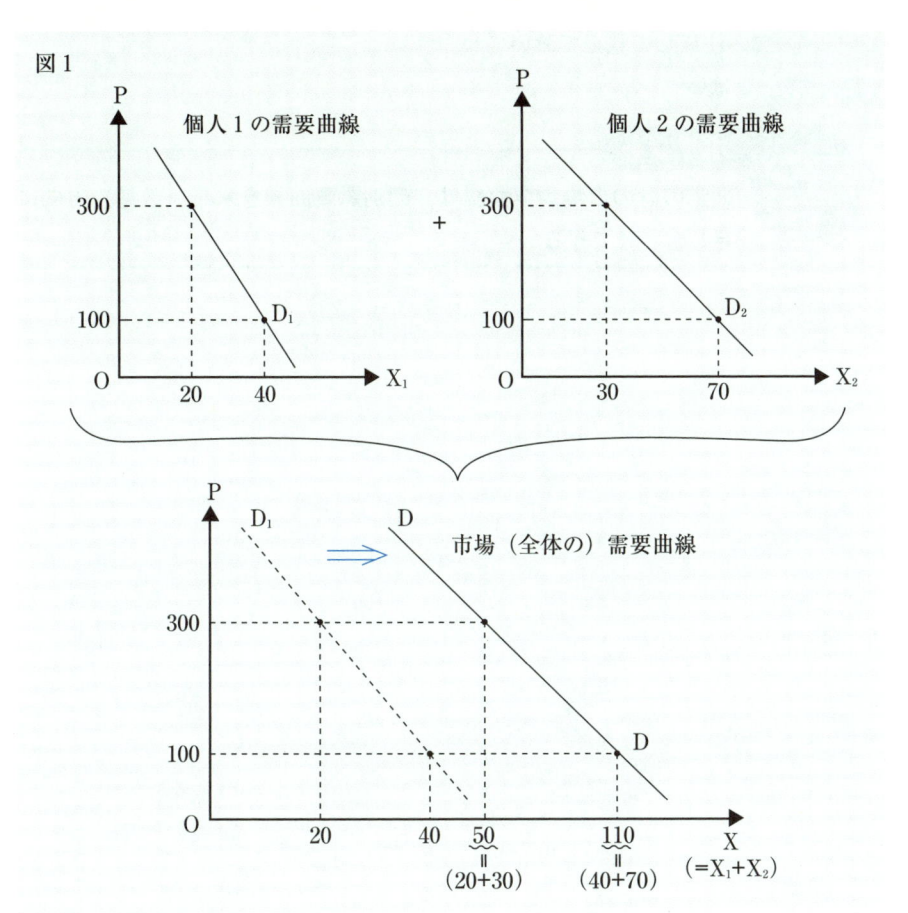

個人1の需要曲線 ＋ 個人2の需要曲線

（図：個人1の需要曲線 D_1：P=300のときX=20、P=100のときX=40）
（図：個人2の需要曲線 D_2：P=300のときX=30、P=100のときX=70）

市場（全体の）需要曲線

（図：市場全体の需要曲線 D：P=300のときX=50（=20+30）、P=100のときX=110（=40+70）、X=X_1+X_2）

🐘：なーんだ。思っていたよりも簡単でホッとしました。

🐘：ところで、この足し合わせ方はどのように表現されるのですか？

🐘：図を見てもらえばわかるように、ヨコ軸の数量を足し合わせて2人の、すなわち市場の需要曲線が出来上がったよね。だからこの作り方は、"ヨコ軸方向に"とか"水平方向に"あるいは"数量方向に"足し合わせる、などと表現されるね。当たり前なことだけど、タテ軸の価格の方向に足していないよね。

🐘：先生、それは当たり前ですよ！ 100円の商品の横に100円の商品を置いたら商品の値札が200円になるわけではないんですから！

🐘：確かにそのとおりだね。ただ、このことは後で大きな意味を持ってくる

ので，注意して覚えておいてね。

：はい！

> **ポイント**
>
> 通常の財の市場需要曲線は，個別需要曲線を水平（数量）方向に足し合わせて作る

Part 2　1-4-2　需要の価格弾力性

🐘：ここでは，価格の変化に対して需要量がどのぐらい反応するのか，という点に注目します。

🐘🐘：よろしくお願いします！

🐘：ギッフェン財を除いて，通常の財の需要曲線は，右下がりの形状だ，ということを学習したね。

🐘：はい。高校の政経の教科書などでは，その"結論"を簡単に使ってしまっていますけれど，いろいろ難しい前提があったんですね…

🐘：そうだったね。ここでは，その"右下がり"の形状について，もう少し深く考えてみたいんだ。

🐘：どう考えるんですか…？

🐘：需要曲線が右下がりの形状だ，ということはということは，タテ軸とヨコ軸をつなげて考えると，財の価格が下落（上昇）したら，消費量は増加（減少）する，ということだよね。

🐘：はい，そうですね。

🐘：このことを needs 法則と呼ぶこともあるんだけれど，逆に売り手側，たとえばお店の店長の立場から見たら，どんな状況なんだろうか？

🐘：具体的に考えると，バーゲンセールで大幅値引きをしようかな，と考えている時は，何％値引きするとお客さんはどのくらい増えるのかな？　とか考えてますよね。

🐘：詳しいね。どうしてわかったの？

🐘：お店でアルバイトしたことがあるんです…

🐘：そうだったのか。いい例だね。つまり，そこで考えていることは，「価格の変化に対して需要量（消費量）はどのくらい反応してくるのだろうか？」ということだよね。だから，経済学では，こんな用語があるんだ。

> **ことばの意味**
>
> **需要の価格弾力性**：価格が１％変化した時に，財の需要量が何％変化するのかを表す数値であり，通常は正の値で表す

🐘："円"ではなくて"％"なんですか…

🐘：そうだよ。そこは注意してほしいポイントなんだ。実は経済学では，「B」

の変化に対する「A」の変化の反応の程度を表すケースが多く，こういう形で表現されるんだ。

> **アドバイス**
>
> 「A」の「B」弾力性：「B」が1％変化した時に，「A」は何％変化するかを表す数値

:あのー，どうして"円"ではなくて"％"なんですか？

:どうしてそこにこだわるのかな？ ちなみに消費税では，どんな表示がされてるかな？

:そう言えば，"5％"ですね。

:それでは逆に，「財の価格が100円値上がりした時に……」としてしまったら，どんな問題点があるんだろうか？

:世の中にはさまざまな財があるので，"100円値上がり"などと具体的な金額を設定してしまうと，たとえば150円のペットボトルのお茶だったらとても大きな値上げになってしまい，自動車だったらほとんど影響のない程度の値動きになってしまって，不都合だからですね。

:つまり，さまざまな財に対して共通的な設定になるようにするために"円"での表示ではなくて"％"での表示で議論する，ということなんですね。

:そうだね。それでは，こんな例を使って理解を深めてみよう。

> **例 題**
>
> ある財の価格が100円の時には，市場全体で300個売れていたが，105円に値上がりしたら市場全体で270個しか売れなくなった。需要の価格弾力性の値は？

:まず，価格と需要量がどれだけ変化したのか確認してみよう。特に記号の使い方に注意してね。

$$価格の変化分：\Delta P = 105 - 100 = 5$$
$$需要量の変化分：\Delta D = 270 - 300 = -30$$

そこで，それぞれの変化率を求めると，

$$\text{価格の変化率：}\frac{\text{価格の変化分}}{\text{元の価格水準}} = \frac{\Delta P}{P} = \frac{5}{100} = 0.05 = 5\%$$

$$\text{需要量の変化率：}\frac{\text{需要量の変化分}}{\text{元の需要量水準}} = \frac{\Delta D}{D} = \frac{-30}{300} = -0.1 = -10\%$$

🐘：つまりここでは，5％の価格変化に対して－10％の需要量の変化という反応があった，ということですね。

🐘：そのとおりだね。だから，例題の答えとしての需要の価格弾力性の値はこうなるよ。

$$-\frac{\text{需要量の変化率}}{\text{価格の変化率}} = -\frac{-10\%}{5\%} = -(-2) = 2 \quad \cdots\cdots ①$$

🐘：単位は付けなくていいんですか？

🐘：付ける必要ありません。ただ数値だけを答えてくれればＯＫです。

🐘：最初にマイナスの符号を付ける理由は何ですか？

🐘：需要の価格弾力性の値は通常，正の値で表すので付けているだけです。意外かも知れないけれど，特に深い意味はないんですよね。見てもらえばわかるように，最初にマイナスの符号を付けないと，そのまま負の値になってしまうからなんだよ。

🐘：なるほど…

🐘：そこで，計算問題に対応できるようにするために，需要の価格弾力性E_dについて数式で確認しよう。①式の中の言葉で書かれた部分を記号で表すとこうなるね。これが定義式だよ。

$$E_d = -\frac{\dfrac{\Delta D}{D}}{\dfrac{\Delta P}{P}}$$

🐘：そこでこの定義式を変形しよう。やはり「（分数）÷（分数）」というのはイヤな形だからね…。そこで分子，分母にＤとＰを掛けて，

$$E_d = -\frac{\frac{\Delta D}{D} \times D \times P}{\frac{\Delta P}{P} \times D \times P} = -\frac{P}{D} \times \frac{\Delta D}{\Delta P} \quad \cdots\cdots ②$$

この②式が，計算問題などでよく活用されるんだよ。

公式

需要の価格弾力性：$E_d = -\dfrac{需要量の変化率}{価格の変化率} = -\dfrac{\frac{\Delta D}{D}}{\frac{\Delta P}{P}} = -\dfrac{P}{D} \times \dfrac{\Delta D}{\Delta P}$

🐘：はい。

🐘：そこで，これについてもう少し付け加えておこう。通常，需要曲線は，"曲線"と言いながら実際に試験で出題される需要曲線の形が，右下がりの直線になっているケースがほとんどなんだ。さらに，現実の経済で考えてみても，"需要曲線上の任意の点における需要の価格弾力性"というテーマが，実際に問われるポイントなんだ。

🐘：それはどういうことですか？

🐘：先ほどの例のように価格変化後の結果が出ているようなケース，というのはあまり考えられなくて，さっきアキコさんが言ってくれたように，実際には，「定価で販売している現状の価格から，何％値下げしたらどのぐらい需要量が増加するんだろうか」という問題に直面しているんだよね。だから図で考えると，図1のように"需要曲線上の任意の点Eにおける需要の価格弾力性を求める"，というテーマの方が，出題されやすいし現実的でもあるんだよ。

🐘：なるほどね…

図1

傾き：$\dfrac{D_eE}{D_eD'}$

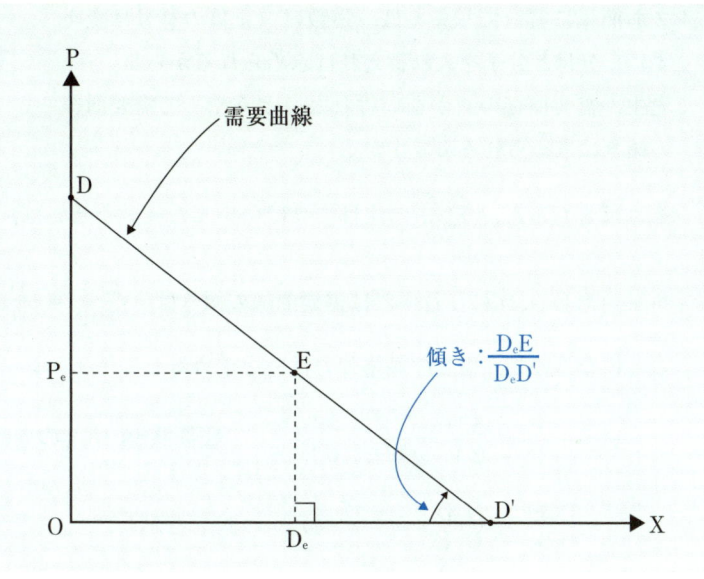

🐘：そこで，需要量OD_e，価格OP_eという状況の点Eにおける需要の価格弾力性について考えてみるね。そこで，②式を活用するよ。

$$E_d = -\dfrac{P}{D} \times \dfrac{\Delta D}{\Delta P}$$

🐘：この式をどう見るとわかりやすくなるんだろう。

🐘：まず，前半の$\dfrac{P}{D}$の部分は，点Eでの価格OP_eと需要量OD_eをそれぞれ分子，分母に入れればいいんですよね。そして後半の$\dfrac{\Delta D}{\Delta P}$の部分は，分母と分子が逆になっていたらちょうど$\dfrac{高さ}{底辺}$，つまり需要曲線の傾きになっているわけだから…

🐘：そうだね。だから後半の$\dfrac{\Delta D}{\Delta P}$の部分は，需要曲線の傾きの逆数になっている，と考えればいいんだよ。

🐘：あっ！ それでいいんですね。

🐘：まあ簡単に言ってしまえば，逆数は（正負の符号は変えずに）分母と分子を入れ替えれば求められるからね。

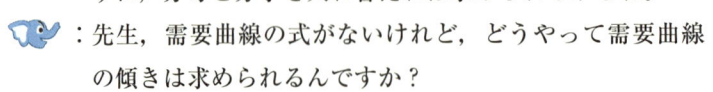

🐘：先生，需要曲線の式がないけれど，どうやって需要曲線の傾きは求められるんですか？

🐘：それはもちろん，$\dfrac{高さ}{底辺}$ に注目すればいいんだよ。たとえば，図1の直角三角形 ED_eD' に注目すれば需要曲線の傾きは，$\dfrac{高さ}{底辺} = \dfrac{D_eE}{D_eD'}$ ということになるので，需要の価格弾力性 E_d を求めるとこうなるよ。

$$E_d = -\dfrac{P}{D} \times \dfrac{\Delta D}{\Delta P} = \dfrac{OP_e}{OD_e} \times \underline{\dfrac{D_eD'}{D_eE}} \quad \text{需要曲線の傾きの逆数}$$

$$= \dfrac{D_eE}{OD_e} \times \dfrac{D_eD'}{D_eE} \quad (\because OP_e = D_eE\ \text{だから})$$

$$= \dfrac{D_eD'}{OD_e}$$

🐘：こんなに簡単な形になってしまうんですか！

🐘：そうだよ。あくまで需要曲線 DD' が右下がりの直線という形状ならばね。

🐘：ということは，たとえば点Eが需要曲線 DD' の中点ならば需要の価格弾力性 E_d の値は"1"になりますね。

🐘：それだけじゃないよ。点Eが需要曲線 DD' 上での左上に位置すればするほど E_d の値は大きくなって，ちなみにタテ軸切片に近づけばその値は無限大（∞）に大きくなり，点Eが需要曲線 DD' 上での右下に位置すればするほど E_d の値は小さくなって，ちなみにヨコ軸切片に近づけばその値はゼロに近づくんだ。次の図2を参考にしてね。

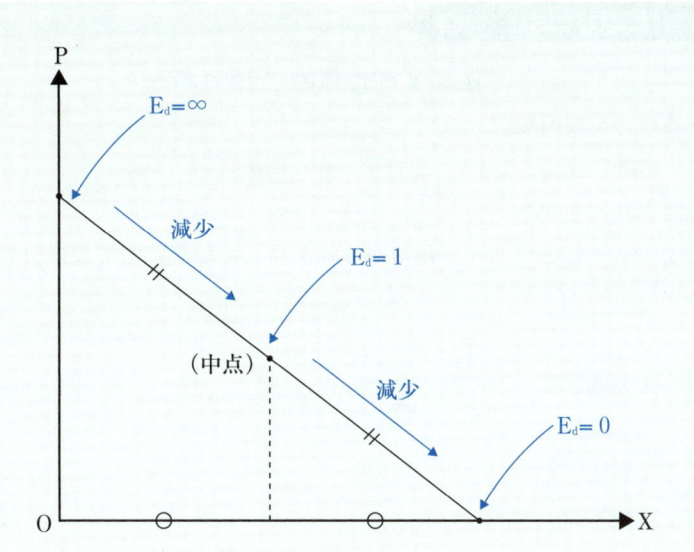

図2

P軸上端: $E_d = \infty$

減少 →

(中点): $E_d = 1$

減少 →

X軸上: $E_d = 0$

●●● Exercise ●●●

国家Ⅱ種行政職　2001年

ある財の需要関数が，

$$x = 180 - 4p$$　〔x：需要量，p：価格〕

で与えられるとする。

ここでp = 25とすると，価格が4％上昇した場合に需要量は何％変化するか。

1　4％低下
2　4％増加
3　5％低下
4　5％増加
5　6％低下

解説　正解　3

需要の価格弾力性E_dは，

$$E_d = -\frac{\Delta x / x}{\Delta p / p} = -\frac{\Delta x}{\Delta p} \cdot \frac{p}{x} \quad \cdots\cdots ①$$

と定義される。いま，需要関数の傾きは$-\frac{1}{4}$だから，その逆数をとって，

$$\frac{\Delta x}{\Delta p} = -4$$

である。また，p = 25のとき，需要量はx = 180 - 4×25 = 80である。これらを①に代入すると，

$$E_d = -(-4) \times \frac{25}{80} = 1.25$$

となる。すなわち，p = 25のときの需要の価格弾力性は1.25である。したがって，価格が4％上昇すると，1.25×4％ = 5％だけ需要が減少することになる。

よって，正解は肢3である。

Stage5
"最適消費"の応用

消費者の行動は，原点に対して凸な形状の無差別曲線と右下がりの予算制約線を使うことによって，それらの接点というかたちで最適点を表すことができました。そこでここでは，その考え方を活用して，消費者の行動についてもう少し深く考えてみることにします。ここでは，その点に関する内容を学習します。

Part 1　1-5-1　最適労働供給量の決定

🐘：ここでは，これまでの学習してきた内容の特に"最適点"の考え方を活用して，最適な労働供給量の決定，という点について学習します。

🐘🐘：よろしくお願いします！

🐘：これまでの話の中では，唐突に"所得"とか"予算"とか出てきていたんだけれど，実際の生活の中では，給料にあたる"所得"は，もちろん，自然にもらえるようなものではないよね。

🐘：当然ですよ！　だから頑張ってバイトとかしてるんですよ！

🐘：そうだね。簡単に言えば，仕事をして消費のための所得を得ているんだよね。実は経済学では，誰もが簡単に"仕事をする"と表現することを"労働を供給する"と表現するんだ。

🐘：消費者のことなのに"供給"なんですか？

🐘：そうなんだ。まず順番に確認すると，"労働者"と"消費者"ってまったく別の者だと思ってしまっているだろう？　実は経済学では，同じ者だと考えているんだ。たとえばサラリーマンを例にとれば，9時から6時まで会社で真面目に働いている時は"労働者"だけれど，7時から飲み会に参加すれば，もちろん"消費者"だよね。

🐘：はぁ，なるほど…

🐘：そして"供給"という言葉を使う理由はこれだよ。たとえば，トヨタや日産などの自動車メーカーは，車を供給してお金を得ているんだよね。では，労働者は何をしているの？

🐘：あっ！　わかりました！　バイトの学生もサラリーマンも，お金を得ていることは同じだから，"労働"を"供給"している，と考えるんですよね。

🐘：つまり経済学としては，こういうことなんだ。

> **ポイント**
>
> "労働"も"財"の1つと考える

🐘：そしてここでは，あくまで消費者，すなわち労働者の立場に立って，"労

働"をどのぐらい"供給"してどのくらい"所得"を得ようか，ということを決めようとしている，ということなんだよ。

🐘：先生，それは簡単に言えば，「来月何時間ぐらいアルバイトに入って，いくら稼ごうか…」と考えている状況，ということでいいんでしょうか？

🐘：そのとおりだよ。

🐘：先生，でもどうすればそのことが消費者理論の枠組みで解決できるんですか？

🐘：それは，タテ軸に所得の金額Yを，ヨコ軸に労働以外の時間としての余暇Lをとって無差別曲線と予算制約線を描けばいいんだ。

🐘：一日を労働と労働以外の余暇の時間に分けるんですね。ところで，どうして労働の時間ではなくて余暇の時間をヨコ軸にとるんですか？

🐘：それは，第一には労働は労働者にとってGoodsではなくBadsのようなものだからだ，ということと，第二には労働者にとって余暇と所得は代替財だからだ，という理由からなんだ。まず第一の理由は，労働は労働者にとって増加すればするほど苦労や辛さ，ストレスなどの満足感とは逆のものが増加するから，Goodsとは言いにくい，"まるで公害のような"Badsに相当するものだ，ということなんだ。第二の理由は，自分にとっての貴重な時間を労働として使用して所得を得るか，自由な時間として余暇を自分のために活用するかは，どちらにしようか迷うような"コーヒーと紅茶"のような関係に相当するものだ，ということなんだ。

🐘：先生，だから無差別曲線はこのケースでも原点に対して凸型の形状にな

図1

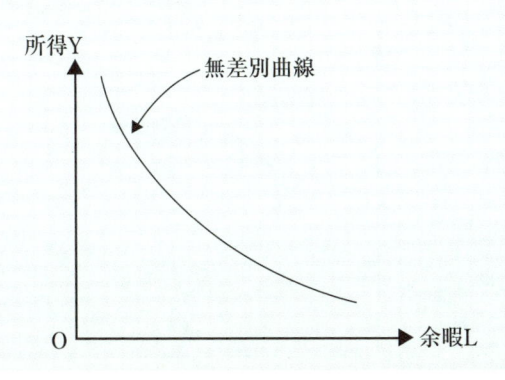

🐘：るんですね。 
それでは，予算制約線はどうすれば得られるんでしょうか？

🐘：最適点が図として確認された時のことを思い出してほしいんだ。最適点は予算線上にあるわけだから（見方を少し変えれば），「予算制約線とは，最適点になり得る候補のすべての点を挙げたもの」とみなすことができるよね。だとすれば理論的には，まったく労働をしない，というケースからすべての時間を労働に充ててしまう，というケースまでのすべてのパターンを考えて，こんな式を作ればいいんだよ。アルバイトの時の時給やサラリーマンの月給を時給に換算したものと考えられる賃金率wを用いるよ。

所得：$Y = w \cdot (24 - L)$
$= - w \cdot L + 24w$
（∵ $24 - L$ は労働時間，すなわち労働供給量だから）

🐘：これって要するに，たとえばアルバイトをして先月はどのくらい稼いだのかなぁ…と計算する時の計算式，じゃないですか！

🐘：そうだよ。それは大事なことだから忘れないようにね。
そして図を描こうとすると，タテ軸が所得Y，ヨコ軸が余暇Lであり，タテ軸切片が24w，ヨコ軸切片が24，傾きが（−）wなので，図に描くとこうなるよ。

図2

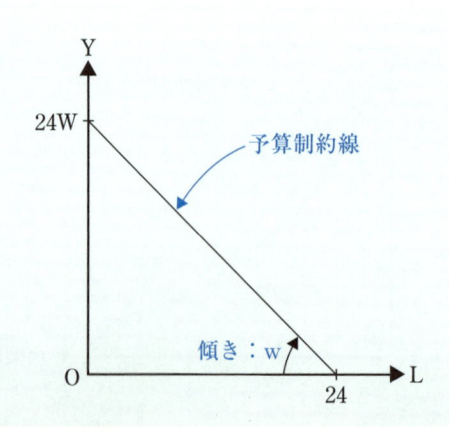

（縦軸Y，24W から（24, 0）へ右下がりの直線：予算制約線，傾き：w，横軸L）

🐘：だから，図1と図2をあわせて，最適点を表すとこうなるね。

図3

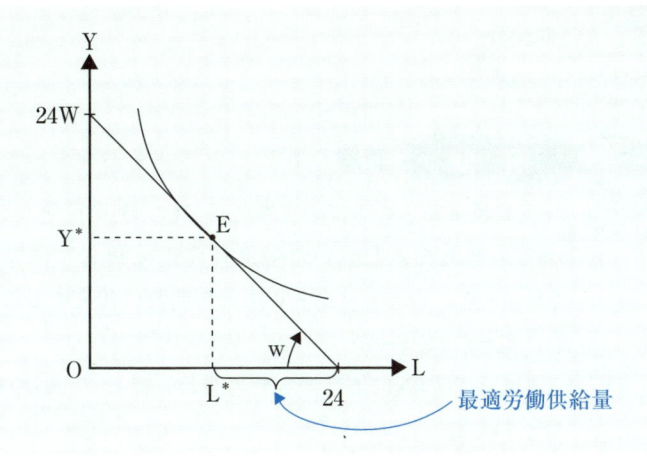

```
        Y
        |
   24W  |
        |\
        | \
    Y*  |--E
        |  |\
        |  | \
        |  |  \___
        |  |    w \
        O--+------+---→ L
           L*    24
                  ↑
              最適労働供給量
```

🐘：念のため，実際に出題されやすい計算問題を練習問題として置いておくから，あとでやってみよう。

🐘 🐘：はい！

••• Exercise •••

国税専門官　2005年

ある個人は1日の時間を余暇と労働のみにあてることとし，この個人の効用関数が，以下のとおり示されるとする。

$$U = 2YL + 4L - W^2$$

$$\begin{cases} U：個人の効用水準 \\ Y：1日の実質所得 \\ L：1日のうち余暇にあてる時間（単位：時間）\\ W：1日のうち労働にあてる時間（単位：時間） \end{cases}$$

実質賃率は1時間当たり1であるとした場合，この個人が効用を最大にするためには，1日何時間働けばよいか。

1　7時間20分

2　7時間30分
3　7時間50分
4　8時間
5　8時間20分

解説　　正解　1

実質賃金率1の下での実質所得Yは，利用可能な全時間（24時間）から余暇Lを差し引いた労働時間W＝24－Lに等しい。そこで，Y＝1・W＝WとL＝24－Wを効用関数に代入することで，

$$U = 2W(24-W) + 4(24-W) - W^2$$

として，Wのみに依存する効用関数を得る。これをWで微分してゼロとおくことにより，

$$\frac{\Delta U}{\Delta W} = 48 - 4W - 4 - 2W = 44 - 6W = 0$$

となる。したがって，最適な労働時間は，

$$W = \frac{22}{3} = 7\frac{1}{3} \quad (= 7時間20分)$$

となるので，正解は肢1である。

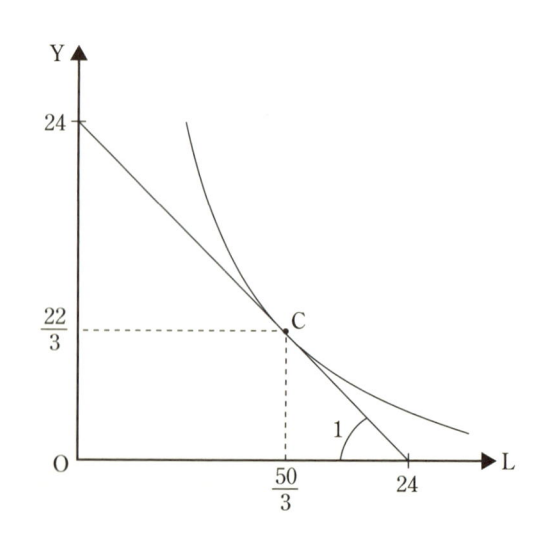

Part 2　1-5-2　異時点間の最適消費行動

- ：ここでは，異なる時点を想定して消費者がどのような消費行動をとるのか，という点について学習します。
- 　　：よろしくお願いします！
- ：これまでの消費者の行動の結果は，最適点の図で示すことができたけれど，より現実的に考えると少し無理があるんだよ。それは，"貯蓄"という考え方が入っていない点なんだ。
- ：そう言えば，普通はいつでも所得をすべて使い切ってしまう，というわけではなくて，多少でも貯蓄をしている人が多いですよね。
- ：それでは，どうして貯蓄をするのだろうか？
- ：将来に備えて貯蓄するんですよね。
- ：そこが大事なポイントなんだ。人々の消費活動を注目すると，現在における消費と同時に，"将来の消費"をも想定して"現時点に貯蓄"をしているんだよね。そこで経済学では，現在と将来をそれぞれ"今期"，"来期"と呼んでそれらをまとめてタイトルの"異時点"と名付け，その異時点をまとめて消費行動について考えているのが，ここのPartなんだよ。
- ：だいぶ現実的なテーマですね。
- ：そうだね。そこで，議論を進めるためにいくつか確認をしておこう。経済活動は，今期と来期だけに注目して，その先のことは考えない。つまり，今期には貯蓄をしても来期には貯蓄はしない。そして，来期にはすべて貯蓄を使い尽くしてしまう，と仮定し，今期貯蓄したお金には，来期には利子が付く，と仮定して，

　　C_0：今期の消費（額），C_1：来期の消費（額），
　　Y_0：今期の所得，Y_1：来期の所得，
　　S_0：（今期の）貯蓄，r：利子率

とおきます。
本試験に向けて特に大事な点は，予算制約式を作成するところにあるから，確認しておこう。

- ：利子率とかあって，難しそうだな…
- ：今回のケースでは，なかなかパッと一度に予算式が完成しないと思うので，今期と来期に何が起きているのか，

お金の流れに注目しながら式を完成させていこう。まず，消費者は今期にどんな行動をしているのかな，

：えーと，所得の中から消費をして，その残りが貯蓄だから，

$$Y_0 - C_0 = S_0 \quad \cdots\cdots ①$$

ということですよね。

：そうだね。そしてそうやって貯蓄した分については，来期には利子が付いているので，利子を付けて，

$$S_0 + r \cdot S_0 = (1 + r) \cdot S_0 \quad \cdots\cdots ②$$

この分も来期に消費として使い切る，ということだよ。

：なるほど…

：それでは，来期はどれだけのお金が消費C_1にまわせるのだろうか？

：えーと，とりあえず今期の所得のY_1と貯蓄しておいた分なので②式を活用すると，こうなりますよね。

$$C_1 = Y_1 + (1 + r) \cdot S_0 \quad \cdots\cdots ③$$

そこで，この③式に①式を代入して，

$$C_1 = Y_1 + (1 + r) \cdot (Y_0 - C_0)$$

となります。

：つまり，タテ軸がC_1でヨコ軸がC_0だから，それを意識して式をまとめると，

$$C_1 = -(1 + r) \cdot C_0 + (1 + r) \cdot Y_0 + Y_1$$

が得られるね。これが求める予算制約式だよ。特に計算問題が出題されるので，暗記ではなくて，確実に導出できるようにしておこう！

：はい！

Exercise

地方上級　1995年

　ある個人は第1期において得た100万円の所得を2期間にわたって全部支出する。個人の効用関数は，

　　$u = C_1 C_2$　〔u：効用水準，C_i：第i期の支出額（$i = 1, 2$）〕

で示され，個人の第1期における貯蓄には5％の利子がつくものとする。個人は効用最大化を図るものとすると，個人の第1期の貯蓄額はいくらか。ただし，個人の第1期の所得と第2期の利子収入には10％の所得税が賦課されるものとする。

1　40万円
2　45万円
3　50万円
4　55万円
5　60万円

解説　　正解　2

　　　この個人の予算制約式を求める。貯蓄額をSとすると，

　　$100(1 - 0.1) = C_1 + S$　　（第1期の予算制約）
　　$\{1 + 0.05(1 - 0.1)\} S = C_2$　（第2期の予算制約）より，
　　$1.045(90 - C_1) = C_2$　……①

となる。
　　この①式を効用関数に代入すると，

　　$u = C_1 C_2$
　　　$= C_1 \{1.045(90 - C_1)\}$
　　　$= 1.045 \times 90 C_1 - 1.045 C_1^2$　……②

となる。
　　この②式をC_1で微分してゼロとおくと，

　　$\dfrac{\Delta u}{\Delta C_1} = 1.045 \times 90 - 1.045 \times 2 C_1 = 0$

$C_1 = 45$

となる。よって貯蓄額Sは第1期の予算制約より，

$90 = 45 + S$

$S = 45$

となる。

したがって，正解は肢2である。

第2部
生産者の行動

ここでは，消費者に対して商品である財を生産し販売してくれる売り手である生産者の行動について分析します。生産者は，売り手であり財を供給する主体として活動するのですが，経済学としては，売り手のことを企業，と呼ぶこともあります。世の中にはさまざまな種類の企業が経済活動をしているのですが，最もイメージしやすい具体例は，メーカー，すなわち製造業者なのです。できるだけわかりやすい例を活用しながら理解していきましょう。

Stage 1
生産者の行動の枠組み

生産者であり売り手である企業は，経済活動をするうえで，やはり"最適な行動"をとりたいと考えています。企業にとっての"最適な行動"とは，財である商品（生産物）を生産して販売した結果，利益（利潤）が最大になることです。ここでは，その点に関する内容を学習します。

Part 1　2-1-1　"生産者"を理解するために

- ：ここでは，売り手の立場に立つ生産者についての理解を深めたいと思います。
- ：よろしくお願いします！
- ：まず，タイトルにもある**"生産者"**には，本試験の中で**"企業"**とか**"売り手"**とかいろいろな呼び名で用いられているので，注意してください。
- ：どれも同じ意味で使われているのですか？
- ：そうですね。ただ，このままではイメージが湧かないかも知れないので，具体的にはメーカー，すなわち製造業者を想像してもらうのが，最も早く理解できる方法でしょう。
- ：それってたとえば，自動車を製造しているトヨタや日産，ホンダや，パソコンを製造しているソニーやＮＥＣ，富士通，とかいった企業でいいのですか？
- ：もちろんそうだよ。私の話の中でも，自動車メーカーの例などはよく出てくることになると思うよ。ところで，メーカーと言ってしまってもいいのですが，生産者は，どのような経済活動をしているのでしょうか？
- ：生産者とは，財を生産して販売しているんですよね。
- ：そうだね。ただ，悲しいことに我々が消費者の側から見ると，お店での"販売"の部分しか見えないよね。つまり，"生産"の部分を見るために工場見学なんて行ったことある？
- ：小学校の時の社会科見学以来，工場には行ったことはないですね…
- ：そうだろうね。つまり，経済や経営のことを意識しつつ工場の中を見たことはないよね？
- ：はい，残念ながら…
- ：実はミクロ経済学の生産者理論では，先ほどアキコさんが言ってくれた"財を生産して販売して"のプロセスの中の"販売"よりも，我々にとって見えにくい"生産"の部分が特に注目されているんだ。
- ：ちょっと面倒ですね…
- ：だからせめて，自分がよく知っている製品，すなわち財の生産現場であ

る工場をイメージしながらここでの学習を進めてほしいんだ。そこで改めてたずねるね。企業は，どのように生産活動をしているんだろうか？大企業をイメージしてみてね。

🐘：それはもちろん，広い土地に工場やビルのような建物を建てて，その中で機械やパソコン，器具・備品や材料などを使ってたくさんの労働者の人たちが生産活動をしているんですよね…

🐘：なかなかいいよ。そのことを経済学的に言い換えると，こうなるんだ。土地，建物，機械，器具や材料などの資本と労働者である労働を活用，利用，すなわち投入して財，すなわち生産物を生産しているんだ。さらに資本と労働をまとめて，経済学としては生産要素と呼ぶんだ。

🐘：やっぱりちょっと面倒ですね…

🐘：まとめてみよう。

> **ポイント**
>
> ・生産者と企業，売り手（←メーカー，製造業者と考えていい）は同じ意味で用いられる
> ・生産者が"使用，利用，活用する"土地，建物，機械，材料などの"モノ"を資本と呼ぶ（なお，省略形は通常，Kで表す）
> ・生産者が使用，利用，活用する労働者のことを労働と呼ぶ（なお，省略形は通常，Lで表す）
> ・生産者が資本や労働を"使用，利用，活用する"ことを投入する，と呼ぶ
> ・生産者が投入する資本や労働をまとめて生産要素と呼ぶ

🐘：それでは次のPart 2では，この"生産"活動についてさらに詳しく見ていきます。ここは，この辺で終わりにしましょう。

🐘🐘：はい，どうもありがとうございました！

Part 2　2-1-2　生産関数と限界生産力

：ここでは，企業の経済活動が具体的な形となって表される生産関数について学習します。

：よろしくお願いします！

：生産者である企業について，経済学としては，前のPartより，生産要素である資本（K）と労働（L）を投入（利用，活用）して財を生産し，生産量Qを生み出している経済主体，と考えます。

：先生，あのー，直接関係ないかも知れませんが，どうして記号としてそういった文字を使うのですか？

：まず，生産量は"数量"の意味の単語の"Quantity"の頭文字だよ。経済学では，財の数量のことをQやYといった文字をよく使うね。つぎに労働については，そのまま英単語"Labor"の頭文字だよ。ただ，ややこしいのは資本についてなんだ。

：英単語じゃないんですか？

：資本は，英単語としては"Capital"なんだけれど，経済学では，"C"といえば"消費"を意味する"Consumption"の頭文字から"消費"のことを意味してしまうので，英単語ではないんだ。実はドイツ語での"資本"を意味する"Kapital"の頭文字なんだ。

：どうもありがとうございます。

：それでは，本題に入るね。結局，企業はKとLを投入してQを生み出す経済主体である，と考えることから，このQとK，Lの数値の関係を式に表したものを生産関数と呼んで，

　　　　財の生産量：$Q = f(L, K)$　　（L：労働投入量，K：資本投入量）

という形になるんだ。

：先生，"f"って何ですか？

：それは単に"関数"を表しているだけの記号で，あまり重要な意味はないので，気にしなくていいよ。ちなみに"関数"を表す英単語"function"の頭文字だよ。

：先生，"労働投入量"とか"資本投入量"って何ですか？

：それぞれ，企業の中で実際に投入される労働と資本の数量のことで，具体的にはそれぞれ，前者は労働者の人数や労働時間を，後者は土地，建物の広さや使用する機械の台数などを考えるといいね。

：そういうことですか。

：先生，経済学としては，きっとこれも関数，ということは図に表して理解するはずですよね。

：そうだよ。何が言いたいのかな？

：文字がQ，K，Lと3種類もあるので，3次元の立体的な図になるのかなぁ…と思って，ちょっと不安に思っていたんです。私は，平面図ならばあまり不安はないのですが，立体的な図はちょっと苦手なので…

：安心していいよ。これからちゃーんと平面図で表すようにするから。

：どうすればいいのかなぁ…

：こう考えればいいんだよ。生産者にとって，投入する生産要素は確かにKとLの2つあるけれど，どちらか一方，たとえば資本Kを一定で変化しないものと固定してしまって，残りの方，たとえば労働Lだけを生産要素の中で変化し得る数値である"変数"としてしまうんだ。

：あっ！　そうするんですか。

：そうすると生産関数は，

$$Q = f(L, K)$$

という形ではなくなって，Kを一定であると考えて，

$$Q = f(L, \overline{K})$$

と考えることができるようになる。この$\overline{K}$というのは，資本Kを一定として考える，という意味の記号で，"Kバー"と読むんだ。すると，一定であるKは表す意味がなくなるから，結局，生産関数は，

$$Q = f(L) \quad \cdots\cdots ①$$

という形になるんだ。

：先生，KとLはどちらを定数として考えてもいいのですか？

：いいよ。ただ，Kを定数とする方が現実的だね。

🐘：どうしてですか？

🐘：企業の立場に立ってごらん。労働者の人数や労働時間というのは増やしたり減らしたりといった数量の調整がある程度までならばすぐに出来るけれど，土地や建物の大きさ，機械の台数はなかなかすぐに調整できないだろう？

🐘：そういう理由だったんですか…

🐘：そうだよ。それでは，ここで①式を図に表してみよう。

図1

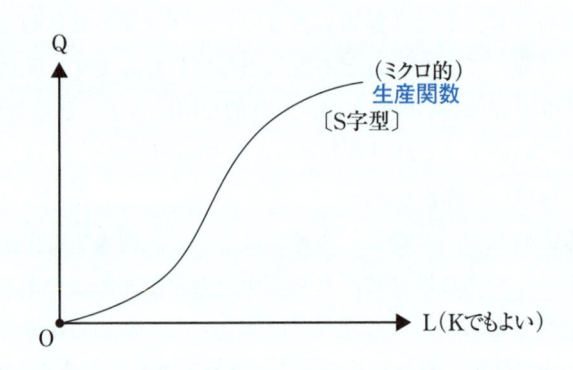

（ミクロ的）
生産関数
〔S字型〕

縦軸：Q、横軸：L（Kでもよい）

🐘：先生，ヨコ軸の投入量が増えればタテ軸の生産量が増えて曲線が右上がりになることはわかるのですが，どうして直線的な形状ではなくて"S字型"になっているのですか？

🐘：それについての答えは少し後回しにするとして，それよりも前に，重要な用語を確認するよ。消費者理論でもそうだったんだけれど，経済学では，曲線が出てくるとどうやってその形状について確認したかについて覚えている？

🐘：えーと，曲線上の点に接線を引いてその傾きに注目する，ということですか？

🐘：そのとおりだよ。そこで，こんな用語を覚えよう。

ことばの意味

限界生産力：生産関数の曲線上の点で接線を引いたときの傾きのこと

:先生,"限界"と最初にある,ということはやはり"接線の傾き"であり,計算としては"微分をする"ということですか?

:さすがだね。そのとおりだよ。だから,こういった視点も必ず忘れずにね。

> **ポイント**
>
> **限界生産力**:生産要素を追加的に1単位増加させた時に追加的に発生する,生産量の増加分のこと。記号では,MP(Marginal Productivityの頭文字)と表される。そして数式としては,微分を用いてこう表される。なお,ヨコ軸が労働Lならば,
>
> 労働の限界生産力:$MP_L = \dfrac{\Delta Q}{\Delta L}$
>
> ヨコ軸が資本Kならば,
>
> 資本の限界生産力:$MP_K = \dfrac{\Delta Q}{\Delta K}$
>
> となる。

:そこで,これを活用して生産関数の"S字型"の形状について考えてみよう。生産関数が"S字型"である,ということを経済学としては,次の図2と図3のように把握するんだ。

図2

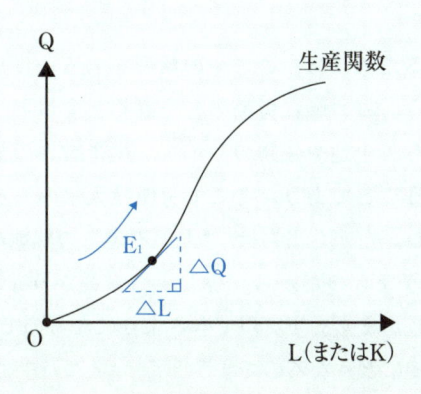

図3

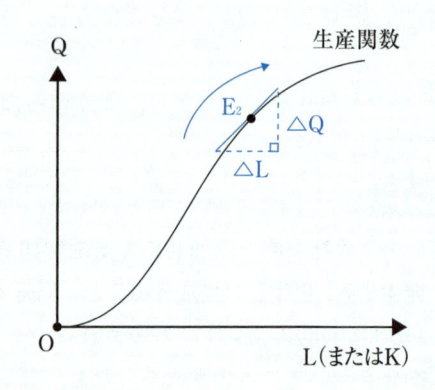

🐘：そして消費者理論で使った用語を活用すると，図2の点E_1のような状況を限界生産力逓増，図3の点E_2のような状況を限界生産力逓減，と表現するんだ。

🐘：図3は消費者理論の中の限界効用逓減の時と同じような，接線の傾きが徐々にゆるやかになる図だから"逓減"を用いて，図2は曲線が逆の形状だから"逓増"を用いているんですね。

🐘：それでいいよ。つまりミクロ的な（ある一企業に注目した時の）生産関数の特徴は，「当初は限界生産力は逓増するが，やがて限界生産力は逓減する」と表現されるんだ。

🐘：結局，生産関数はどうしてそんなS字の形状になるのでしょうか？

🐘：それに答えるためには，ここでの状況をもう一度思い出してみよう。ヨコ軸に労働のLを置くとすると，資本の投入量Kが一定なのだから，土地や建物のサイズ，生産設備の規模などを一定にしている，ということであり，そこで労働投入量のLを増加させる，ということになるね。だから当初は，"人手不足"の状態のところで労働者が増えていくようなものだから，少しずつ分業がうまくできるようになり，効率的な生産がますます実現できるようになるのです。

🐘：そしてその後にどうなるのですか？

🐘：ある程度のレベルを超すと，人手不足の逆だからだんだん人員過剰の状態になってくる。これはつまり，"人余り"状態なのだから，そこでさら

に労働者が増えたとしても，追加的な生産力がだんだんとあまり向上しなくなるよね。

🐘：そういう意味だったんですか。

🐘：それでは，ここでの話はこの辺で終わりにしましょう。

🐘 🐘：どうもありがとうございました！

MEMO

Stage2
利潤最大化行動

生産者は、財を生産し販売しているわけですが、その目標は、ミクロ経済学としては、利潤（利益）の最大化である、と考えます。ここでは、その点に関する内容を学習します。

Part 1　2-2-1　利潤とは

🐘：ここでは，企業にとって大切な意味を持つ利潤（利益）について学習します。

🐘🐘：はい，よろしくお願いします！

🐘：ミクロ経済学としては，消費者は何を目標として経済活動をしているんだったっけ？

🐘：効用，つまり満足度の最大化が最も重要な目標でした。

🐘：そうだね。それでは，生産者は何を最も重要な目標として活動するのだろうか？

🐘：企業って，それぞれいろいろな目標を掲げているって会社に勤めている友人達から話を聞いているけれど…

🐘：たとえば？

🐘：売上高だったり，市場シェアだったり，利益率だったり…そうそう，ベンチャー企業などでは株価や市場価値を重視しているところもありました。

🐘：確かにそうだね。現実の経済の中では，企業はいろいろな目標を掲げていて，しかも1つの企業の中で1つだけの目標を掲げているとは限らないんだよね。

🐘：それは困りましたね…

🐘：そこでミクロ経済学としては，企業にとっての目標を利潤，すなわち利益としたんだ。

🐘：最も無難な答え，という感じですね。

🐘：どうして？

🐘：「利益なんて重視しません！」というおかしなことを言うような企業はどこにもないからよ。だって，利益を無視して経済活動して，もしも赤字が累積してしまったら，会社は倒産してしまいますからね。

🐘：なるほど…

🐘：そうだね。本試験でのミクロ経済学のほとんどすべての問題は，たとえ問題文中にそのように書かれていなくても，"生産者は利潤最大化を目標として行動する"と考えてください。

🐘🐘：はい。

:それでは，利潤とは何なんだろう？

:えっ！　利潤って利益，つまり儲けのことですよね。

:そうだよ。それはどのようにしたら表せるのかな？　たとえば，式を使うとだよ。

:単純に言えば，「(入ってきたお金)−(出て行ったお金)」ですよね…

:そうそう。それを経済学的に表すと，こうなるんだ。利益（利潤）のことを"π"で，入ってきたお金，すなわち売上，総収入のことを"TR(Total Revenue)"で，そして出て行ったお金，すなわち総費用のことを"TC(Total Cost)"で表すと，利潤πの定義式は，こうなるんだ。

公式

利潤：$\pi = TR - TC$

:先生，ずいぶんシンプルな式ですね。

:そうだね。けれどこれは，今後も何度も何度も出てくるとても重要な式なので，絶対に覚えておいてね。そして繰り返すけれど，これもだよ。

ポイント

生産者（企業）は，利潤を最大化するように行動する

:はい！

:それでは，この辺で終わりにしましょう。

:どうもありがとうございました！

Part 2　2-2-2　売上（総収入）と価格について

🐘：ここでは，生産者である企業にとって，利益（利潤）に直接関係する売上（総収入）のＴＲと，財（生産物）の価格についての学習をします。

🐘🐘：よろしくお願いします！

🐘：最初に，前のPart 1で学習した，利潤πの定義式は，どのようなものだったかな？

🐘：利潤π＝売上（総収入）ＴＲ－総費用ＴＣです。

🐘：そうだったね。そこでここでは，利潤πを決定する前半の部分である総収入のＴＲについて考えてみましょう。実はＴＲは，きっと2人が考えているよりも簡単だと思うよ。その式は，たったこれだけなんだ。

公式

総収入：ＴＲ＝価格Ｐ×生産量Ｑ

🐘：えっ！　それでいいんですか！　ホッとしたなぁ。たとえば，100円の商品を200個生産して販売すれば，

　　ＴＲ＝100円×200個＝2万円

ということですよね。

🐘：そうだよ。ただ，ここで気を付けなければいけないことがあるんだ。（第4部に入るまで）しばらくの間は，価格を"一定である"としておくんだ。

🐘：えっ？　価格って商品の値札のことですよね。企業が自由に決めているんじゃないのですか？　"一定である"ってどういう意味ですか？

🐘：そこが問題なんだよ。"一定である"とは，"企業も消費者も自由に価格を上げたり下げたりすることは単独ではできない"，ということなんだ。

🐘：具体的には，どういうことですか？

🐘：たとえば，ペットボトルのお茶を買いたい，と思ったとするよね。価格はいくらぐらいだと思ってお店に買いに行く？

🐘：だいたい150円くらいじゃないかなぁ，と思って行きま

す。

🐘：それでは，あるお店がペットボトルのお茶を売りたい，と思ったとするよね。価格はいくらぐらいに設定したらいいと思う？

🐘：だいたい150円くらいですね。つまり先生は，ペットボトルのお茶は，150円でだいたい一定だ，と言いたいんですね。

🐘：そうだよ。そしてその財の価格水準は，一消費者や一企業だけの力で変えようと思っても，変えられるようなものではなくて，市場全体におけるさまざまな事情から決まるものだ，ということなんだ。だから，誤解を避けるためには，価格について"一定である"ということをきちんと伝えるために$\bar{P}$と上に"バーを付けて"表示することもあるんだ。

ポイント

価格Pは<u>一定である</u>と考える。それは，財の価格水準は，一消費者や一企業だけの力で変えようと思っても，変えられるようなものではなくて，市場全体におけるさまざまな事情から決まるものだ，ということである。

🐘：そこで，念のためTRを下に図示しておいたよ。また後に使うので，よく見ておいてね。

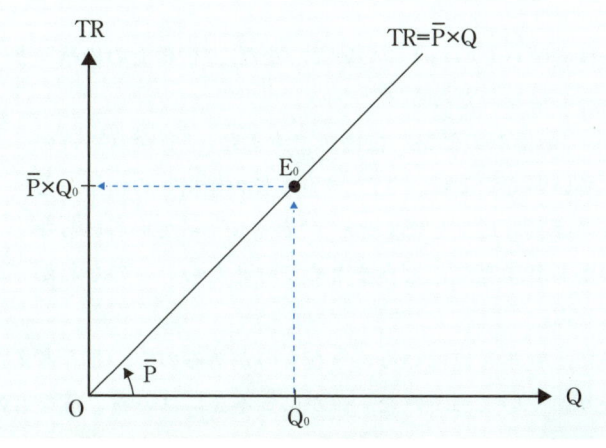

図1

TR

$TR = \bar{P} \times Q$

$\bar{P} \times Q_0$ ..... E_0

$\bar{P}$

O Q_0 Q

🐘：それでは，この辺で終わりにしましょう。
🐘 🐘：どうもありがとうございました！

Part 3 2-2-3 総費用

🐘：ここでは，利潤πにとってだけでなく，生産者理論全般に非常に重要な関連性を持つ**総費用ＴＣ**について学習します。

🐘🐘：よろしくお願いします！

🐘：企業が生産活動上，費用を支払わなければならないことは誰にもわかるんだけれど，ミクロ経済学としては，企業は何に対して費用を支払わなければならないのだろうか？

🐘：それはもちろん，生産要素を投入するのですから，資本Ｋと労働Ｌに対してですよね。

🐘：それでは，どうすればＴＣは式で表せるのだろうか？

🐘：先生！ 僕，けっこう鋭いことに気付きました！ 企業にとっての費用って支出ですよね。消費者も財を消費するときにお金を使えば支出ですよね。ということは，同じ考え方をすればいいんですよ！ つまり資本Ｋと労働Ｌの価格さえわかれば，この支出の計算式にあたる予算制約式と同じように考えて，こうなるんですよ。

$$TC = 資本Kの価格 \times 資本Kの投入量 + 労働Lの価格 \times 労働Lの投入量 \quad \cdots\cdots ①$$

🐘：これは素晴らしいね！ いいよ。ただ，"労働Ｌの価格"と"資本Ｋの価格"って何なのだろう？

🐘：まず，"労働Ｌの価格"は簡単ですよね。"賃金（率）のｗ"でいいですよね。ただ，"資本Ｋの価格"の価格，というのは私もピンと来ません。"資本Ｋ"っていろいろなものがありすぎて，どうまとめて考えたらいいのかわかりません…

🐘：確かに，資本Ｋにはいろいろなものがあるので，どう考えたらいいのかわかりにくいよね。ただ，確かに資本Ｋにはいろいろなものがあるけれど，何があればすべて手に入る？

🐘：お金があればいいんですけれど…

🐘：そうだよね。お札があればいいんだよね。では，"お札の価

格"って何なのかな？
- ：お金は，稼がないと手に入りませんよね…
- ：お金は，稼がなくても手に入るよね。
- ：えっ！　先生，泥棒するんですか…？
- ：バカなことを言っちゃいかんよ！　いくらなんでも経済学は泥棒することを想定しているはずはないんだから！
- ：先生，わかりました！　借りてくることができればいいんですね？
- ：そのとおりだよ。たとえば，企業が会社を設立する時にもしも1億円が必要であるならば，1億円借りることができればいいんだよ。
- ：先生，ということは，資本Kを手に入れるためのお札は借りてくるものと考えて，そのお札の"借り賃"がわかればいい，ということですか？
- ：そうそう，そのとおりだよ。ちなみに，"借り賃"と考えると難しすぎるので，"レンタル料金"と考えればいいんだよ。ただ，経済学ではそれをレンタル・プライスと呼んで，経済学での重要な用語なんだよ。
- ：先生，全然ピンと来ませんけど…
- ：マナブ君はレンタル・ショップでDVDを借りて映画を観たことはないの？
- ：あっ！　"レンタル料金"ってそのことですか！　たとえば，DVD1枚を一週間借りて300円，とかの"レンタル料金"ですよね？
- ：もちろんそうだよ。それがれっきとした"借り賃"だよね。ということは，お札の"借り賃"すなわち"レンタル料金"とは何？
- ：先生，わかりました！　金融機関へ行ってお金を借りる時に発生する利子率（金利）のことですね？
- ：ついにわかったね。つまり，お札はいくら借りるとしても理論的には，借りた金額に利子率rを掛ければ，"借り賃"すなわち"レンタル料金"がわかるわけだよ。
- ：わかりました。
- ：ということで，総費用TCは，このように表せるんだ，

> **ポイント**
>
> 総費用：TC＝r・K＋w・L
>
> （ただし，r：資本のレンタル料金，レンタル・プライス，利子率，w：賃金（率），時給や月給に相当するもの）

🐘：それでは，このTCはどのようにすれば図で表せると思う？

🐘：ちょっと難しすぎます…

🐘：それでは，こう考えよう。企業が生産量を増やすためには，より多くのTCをかけなければならないよね。そしてより多くのTCをかけることによってKとLの投入量を増やしていくと，生産関数によってS字型の曲線が表れるんだよね。ということは，ヨコ軸にTCを，タテ軸に生産量Qをとると，こんな図になりそうだよね。

図1

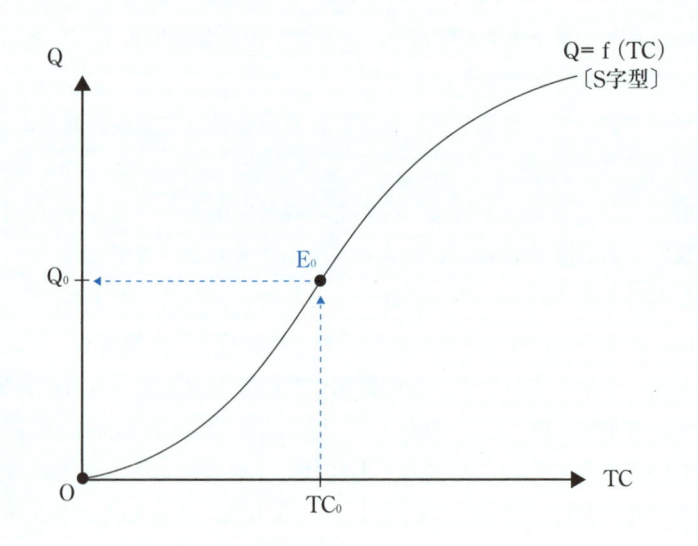

グラフ：横軸 TC，縦軸 Q，曲線 $Q=f(TC)$ 〔S字型〕，点 E_0 の座標 (TC_0, Q_0)

🐘：ただ，この図は，前のPart 2の総収入TRの図と比べると軸がそろっていないので，ミクロ経済学としては，タテ軸を金額，ヨコ軸を生産量Qにそろえるように，軸を入れ替えて図を書き直した方がいいんだよ。

🐘：それでは，書き直してこれでいいのでしょうか？

図 2

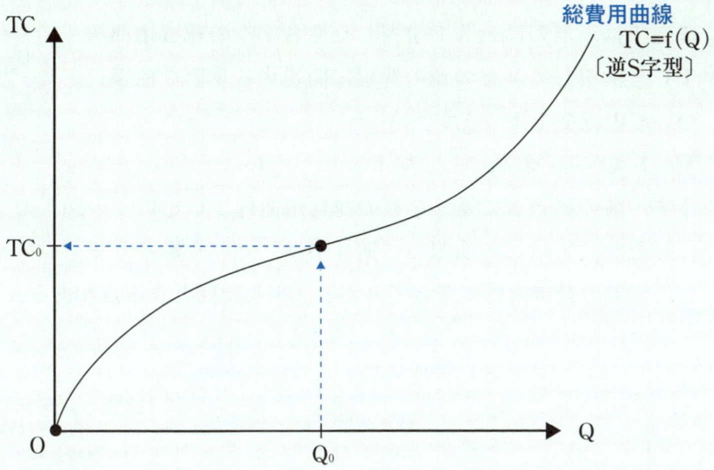

：いいよ。これは，**総費用曲線**と呼ばれるものなんだ。そこで，次のPart 4では，この曲線から得られるいろいろ重要な曲線について学習します。ここでは，この辺で終わりにしましょう。

：ありがとうございました！

Part 4　2-2-4　平均費用，平均可変費用，限界費用

🐘：ここでは，前のPart 3で学習した逆S字型の総費用曲線TCを活用して，その他の費用に関連する重要な曲線についての理解を深めます。

🐘🐘：よろしくお願いします！

🐘：まず，前のPart 3で逆S字型の総費用曲線TCを以下の図1のように学習したね。実はこの曲線の"逆S字型"という形はとてもいいんだけれど，実際の経済活動で考えてみると，少し疑問となる点があるんだ。

図1

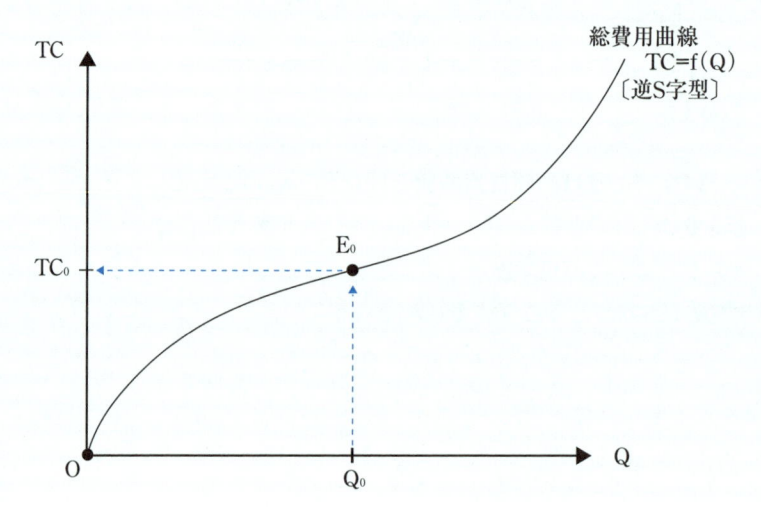

（総費用曲線 $TC=f(Q)$ 〔逆S字型〕のグラフ。縦軸TC，横軸Q。点 E_0 において TC_0 と Q_0 が対応している。）

🐘：えっ！　どこだろう…右上がりだし，特に問題点なんてなさそうだけど…

🐘：実は"スタート地点"のところなんだ。生産量Qがゼロの時のタテ軸切片に当たる場所が原点になっているんだけれど，これがちょっと問題なんだ。

🐘：えっ？　生産量QがゼロならばTCがゼロでまったく問題ないじゃないですか！

🐘：それではマナブ君に質問しようかな。一人暮らしをしている人が，1カ月間海外に出張しなければならなくなったとするね。住んでいる場所の家賃は払わなくてもいいの？

：そんなわけにはいきませんね…

：他にもあるよ。電気料金や携帯電話料金の基本料金分については，まったく利用しなければ払わなくてもいいの？

：もちろん，それについてもそんなわけにはいきませんね…

：つまり費用について考える時には，電気や電話の利用料金分のように，使用量に応じて発生してくるものと，家賃や電気，電話の基本料金のように，消費量がゼロでもどんなに多くなっても一定で変わらないものと，2種類があることを知っているわけだよね。

：はい，そうですね。先生の言いたいことがわかってきました。

：きっとそうだね。企業だって土地やオフィスを借りていれば発生する賃借料や，機械のリース料のように，毎月一定的に発生するコストがあるよね。ということは，それは生産量がゼロだろうがどんなに多くなろうが一定的に発生する費用がある，ということだよね。つまり，企業にとっての総費用TCには，以下のような2種類の費用があるんだよね。

ポイント

総費用TC＝固定費用FC＋可変費用(変動費用とも言う)VC

（FC＝Fixed Cost，VC＝Variable Cost）

固定費用FC：生産量に関係なく一定的に発生する費用

可変費用VC：生産量の増加に応じて増加していく費用のこと

🐘：そこで、これを意識して総費用TCを描くとこうなるんだ。

図2

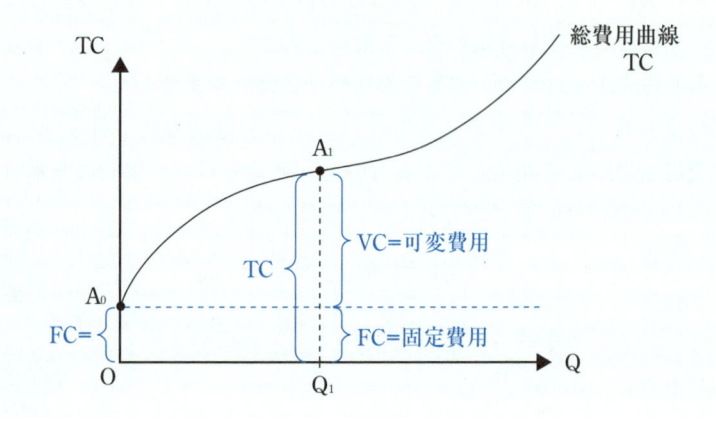

[図：総費用曲線TC。縦軸TC、横軸Q。原点より上のA₀から始まり逆S字型に上昇する曲線。Q₁における総費用TCは、FC（固定費用）とVC（可変費用）の合計。A₀の高さがFC=固定費用、A₁までの点でTC、A₀からA₁までがVC=可変費用。]

🐘：つまり、総費用関数TCの形は逆S字型だけれども、生産量Qがゼロの時のタテ軸切片は、原点よりも上にある、という点がポイントなんですね。

🐘：本試験でよく出題される形式はこれなので、この図2の形で慣れておきましょう。そこでここでは、このTCを用いて本試験に向けて重要な曲線を学習します。まずは、平均費用です。

🐘：それはどんな曲線なんですか？

🐘：最初にまとめておきましょう。

ことばの意味

平均費用（AC：Average Cost）：生産した財1単位当たりの費用のこと。定義式は、

$$AC = \frac{TC}{Q}$$

となる。

🐘：これに基づいて、図3を用いてACを確認してみよう。直角三角形OA_1Q_1に注目すると、総費用TCは高さのA_1Q_1であり、生産量Qは底辺のOQ_1の長さであることから、平均費用ACは、TC上の点A_1と原点Oを結んだ直線の傾きであることがわかるね。だから、生産量をどんどん増やしていくと、ACは点A_2で最小化することがわかり、下側に描いた平均費用曲線ACは、U字型になっているこ

図3

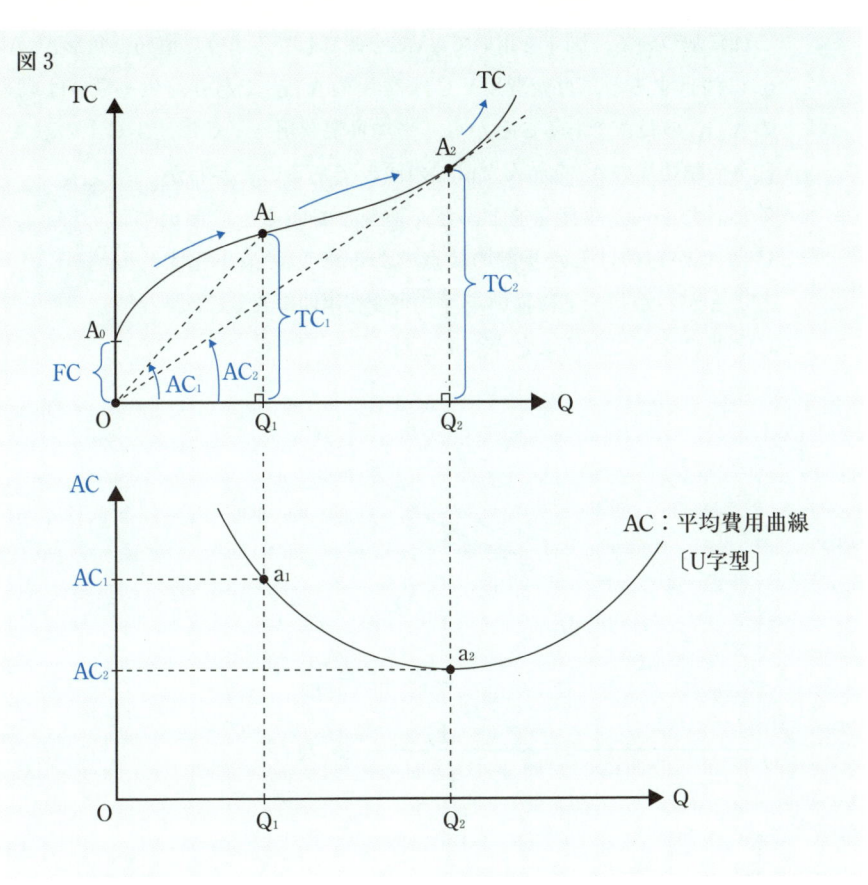

（グラフ：TC曲線、AC曲線）

とがわかるね。

:それでは，次の曲線についての学習に移ろう。次は，**平均可変費用曲線**です。

:それはどんな曲線なんですか？

:先ほどと同様に，最初にまとめておきましょう。

ことばの意味

平均可変費用（ＡＶＣ：Average Variable Cost）：生産した財1単位当たりの可変費用のこと。定義式は，

$$AVC = \frac{VC}{Q}$$

となる。

🐘：これに基づいて，図4を用いてAVCを確認してみよう。直角三角形$A_0 A_1 q_1$に注目すると，可変費用VCは高さの$A_1 q_1$であり，生産量Qは底辺の$A_0 q_1$の長さであることから，平均可変費用AVCは，TC上の点A_1とタテ軸切片のA_0を結んだ直線の傾きであることがわかるね。だから，生産量をどんどん増やしていくと，AVCはA_0からのばした接線の接点である点A_3で最小化することがわかり，下に描いた平均可変費用曲線AVCは，U字型になっていることがわかるね。

図4

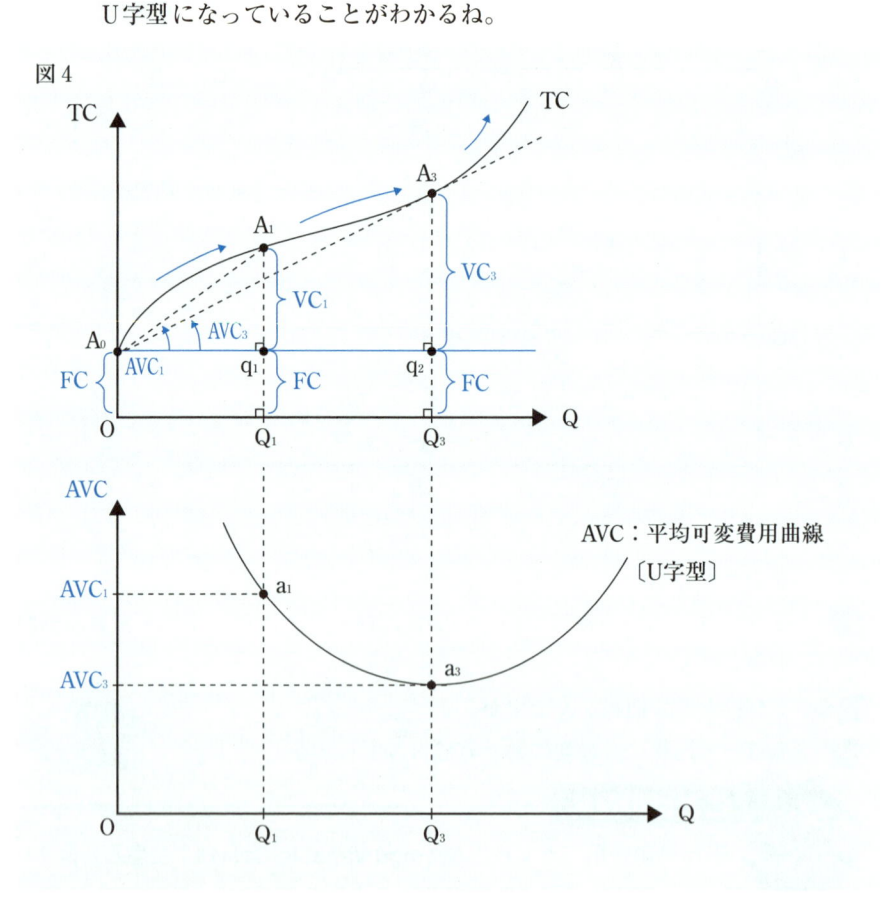

🐘：それでは，次の曲線についての学習に移ろう。次は，限界費用曲線です。

🐘：それはどんな曲線なんですか？

🐘：先ほどと同様に，まずはまとめておきましょう。

> **ことばの意味**
>
> 限界費用（ＭＣ：Marginal Cost）：生産量を追加的に1単位増加させた時に，追加的に発生する費用のこと。定義式は，TCを生産量Qで微分して，
>
> $$MC = \frac{\Delta TC}{\Delta Q}$$
>
> となる。
> したがって，**総費用曲線TC上の点の接線の傾き**となる。

：これに基づいて，図5を用いてMCを確認してみよう。点A_1における接線の傾きが生産量Q_1に対応する限界費用MC_1であり，ＴＣはタテ軸切片の点A_0から点Bまでは，曲線が上に凸な形状をしているので接線の傾きはQの増加にしたがって減少することがわかり，逆に点Bから右上は，曲線が下に凸な形状をしているので接線の傾きは増加することがわかる。ということは，数学的には変曲点（曲線の反り方が逆転している点）と呼ばれる点Bにおいて，ＭＣは最小化することがわかり，下側に描いた限界費用曲線ＭＣは，Ｕ字型になっていることがわかるね。

図5

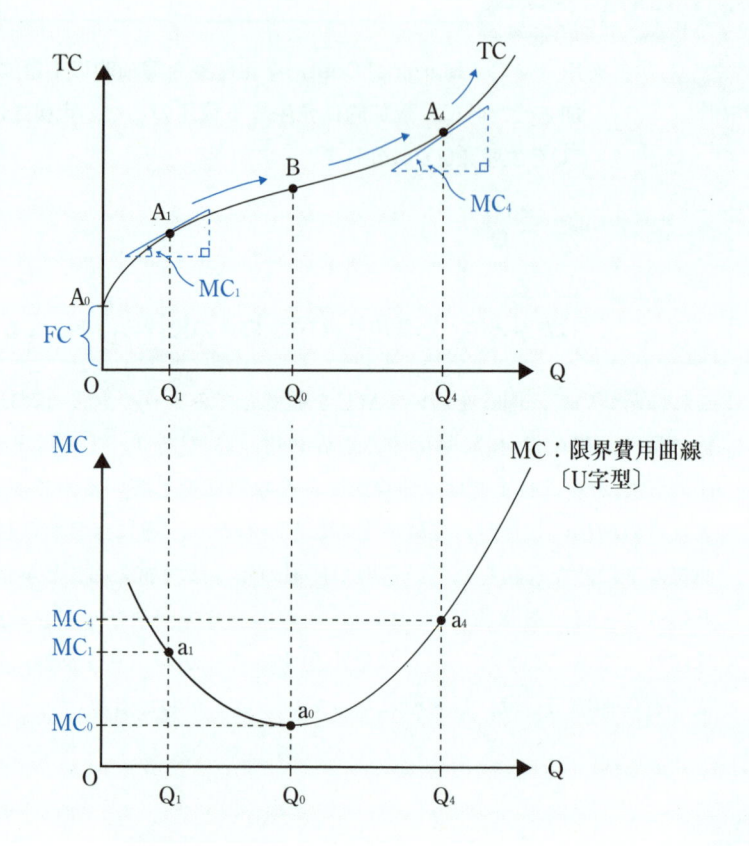

MC：限界費用曲線
〔U字型〕

🐘：さて，もちろん基準になるＴＣは1本の線なのだから，すべてＵ字型になるとはいえ，ＡＣ，ＡＶＣ，ＭＣの3本の曲線は，必ずその位置関係が決まっているんだ。

🐘：へぇ！　そうなんですか！

図6

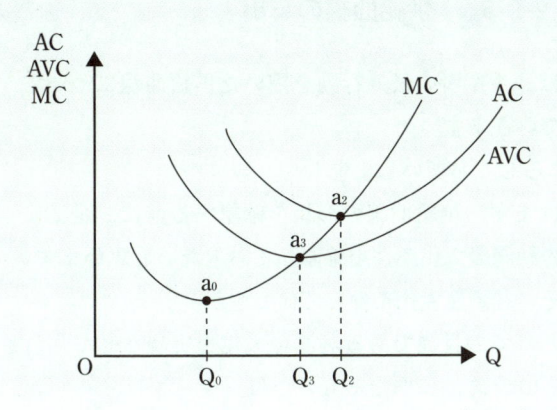

:そうだよ。そこで，その位置関係を確認した図を描いておいたから，確認しておいてね。この図のポイントは，AVCとACの最低点である点a_3，a_2を，MCは上りながら必ず通過する，ということだよ。この図6は，次のPart5でまた見ることになるので，できればよく覚えておいてね。それでは，この辺で終わりにしましょう。

:どうもありがとうございました！

Part 5　2-2-5　供給曲線の導出

🐘：ここでは，生産者の最適行動を描いた供給曲線について学習していきます。

🐘🐘：よろしくお願いします！

🐘：ここではまず，供給曲線の形状を確認する前に，企業にとっての<u>利潤最大化条件</u>を確認しておきたいと思います。

🐘：先生，その<u>利潤最大化条件</u>って何ですか？

🐘：企業にとっての目標である利潤最大化を実現させてくれる生産量を決定するための公式，にあたるものだね。

🐘：とっても大事そうなテーマですね。

🐘：もちろんそうだよ。そこで，利潤πの最大化が実現するための条件を数式で求めたいので…

🐘："<u>微分してゼロとおく</u>"を活用したいんですね！

🐘：そうそう！　そこで，利潤πの式を生産量Qで微分してゼロとおくことによって，利潤最大化を実現させてくれる最適な生産量を求めるんだ。

🐘：どうすればいいんだろう…？

🐘：利潤は$\pi = TR - TC$なのだから，

$$\frac{\Delta \pi}{\Delta Q} = \frac{\Delta TR}{\Delta Q} - \frac{\Delta TC}{\Delta Q} = \frac{\Delta (\overline{P} \cdot Q)}{\Delta Q} - MC = \overline{P} - MC = 0$$

とおいて，最後の部分を方程式とみなして解けば，

　$\overline{P} = MC$　（なお，$\overline{P}$は一定の価格）

が成立していることがわかるね。これが企業にとって非常に大事な<u>利潤最大化条件</u>なんだ。

🐘：結局，この式の表していることはどういう意味なんですか？

🐘：それはもちろん，価格Pと限界費用MCの金額が一致するところに生産量を決めなさい，そこが最適な生産量です，という意味だよ。

🐘：具体的には，どういうことですか？

🐘：次の図1のように考えるのが，きっと最もシンプルな考え方だと思うよ。

図1

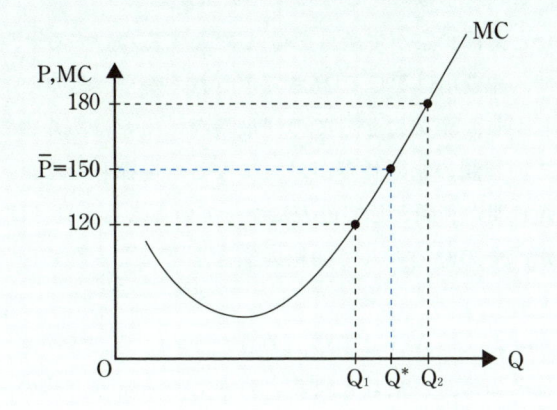

:価格$\overline{P}$が150円の財であれば，$\overline{P}>MC$であるような数量Q_1にも，$\overline{P}<MC$であるような数量Q_2にしないで，最適生産量はQ^*になっている，ということだよ。

:先生，やはりピンと来ません。どうしたらいいんでしょう…？

:それならば，つぎに総収入TRと総費用TCを図示したので，これを使ってみようか。

図2

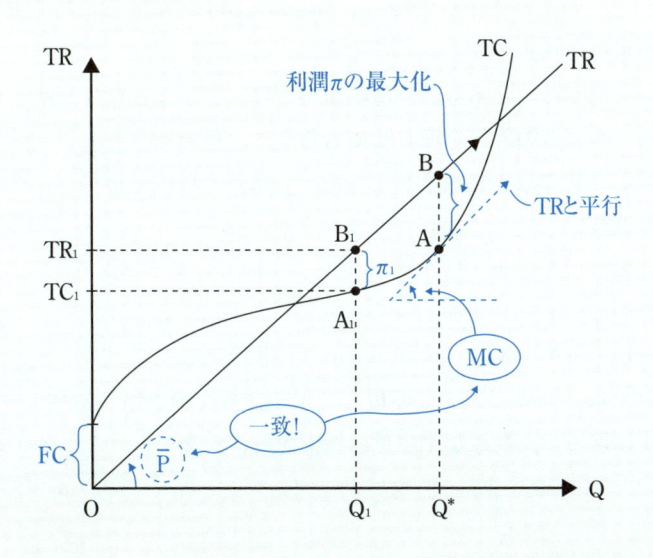

:あっ！　これならばピンと来るような気がします。

:まず，たとえば企業が生産量をQ_1したとするね。すると，総収入はTR$_1$の高さで，総費用はTC$_1$の高さで示されるから，その差が利潤π_1になるよね。しかし，企業にとっての"最適な"生産はあくまで利潤最大化だから，この利潤の幅の長さが最大になる所を探したんだ。すると，図2の中のAB間が利潤として最大になっていることを見付けたんだ。

:ところが，その時の点Aで接線の傾きをとってみたら…ですか？

:そのとおりだよ。点AはTC上の点だから，そこで接線をとればその傾きはMCとなる。しかし，ちょうどその傾きがTRの傾きと等しくなっていて平行になっていることに気付いたんだ。もちろん，TRの傾きは価格$\overline{P}$そのものだからね。したがって，利潤最大化が実現している生産量Q^*のところではP＝MCが成立していることが確認できるんだね。

:だいぶ実感が湧いてきました。

:よかったよ。もう一度，図1を活用しながら供給曲線について考えてみよう。念のため確認するけれどマナブ君，需要曲線とは，消費者にとってどのような軌跡が描かれている線なのかな？

:えーと，価格が変化した時に，効用最大化を実現するための最適な消費量を描いた軌跡ですね。

:いい答えだね。とすると，供給曲線とは，どんなものだと思う？

:今のマナブ君の答えを使わせてもらうと，価格が変化した時に，利潤最大化を実現するための最適な生産量を描いた軌跡，ということになりますよね，先生。

:そうだね。むしろ，2つの答えがよく似ていてビックリしたのでは？

:そうなんですよ！

:それでは，改めて図1を応用して供給曲線を描き出してみよう。価格の低下に伴って，最適な生産量は減少するはずだから，こうなるよね。

図3

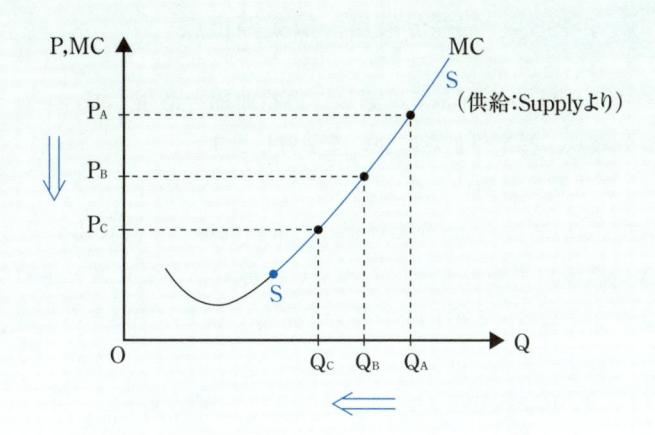

P,MC 軸、Q軸のグラフ。MC曲線上に点があり、P_A, P_B, P_C に対応する数量 Q_A, Q_B, Q_C が示されている。（供給:Supplyより）

🐘：先生，つまり供給曲線ＳＳというのは，限界費用曲線ＭＣそのものだ，ということじゃないですか！

🐘：厳密には"そのもの"ではないので，それについては次のPart 6できちんと確認するよ。

ポイント

企業にとっての供給曲線ＳＳとは，限界費用曲線ＭＣによって導かれるものであり，右上がりの局面では，ほぼ同じものであると考えてよい

🐘：ただし，補足をしておくと，今こうやって求めた供給曲線はあくまで企業にとっての個別供給曲線と呼ばれるものなんだ。そこで，通常よく用いられるものは市場供給曲線なんだけれど，どうしたら求められるのかな？

🐘：それは需要曲線の時とまったく同じように考えて，数量方向，つまりヨコ軸方向に足し合わせれば出来上がるんですよね。

🐘：そのとおりだね。それでは，この辺で終わりにしよう。

🐘 🐘：ありがとうございました！

Part 6　2-2-6　損益分岐点，操業停止点

🐘：ここでは，前のPart 5で確認した供給曲線を活用して，損益分岐点，操業停止点について学習します。

🐘🐘：よろしくお願いします！

🐘：それではここに，Part 5で確認した供給曲線と平均費用のAC曲線，平均可変費用のAVC曲線もあわせて図を描いてみよう。実はもうここに，このPartの答えが入ってしまっているんだよ。

図1

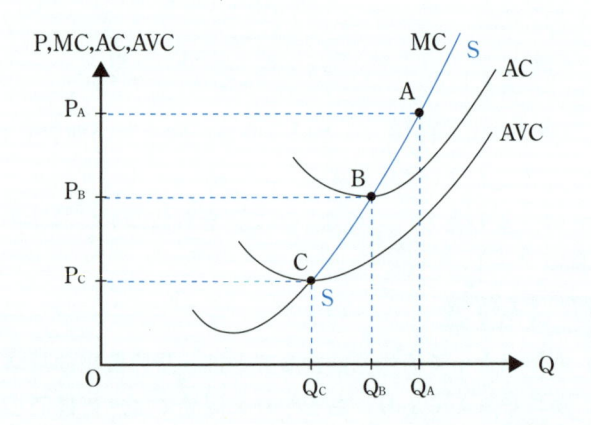

```
P,MC,AC,AVC
             MC   S   AC
                      AVC
P_A ─────────── A
P_B ──────── B
P_C ──── C
         S
O    Q_C Q_B Q_A    Q
```

🐘："このPartの答えが入ってしまっている"ってどういうことですか？

🐘：少し質問するよ。価格がP_Aの時に，企業は生産量をどうするの？

🐘：利潤最大化条件のP＝MCに基づいて，点Aを使って生産量をQ_Aに決めます。

🐘：それでは，財の価格が下がってP_Bになったらどうするの？

🐘：同じように利潤最大化条件のP＝MCに基づいて，点Bを使って生産量をQ_Bに決めます。

🐘：それでは，財の価格がさらに下がってP_Cになったらどうするの？

🐘：またまた同じように利潤最大化条件のP＝MCに基づいて，点Cを使って生産量をQ_Cに決めます。

🐘：そうだね。だから供給曲線ＳＳが決まってきたんだね。実はタイトルにある損益分岐点と操業停止点は，それぞれ点Bと点Cなんだよ。だから"図の中にこのPartの答えが入ってしま

っている"って言ったんだ。見てすぐにわかると思うけれど，念のため確認しておくね。

> **ことばの意味**
> 損益分岐点：企業にとって赤字になるか黒字になるかの分岐点であり，利潤がゼロになる点
> 操業停止点：企業にとって，操業（生産活動）を継続させるか停止するかの分岐点

：それぞれの点における状況を確認しておこう。まず，損益分岐点のBでは，企業は利潤最大化を行っているわけだからP＝MCは成立しているし，MCとACの交点でもあるわけだからMC＝ACも成立しているんだ。だからまとめると，P＝MC＝ACが成立していることになるね。

：点Cについても同じように考えていいのですか？

：そうだよ。操業停止点のCでは，企業は利潤最大化を行っているわけだからP＝MCは成立しているし，MCとAVCの交点でもあるわけだからMC＝AVCも成立しているんだ。だからまとめると，P＝MC＝AVCが成立していることになるね。計算問題でも文章題でも用いられるから，しっかり覚えておこう。

> **公式**
> 損益分岐点：P＝MC＝ACが成立している
> 操業停止点：P＝MC＝AVCが成立している

：先生，どうして点Bは損益分岐点で，点Cは操業停止点なのでしょうか？

：そういった理由について問われることはほとんどないんだけれど，簡単に説明しておきましょう。まず，点Bが損益分岐点である理由についてですが，次の図2を見ればわかるはずだよ。

図2

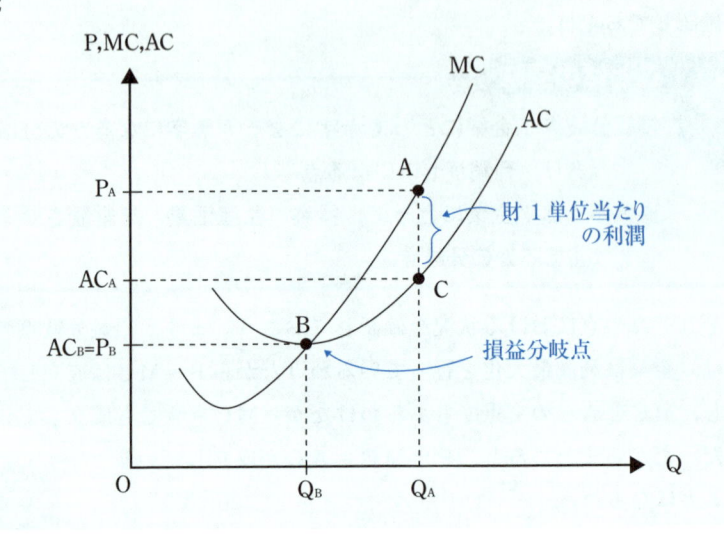

P,MC,AC 縦軸、Q 横軸のグラフ。MC曲線とAC曲線が描かれ、点Aは価格P_Aと数量Q_Aに対応するMC曲線上の点。点CはQ_AにおけるAC_Aの高さ。点BはAC曲線の最低点で$AC_B = P_B$、数量Q_B。AとCの間の幅が「財1単位当たりの利潤」、点Bが「損益分岐点」。

🐘：価格がP_Aの時に，企業にとって製品の販売価格は点Aまでの高さで財1単位当たりの費用（平均費用）は点Cまでの高さになっていることがわかるよね。つまり点AとCの間の幅は，財1単位当たりの利益を表しているわけだよね。

🐘：だから企業にとっての利潤は，その幅に数量Oの長さを掛けて，長方形 $P_A AC(AC_A)$ の面積で表せるんですね。

🐘：企業にとっての総収入ＴＲが長方形 $P_A AQ_A O$ になっていて，総費用ＴＣが長方形 $(AC_A)CQ_A O$ になっているから，その差をとって利潤πを求める，という考え方も出来るわよね。

🐘：そうだね。そして損益分岐点Bにおいては，どうなっているのかな？

🐘：財1単位当たりの利益を表しているＭＣとＡＣの間の幅がゼロになってしまって，数量がいくらになったとしても利潤がゼロになってしまうからですね。

🐘：企業にとっての総収入ＴＲと総費用ＴＣがどちらも長方形$P_B BQ_B O$になってしまって一致しているから，その差をとって利潤πを求めても，もちろんゼロになってしまっていますよね…

🐘：そうだね。だから点Bは損益分岐点なんだ。そしてつぎ

に，点Cが操業停止点になる理由は，利潤式を次のように変形していってみればわかるよ。

$$\pi = TR - TC$$
$$= P \cdot Q - (VC + FC) \quad (VC：可変費用，FC：固定費用)$$
$$= P \cdot Q - VC - FC$$
$$= P \cdot Q - Q \cdot \frac{VC}{Q} - FC$$
$$= Q \cdot (P - \frac{VC}{Q}) - FC$$
$$= Q \cdot (P - AVC) - FC \quad \cdots\cdots ①$$

🐘：変形のプロセスを暗記する必要はないけれど，利潤πが変形された結果，①式になったところを注目してくれれば，企業の利潤最大化行動の意味がよくわかるよ。

🐘：どういうことですか？

🐘：わかってきました！ 製品の価格が144ページの図1のP_Cよりも上の時には，数量がQ_Cよりも多くなるわけだから"P＞AVC"の状態になっているわけですよね。企業にとって，P＞AVCであるならば，P－AVC＞0であり，Q＞0なのだから，もちろんQ(P－AVC)＞0になっているわけですよ。そうすると企業にとっては，①式の最後の－FCという固定費の赤字分を少しでも減らすことができるので，企業としては操業を継続させることを選択する，ということになるのですね。

🐘：それって，利潤最大化行動をとる企業にとっては，たとえマイナスの状態であっても利潤を最大化させる努力をして，たとえば"マイナス100よりはマイナス50を"，"マイナス50よりはマイナス30を"選択する，ということなんですね。奥が深いなぁ…

🐘：そして逆に，製品の価格がP_Cよりも下の時には，利潤最大化条件"P＝MC"をそのまま使うとすると数量がQ_Cより少なくなるわけだから"P＜AVC"の状態になってしまうわけですよね。企業にとって，もし

もP＜AVCであるならば，P－AVC＜0であり，操業を継続すればQ＞0なのだから，もちろんQ（P－AVC）＜0になっているわけですよ。そうすると企業にとっては，①式の最後の－FCという固定費の赤字分に加えてさらにQ（P－AVC）という赤字の上乗せをしてしまうことになるので，企業としては操業を停止させてQ＝0を選択して赤字分を－FCという固定費だけに留める，ということになるのです。

：はい，わかりました！

：それでは，この辺で終わりにしましょう。

：どうもありがとうございました！

●●● Exercise ●●●

中小企業診断士　2002年

完全競争市場において，ある企業の平均費用曲線ACと平均可変費用曲線AVCおよび限界費用曲線MCが次のように与えられているとする。このとき，操業停止点および損益分岐点の記述について，最も適切なものはどれか。

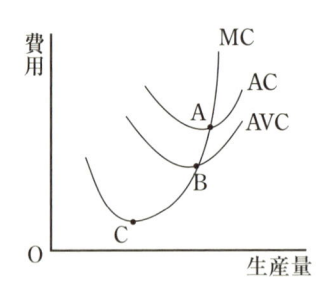

ア　A点で平均費用曲線と限界費用曲線が交わるので，A点が操業停止点を表す。

イ　B点での数量未満では固定費の回収ができないので，B点が操業停止点を表す。

ウ　C点で限界費用が最小となるので，C点が操業停止点を表す。

エ　C点で限界費用が最小となるので，C点が損益分岐点を表す。

解説　　正解　イ

　点Aが損益分岐点であり，点Bが操業停止点であることさえわかっていれば，正解は肢イであることは明白である。

MEMO

第3部
完全競争市場

第1部，第2部でそれぞれ消費者，生産者の行動についてみてきました。そこでここでは，両者がやってくる経済活動の"場"である市場での取引について分析します。ここからは，できるだけ両者の立場のことをそれぞれ考えながら理解を進めましょう。

Stage 1
市場の均衡

経済学では，ミクロでもマクロでも，"均衡"という考え方が非常によく出てきます。ここでは，その用語についての理解を深めます。

Part 1　3-1-1　完全競争市場の成立条件

🐘：ここでは，完全競争市場について学習します。

🐘🐘：よろしくお願いします！

🐘：今までいろいろな経済活動について買い手と売り手のそれぞれの側から見てきたわけだけれど，たとえば"価格は一定である"などの諸条件は，実は完全競争市場を前提としていたんだ。

🐘：買い手も売り手も完全に競争している市場，ということですか？

🐘：うーん，そのままだね。実は，「それでいいよ」と言ってあげたいんだけれど，経済学としては，それではあまりにも漠然とし過ぎているので，もっときちんとどういう市場なのかを表現しているんだ。

🐘：どのように表現されていたのでしょうか？

🐘：このように学習してほしいんだ。「完全競争市場とは，以下の4つの成立条件を満たす市場である」とね。

🐘：何だか難しそうだな…

🐘：大丈夫だよ！　まず全部挙げてしまうよ。そしてその後から1つずつ説明するね。

> **ことばの意味**
>
> 完全競争市場の成立条件
> ①多数の消費者，生産者の存在
> ②生産物の同質性
> ③市場への参入や退出の自由
> ④情報の完全性（対称性）

🐘：まず1番目だけれど，これが一番重要だね。やはり競争が成立するためには，少数ではダメで，多数の消費者や生産者といった経済主体が必要だ，ということだよ。

🐘：それだけでいいんですか？

🐘：いや，このことから大事なことが確認されるよ。買い手の中にも売り手の中にも価格支配力（価格を上下へとコントロールしてしまう力，価格

：決定力と考えてもいい）を持つ主体はいない，ということだよ。

：それがどういった意味を持つことになるのでしょうか？

：うん，こうなるよ。価格支配力を持つ経済主体がいない，ということは，すべての経済主体は市場内で決まった価格をそのまま受け入れる（受容する，とも言う）ので，経済学としてはそういった経済主体をプライス・テイカーと呼ぶんだ。

：それはどういう意味ですか？

：つまり，プライス（価格）をテイク（そのまま採用する，ということ）する主体である，ということだね。だからこの1番目の条件について，「プライス・テイカーの仮定」と呼ぶ人も多いんだ。

：でも，あまり類似品がないような新製品を発売する時は，企業は独自に価格を設定してきますよね。それは何と呼ばれるんですか？

：そのケースについては，次の第4部で取り上げるんだけれど，経済学としてはそういった経済主体をプライス・メイカーと呼ぶんだ。

："プライス"を"メイク"する主体，ということですね。

：そうだよ。それでは，次の条件に行こう。

：つぎに，2番目の条件についてだけれど，これは誤解しないように学習してほしいんだ。

：1つの企業が生み出す製品はどれも同質である，ということですよね？

：残念ながら違うんだ。そう誤解する人が多いんだよ。

：えっ！ それでは，どういう意味なんですか？

：この条件は，同種の財を生産する企業からの生産物は同質であるとみなす，ということなんだ。

：つまりそれは，財に関する企業間におけるさまざまな"相違"にあたるものはないものとして考える，ということですか？

：そうだよ。ちなみに，あまり経済学では使わないけれども，特に経営学では，そういった企業間における財についてのさまざまな"相違"が生じていることを製品差別化と呼ぶんだ。たとえば，自動車ならば，女性から見たらまったく違い

がないような車に対して，男性はメーカーが異なるとブランド・イメージがかなり異なるので，だいぶ違う製品のように見てしまうよね。そういった，主に広告によって我々が植え付けられている，企業間における財の微妙な違いのことなんだ。

：女性は"鋭い"から，あまりそういう影響を受けない気もするけれど…

：そうかなぁ…男性から見たら，どうして女性はあんなに高級ブランド好きな人がいたり，自分にとって行きつけのデパートが決まってしまっていたりするのかなぁ…と疑問だけど。少し古いけれど，"シャネラー"とかいたでしょ？ ちなみにアキコさんは，「エルメスが憧れのブランドです！」っていつも言ってるじゃない…？

：あっ，あれっ？ そう言えばそうですね…

：そうだね。つまり誰にもそういった製品差別化の感覚があるはずなんだけれど，それはないものにしましょう，ということなんだ。

：そして，3番目の条件についてだけれど，これは読んだままに理解してね。参入とは，市場に入ってくることだし，退出とは，市場から出て行くことだよ。

：どうしてこんな条件があるのですか？

：それは現実の経済では，たとえば参入するためには，許認可や免許を取得しなければならないケースが多いよね。これは，本業に対して発生するコストとは別のものだよね。こういったコストについては，発生しないものとしましょう，という考え方だよ。退出についても，たとえ操業を終了させて撤退する時でも，次の人のための後始末や整備の費用を考えなければいけないよね。夜逃げするわけじゃないんだから！

：そういうことですか…

：他にもいろいろ考えることはあるんだけれど，このぐらいにしておこう。

：最後に，4番目の条件についてだけれど，これは「売り手と買い手が財

に関して持っている情報には違いはないこととしましょう」ということだよ。まるで鏡で写したかのように同じ情報を持っています，ということだよね。

🐘：これはわかりやすくていいですね。

🐘：もしも売り手と買い手の持っている情報に大きな違いがあったら，恐いことになりそうですね。

🐘：そのケースについては，第5部で学習しますから楽しみにしておいてください。それでは，この辺で終わりにしましょう。

🐘 🐘：どうもありがとうございました！

Part 2　3-1-2　市場における"均衡"とは

🐘：ここでは，市場の"均衡"について理解を深めます。
🐘🐘：よろしくお願いします！
🐘：中学校の公民や高校の政治経済の教科書には，こんな図がよく出ているよね。

図1

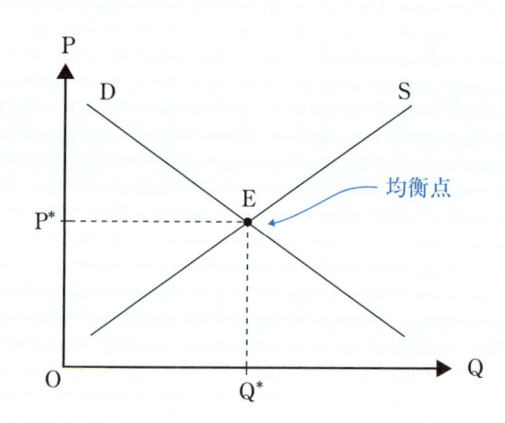

```
         P
         |
         |D            S
         |
         |
      P* |------E  ← 均衡点
         |    /●\
         |   /   \
         |  /     \
         O---------Q*---------→ Q
```

🐘：はい，見覚えがあります。
🐘：その時に，需要曲線のDと供給曲線のSとの交点には，"均衡点"と書いてあったはずだよね。
🐘：スミマセン，テストが終わるとすぐに忘れちゃうので，中学や高校の時の勉強のことはちょっと…
🐘：わかったわかった…ところで，経済学の教科書には，こんな図があると，その近くにきっと「"均衡点"のところで価格と（取引）数量が決まる」などと書いてあると思うんだけれど，この均衡点って何なのだろう？
🐘：改めてそう聞かれると，困りますね…
🐘：それでは，念のため確認するけれど，需要曲線とか供給曲線とは，何だったっけ？
🐘：消費者と生産者にとっての，価格に対応した最適行動の軌跡です。
🐘：だとすれば，ある程度の時間を置けば経済の状況はその均衡点にやって来そうだよね。

：あっ！　わかりました。両者にとっての最適行動，という思惑が一致した場所で，どちらからも"文句"や"拒否"が出ない，ということですよね。

：そのとおりだよ。つまり，均衡点というのは，"たどり着くであろうと理論的に考えられる終着点（ゴール）"であり，両者の意向を汲んだような"バランスをとった結果"，と考えておけばいいんだよ。そしてもちろん，需要量と供給量が一致しているよね。

ことばの意味

均衡：市場での経済活動について理論的に考えた結果，たどり着くであろうと想定される状況のこと。需要量と供給量が一致している。

：今後も経済学の学習をしていくうえで困ったら，思い出してほしい用語の1つだね。だからたとえば，最初の頃に学習する消費者にとっての無差別曲線と予算制約線の接点という形で生み出される最適消費点についても，消費者均衡点と呼んでいいんだよ。それでは，この辺で終わりにしましょう。

：どうもありがとうございました！

Part 3　3-1-3　完全競争市場における短期均衡と長期均衡

🐘：ここでは，完全競争市場における短期的な均衡と長期的な均衡について学習します。

🐘 🐘：よろしくお願いします！

🐘：前のPart 2では，以下の左側の図を用いて，市場における均衡について学習したね。

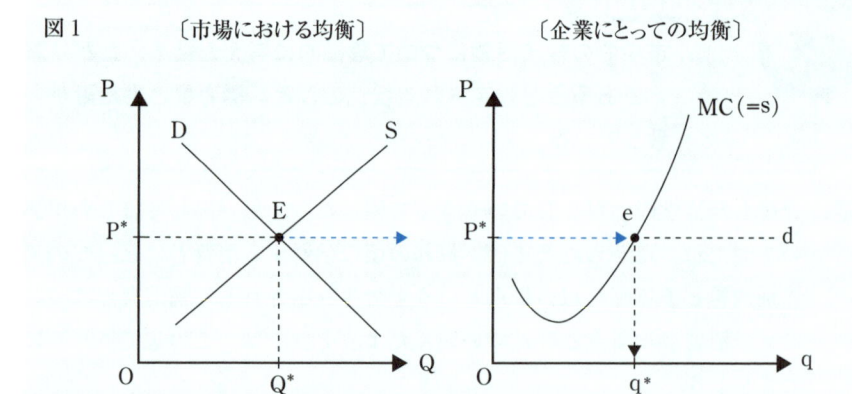

図1　〔市場における均衡〕　　〔企業にとっての均衡〕

🐘：はい。均衡点がEです。

🐘：さらに補足すると，点Eにおいて均衡価格P^*および均衡数量Q^*が決まるんだ。そしてその均衡数量Q^*において，市場での取引量にあたる需要量と供給量が一致しているんだね。

🐘：はい。それはわかります。けれど，右側の図との関係は何ですか？

🐘：これは，完全競争市場の中で活動する，ある一企業において何が起きているのか確認している図なんだ。ちなみにヨコ軸は，Qが市場全体としての取引量であり，qが企業にとっての取引量だよ。すると，短期的な価格が変化しないような時には，企業は価格に対してはプライス・テイカーとして行動するのだから，市場で決まった価格を受け入れている図だよ。

🐘：そこで，市場で決まった価格P^*を活用して利潤最大化条件の"P＝MC"に基づいて点eから最適生産量q^*を決めた，ということなんですね。

🐘：先生，この図1の右側の図にある"d"って何ですか？

🐘：それは，完全競争市場の中で企業が直面する消費者の行動，すなわち"企業にとっての需要曲線"なんだ。

🐘：先生，ここまでならば大丈夫です。でも，図2は何だか難しそうですね…

🐘：実は，図1は"短期"における均衡の図で，下の図2は"長期"における均衡の図なんだ。

図2　〔市場における均衡〕　　　〔企業にとっての均衡〕

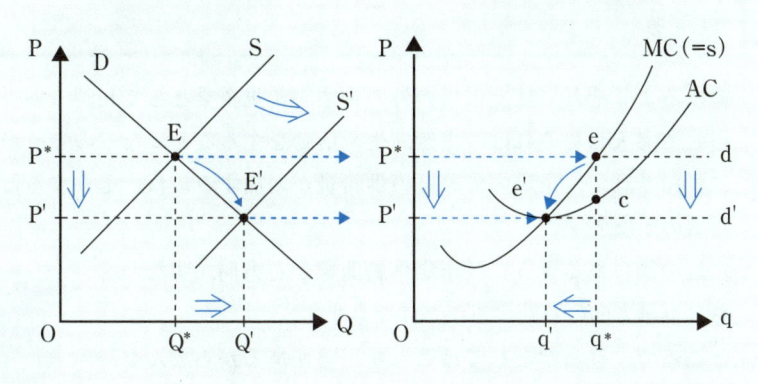

🐘：最初はもちろん，市場での均衡点はE，企業にとっての均衡点はeだよ。そこで，しばらく時間を経過させて長期的な視点に立つと，何が起こってくるのか，が重要なんだ。

🐘：何が起こってくるのですか？

🐘：ヒントは，右側の図をよーく見てごらん。

🐘：平均費用のAC曲線が描かれているということは，企業にとっての利潤を意識しているんですよね…つまり，企業にとっての財の販売価格は点eまでの高さP^*で，平均費用が点cまでの高さなのだから，企業としては財1単位当たりec間の利潤を得ている，ということなんですよね。そこまではわかるんだけど…

🐘：続きは私が説明しよう。企業が財1単位当たりec間という利潤を得ているとすると，その市場，企業を市場の外から見ている企業としては，どう思うかな？

🐘：しっかり利益が上がっていて"美味しそう"な市場に見えます。

：そのように考えた市場の外の企業としては，どんな行動をとることが考えられるかな？

：その市場に参入して自分たちもしっかり利潤を獲得したいなぁ，と考えるはずです。

：そうだよね。そこが大事なところなんだ。

> **ポイント**
>
> 市場の中の企業が利潤を獲得しているのであれば，市場の外の企業も利潤の獲得を目指して新規企業として参入してくることになる

：続けるよ。それでは，市場の外の企業が新規企業として利潤の獲得を目指して参入してくれば，当然，生産活動をすることになるので財が市場に供給されて，市場内での財の供給量が増加するよね。そうするとどうなるのかな？

：左側の図にあるように，市場供給曲線が右方向，すなわちヨコ軸方向に移動することになります。

：ところで，経済学としてはこんな用語があるからどんどん使っていこう。

> **ことばの意味**
>
> シフト：図の中での点や線が移動すること

：つまり，市場供給曲線が右方向，すなわちヨコ軸方向にシフトすることによって，どうなるのかな？

：市場の均衡点が右下にシフトして，市場での取引量はQ'へと増加して，市場での財の価格が低下してP'になります。それが右側の図の企業内部での点e'なのですね？

：そうだよ。そしてそれが企業にとっての長期均衡点なんだ。

：えっ！ "ゴール"なのですか？

：もちろんそうだよ。

：あっ！ わかりました！ 点e'はよく見れば損益分岐点じゃないです

か！　つまり，利潤が出ていないのであれば，新規参入を企てる企業としては，もはやそこは"美味しそう"な市場には見えないから，参入する企業がいなくなって，市場供給曲線の右シフトや価格の低下が理論上，ストップする，ということなんですね！

：そのとおりだよ。結局，まとめるとこうなるね。

公式

完全競争市場における企業にとっての短期と長期の均衡
　　（短期均衡）　P＝MCが成立している
　　（長期均衡）　P＝MC＝ACが成立している（損益分岐点）

：それでは，この辺で終わりにしましょう！
：どうもありがとうございました！

MEMO

Stage2
市場の安定性

この前のStageでは，市場や企業にとっての均衡について学習しました。しかし均衡点は，あくまで最初から成立している状況ではありません。ある程度の時間が経過すれば理論的には成立するであろうと考えられている"ゴール"なのです。ここでは，その均衡点に到達するプロセスに関する内容を学習します。

Part 1　3-2-1　ワルラス的調整過程

:ここでは，市場の均衡点に向かうプロセスの1つと考えられるワルラス的調整過程について学習します。

:よろしくお願いします！

:この前のStage 1では，市場や企業にとっての均衡について学習しました。しかし均衡点は，あくまで最初から成立しているようなものではないですし，また，瞬時に成立するような簡単なものでもありません。やはり"ある程度の"時間が経過してようやく，理論的には成立するであろうと考えられている"ゴール"なのです。そこでここでは，その"ゴール"に到達するプロセスとして，最も速度が速く短時間での均衡が得られそうなワルラス的調整過程，別名"価格調整"について見ていきます。

:はい。

:先生，そんな調整過程ってどこで見られるんですか？

:いろいろなケースが考えられるよね。たとえば，少ない商品をめぐってオークションが起きると，価格が上昇していく例は，ネット上などでも見かけるよね。逆にスーパーなどの閉店時間近くに鮮魚コーナーやお刺身売り場などを見ていると，売場責任者のように見える人が，値下げのシールを貼ったりしているのも見かけるよね。それらは"価格調整"だと考えて，だいたい問題ないです。

:なるほど…それでは，どのように調整が行われているのでしょうか？

🐘：以下の図を使って説明しよう。

図1

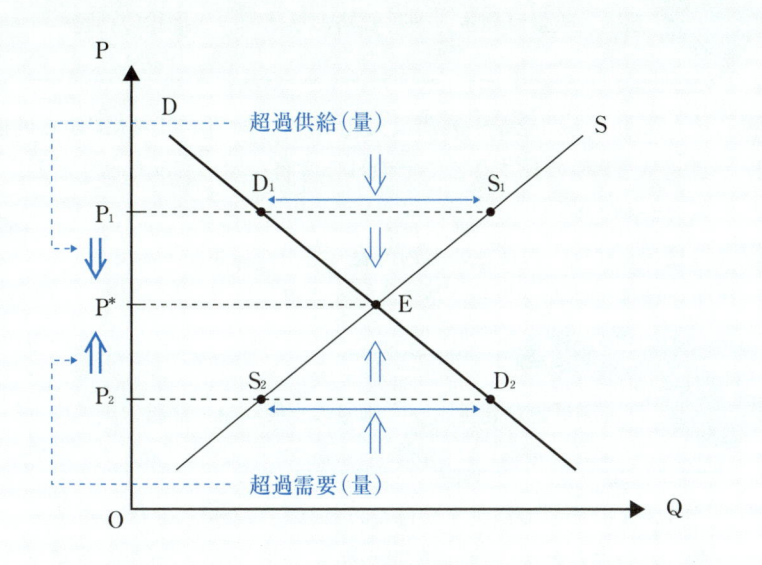

[図：縦軸P、横軸Q。需要曲線Dと供給曲線Sが点Eで交わり、均衡価格P*。P$_1$（>P*）ではD$_1$S$_1$の超過供給（量）、P$_2$（<P*）ではS$_2$D$_2$の超過需要（量）を示す。]

🐘：企業がしっかりと費用をかけて高品質な商品を製造したとするね。すると，企業が利潤最大化条件に基づいてP＝MCから価格をP$_1$，供給量をP$_1$S$_1$の長さとしてその日の業務を始めてみたとしよう。価格がそのままならば，結果的に需要量はどうなるかな？

🐘：もちろん需要量は，需要曲線からP$_1$D$_1$の長さとなります。

🐘：すると，その差にあたるD$_1$S$_1$の長さは，何を意味するのかな？

🐘：売れ残り，ですか…？　イヤな言葉ですねぇ…

🐘：うーん，さすがに売れ残りではなくて，"供給しすぎてしまった"という意味の超過供給と呼ばれるんだ。超過供給量，と考えると，よりわかりやすくなるよね。それでは，企業としては，売れ残りではなくて，超過供給量が発生してしまったら，次の日には価格をどうしたいと思うだろう？

🐘：もちろん，値下げして需要量と供給量のズレを調整したいですよね。

:そうだよね。だからまとめると，こうなるよ。

> **ポイント**
> 超過供給量が発生　→　価格の下落　→　需給の調整へ

:そしてもしも，企業が利潤最大化条件に基づいてP＝MCから価格をP_2，供給量をP_2S_2の長さとしてその日の業務を始めてみたとすると，どうなるのかな？

:今度は逆にS_2D_2の長さの超過需要（量）が発生するので，上とは逆にこんなことになるのですよね。

> **ポイント**
> 超過需要量が発生　→　価格の上昇　→　需給の調整へ

:そうだよ。そして，気をつけなければならないことは，企業としての行動に注目すると，「超過供給量が発生　→　価格の下落」，「超過需要量が発生　→　価格の上昇」であることは確かなんだけれども，もしも需要曲線が右下がりの形状ではなく，供給曲線が右上がりの形状ではない，といった通常では考えにくいような形状である場合には，需給がうまく調整されて経済が均衡点に向かうとはかぎらないことになるんだ。経済学としては，きちんと調整の結果，少しずつでも均衡点に向かっていくことを安定している，と表現し，逆に均衡点に向かわないことを不安定である，と表現するので，注意しておこう。

それでは，この辺で終わりにしましょう。

:どうもありがとうございました！

Part 2　3-2-2　マーシャル的調整過程

🐘：ここでは，市場の均衡点に向かうプロセスの1つと考えられるマーシャル的調整過程について学習します。

🐘🐘：よろしくお願いします！

🐘：この前のStage 1では，市場や企業にとっての均衡について学習しました。しかし均衡点は，あくまで最初から成立しているようなものではないですし，また，瞬時に成立するような簡単なものでもありません。やはり"ある程度の"時間が経過してようやく，理論的には成立するであろうと考えられている"ゴール"なのです。そこでここでは，その"ゴール"に到達するプロセスとして，ワルラス的調整過程に比べると相対的にはゆっくりとしたペースでの均衡が実現されると考えられる，マーシャル的調整過程，別名"数量調整"について見ていきます。

🐘🐘：はい。

🐘：先生，その調整過程はどこで見られるのですか？

🐘：いろいろなケースが考えられるよね。たとえば，洋服を売っているお店では，今日新商品が発売されたとしても，明日急に値下げをすることなんてできないので，ある程度の時間が経過してからバーゲン・セールになることを見かけるよね。たとえば自動車の販売だったら，さらに面倒なことに，普通は自動車の"バーゲン・セール"なんて聞いたことがないよね。我々としては，きっと工場などの生産ラインと連絡を取り合いながら，数量を計画以上に増やしたり減らしたりして調整しているであろうことが想像できるよね。それらは"数量調整"だと考えて，だいたい問題ないよ。

🐘：なるほど…そういったケースでは，どのように調整が行われているのでしょうか？

🐘：それでは，次の図を使って説明しましょう。ただ，その際に用いているこんな用語の確認をしておきます。

P_s：企業側の希望する販売価格＝供給価格

P_d：消費者側が消費してもよいと考える価格＝需要価格

図1

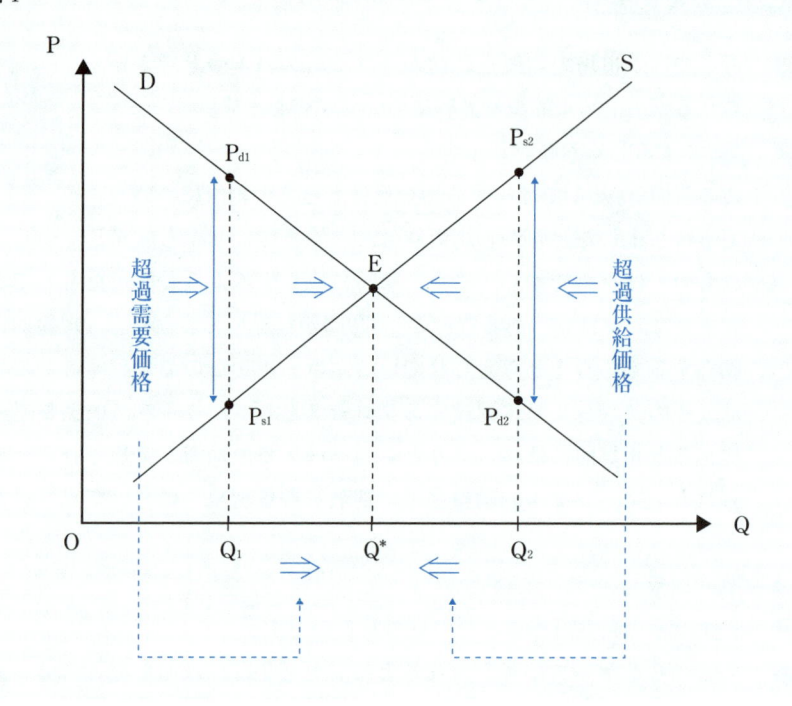

（図：需要曲線Dと供給曲線Sが点Eで交わる。縦軸P、横軸Q。P_{d1}、P_{s2}が上方、P_{s1}、P_{d2}が下方に位置し、Q_1、Q^*、Q_2が横軸上に示される。左側に「超過需要価格」、右側に「超過供給価格」と記載。）

🐘：企業があまり費用をかけておらず，あまり自信がない商品を販売しようとしているとするね。すると，企業が利潤最大化条件に基づいてP＝MCから価格をP_{s1}，供給量をOQ_1としていたとしよう。結果的に消費について，どうなるのかな？

🐘：もちろん，供給量がすぐに変化してくれなければ，財が不足して一種の"レア物"状態になってしまい，ネット・オークションや金券ショップなどにおいて，高額な需要価格のP_{d1}で取引がなされたりしているようになるのではないかな。

🐘：そうだね。このように需要価格が供給価格を上回っている状態を，超過需要価格と呼ぶんだ。こんな時には，生産者はつぎにどのような行動をとると思う？

🐘：もちろん，生産量を増やして対応しようとするでしょう。

🐘：それがQ_1からQ^*へと増加させるであろうと考えられるところだよ。そしてその逆の状態になったらどうなるの？

:超過供給価格が発生したら、生産量を減らします。

:そうだよね。だからまとめると、こうなるよ。

> **ポイント**
> ・超過需要価格が発生　→　生産量の増加　→　需給の調整へ
> ・超過供給価格が発生　→　生産量の減少　→　需給の調整へ

:そうだよ。なお、気をつけなければならないことは、企業としての行動に注目すると、「超過需要価格が発生　→　生産量の増加＆超過供給価格が発生　→　生産量の減少」であることは確かなんだけれども、もしも需要曲線が右下がりの形状ではなく、供給曲線が右上がりの形状ではない、といった通常では考えにくいような形状である場合には、需給がうまく調整されて経済が均衡点に向かうとはかぎらないことになるんだ。経済学としては、きちんと調整の結果、少しずつでも均衡点に向かっていくことを安定している、と表現し、逆に均衡点に向かわないことを不安定である、と表現するので、注意しておこう。

それでは、この辺で終わりにしましょう。

:どうもありがとうございました！

Part 3　3-2-3　クモの巣理論

🐘：ここでは，数量調整の拡張版の理論に当たる，クモの巣理論について学習します。

🐘 🐘：よろしくお願いします！

🐘：ここで取り扱うテーマは，マーシャル調整よりももっと調整に至るまでの時間がかかるケースについて考えます。

🐘：たとえば，どういうものについてですか？

🐘：具体的には，牛肉や豚肉，鶏肉などのような，供給量を今年決定したとしても，実際に供給が実現するのは来年になってしまい，しかも売れ残りの商品を在庫にまわすようなことができず，今年売り尽くさなければならないような商品です。これはなかなか厄介なんですよ。

🐘：どうしてですか？

🐘：需要曲線や供給曲線についての概念は同じ考え方なのですが，たとえば，今年の供給量の決定に向けて生産に時間がかかるので，昨年の価格の情報から今年の供給量を決めなければならないにもかかわらず，今年の状況から需要量が決まるのです。これがどうして厄介なことになるのかは，次の図1を見れば検討がついてきますよ。

図1

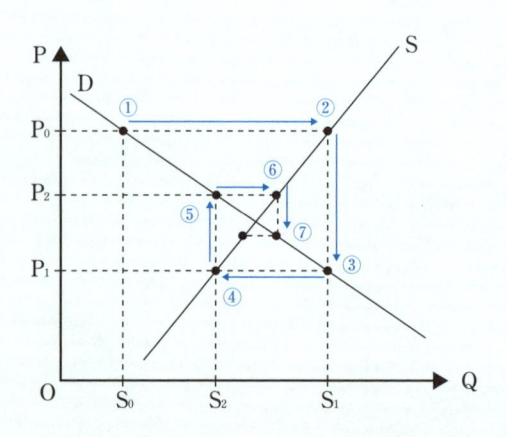

🐘：しばらく説明が続きますから，よーく聞いていてください。最初に，基準となるゼロ年において，需要曲線上の①の点で経済活動が均衡したも

のとします。すると生産者である企業としては，財の生産に時間がかかるので，このゼロ年の時点で次の1年での取引に向けて生産量を決定しなければなりません。もちろん利潤最大化条件の P＝MC に基づいて，供給曲線上の②の点を用いて生産量を S_1 と決めます。ところが1年における経済活動の均衡は，需要曲線上で決まることになるので，③の点のところで価格と数量が決まります。これ以降は，今の①から③までのシフトと同じ考え方を用いればいいので，その点に注目して④，⑤，⑥，⑦…と図を描きましょう。

🐘：クモの巣のような図を描きながら均衡点に近づいていきますね。

🐘：そうですね。だからこれは，安定のケースと言えます。ところが，以下の図2を見てみましょう。図1と同様に需要曲線は右下がりで供給曲線は右上がりであるにもかかわらず，同じように需要曲線上の点①から②，③，④，⑥…と図を描いてみると，クモの巣のような図を描きながら均衡点に近づかない不安定なケースになっていることがわかります。

図2

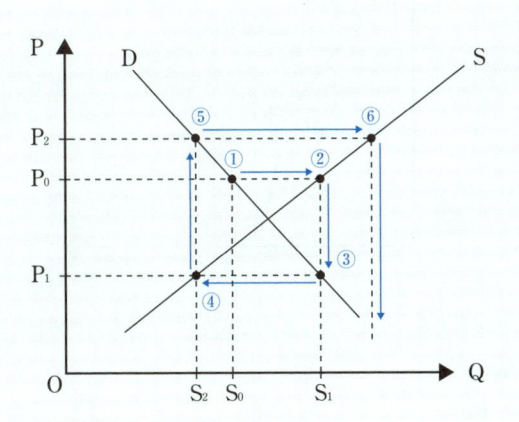

🐘：先生，図1も図2も需要曲線は右下がりで供給曲線は右上がりになってはいますが，微妙に傾きが違っていますよね。

🐘：さすがに女性は，そういう点に気付くのが速いですね。そこで，経済学としては，このクモの巣理論については，特に安定になるための条件をきちんと覚えておくことが大切なので，これもあわせて復習しておきましょう。

公式

クモの巣理論の安定条件

需要曲線の傾きの絶対値＜供給曲線の傾きの絶対値

🐘：それでは，この辺で終わりにしましょう。

🐘🐘：どうもありがとうございました！

●●● Exercise ●●●

国税専門官　1998年

ある財の需要曲線（DD´）と供給曲線（SS´）が図のように示される市場があるとする。この市場の均衡の安定性をワルラス的調整過程，マーシャル的調整過程，くもの巣理論の調整過程について考えた場合，その妥当な組合せはどれか。

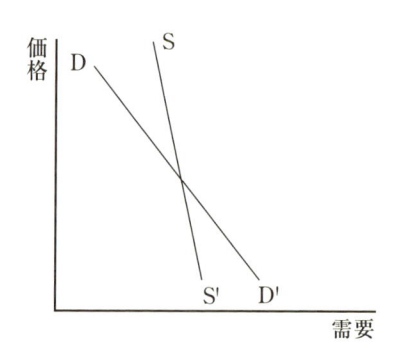

	ワルラス的調整過程	マーシャル的調整過程	くもの巣理論の調整過程
1	不安定	安定	安定
2	安定	安定	不安定
3	安定	不安定	安定
4	不安定	安定	不安定
5	安定	不安定	不安定

解説　正解　3

まず，市場均衡のワルラス的安定性から考える。需要量と供給量を一致させる価格をP^*として，P^*を上回る価格P_1およびP^*を下回る価格P_2の下での超過需要・超過供給をみてみる。P_1の下では供給が需要を上回っているので超過供給が生じている。よって，価格は低下することになる。また，P_2の下では需要が供給を上回っているので超過需要が生じている。よって，価格は上昇することになる。したがって，市場均衡点Eはワルラス安定的である。

つぎに，市場均衡のマーシャル安定性を考える。需要価格と供給価格を一致させる数量をQ^*として，Q^*を下回る数量Q_1およびQ^*を上回る数量Q_2の下での超過需要価格・超過供給価格をみてみる。

Q_1の下では供給曲線が需要曲線の上方にあるために超過供給価格が生じており，供給は減少する。また，Q_2の下では需要曲線が供給曲線の上方にあるために超過需要価格が生じており，供給は増加する。よって，市場均衡点Eはマーシャル不安定的である。

最後に，市場均衡のくもの巣安定性を考える。くもの巣安定条件は，市場均衡点での供給曲線の傾きの絶対値が需要曲線の傾きの絶対値を上回っていることである。本問の場合，市場均衡点では供給曲線の傾きの絶対値が需要曲線の傾きの絶対値よりも大きくなっていることから，市場均衡点Eはくもの巣安定的である。

よって，正解は肢3である。

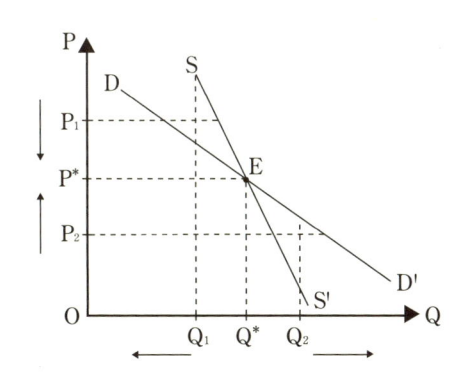

MEMO

Stage 3
市場での均衡に対する評価

> ここでは、市場での経済活動の結果に対する評価に関する内容を学習します。第5部と関係する、非常に重要なところなので、頑張って学習しましょう。

Part 1　3-3-1　余剰分析

🐘：ここでは，"余剰"という尺度，評価基準を学習して，市場での取引の結果に対して，良し悪しの判断をしていくための知識を身につけます。

🐘 🐘：よろしくお願いします！

🐘：詳しくは，第5部で学習するんだけれど，経済学における市場での取引の良し悪しを判断する基準は，<u>効率性</u>なんだ。

🐘：どうしてですか？

🐘：人間の欲望，欲求は無限に尽きないけれども，世の中には無駄な財なんてないうえに，どんな財にも希少性，希少価値が大なり小なりあるからだよ。

🐘：要するに，無駄遣いするなってことですね。

🐘：まあ，そういうことだね。ところで，その大事な<u>効率性</u>をどのように計ったらいいのかが難しいんだ。そこで，いろいろな専門家の人たちから反対意見が少なかった考え方は，「市場に参加する人たちが感じた"得した分量"」が大きければ大きいほど効率的に利用されている市場だ，というものだったんだ。

🐘：確かに，誰だって損はしたくないからね。

🐘：そこで経済学としては，「市場に参加する人たちが感じた"得した分量"」のことを余剰と呼んで，まず市場に参加する消費者と生産者にとっての余剰について考えたんだ。

🐘：どうすればそれが表せるのかしら…

🐘：まず，消費者余剰から考えてみよう。実は，需要曲線を使えばいいんだよ。こうすればいいよ。まず，ある財の需要曲線が図1のように描かれているとするね。

図1

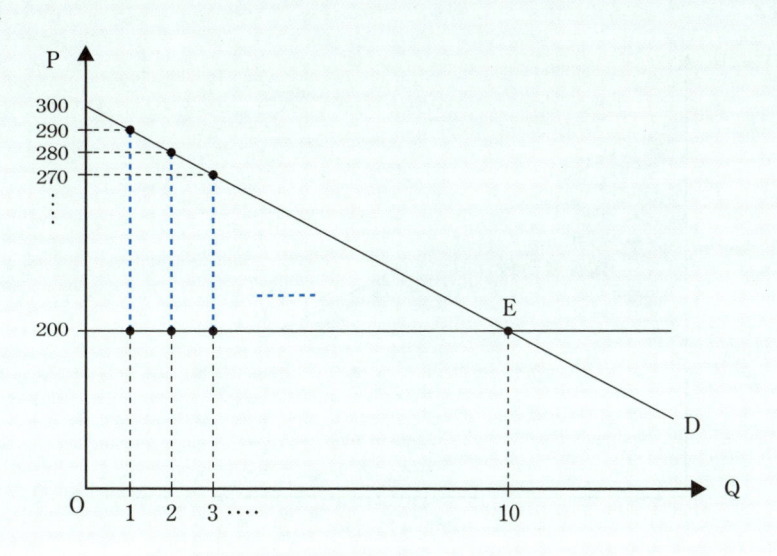

　：すると，この需要曲線によれば，この財に一番高く支払ってもいいと思っている人は290円を，二番目に高く支払ってもいいと思っている人は280円を，三番目に高く支払ってもいいと思っている人は270円を支払ってもいいと思っている，……ということなので，それぞれの人は，価格が200円であることを知ったら，この財に一番高く支払ってもいいと思っている人は90円，二番目に高く支払ってもいいと思っている人は80円，三番目に高く支払ってもいいと思っている人は70円，……という金額を得したなぁ，と思っているはずなので，それらの消費者の感じた，得した総量を足し合わせると，次の図2のようになり，三角形 a P* E という形で消費者余剰は把握できることがわかるんだ。

図 2

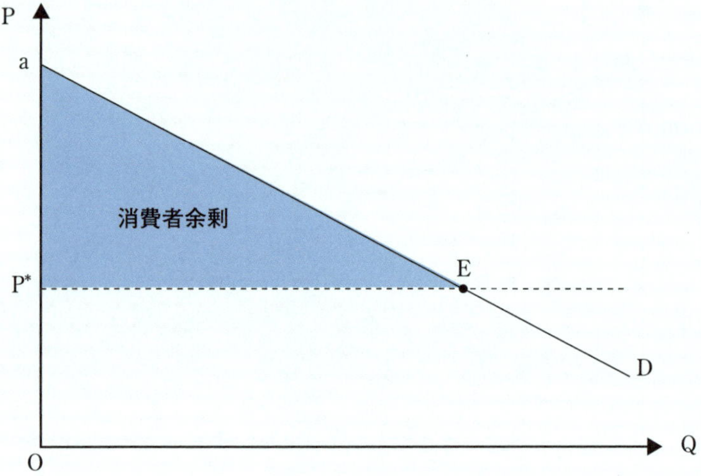
P
a
消費者余剰
E
P*
D
O
Q

：うまい方法ですね。

：つぎに，同じように生産者余剰について考えてみよう。
下の供給曲線が描かれている図 3 を見てね。

図 3

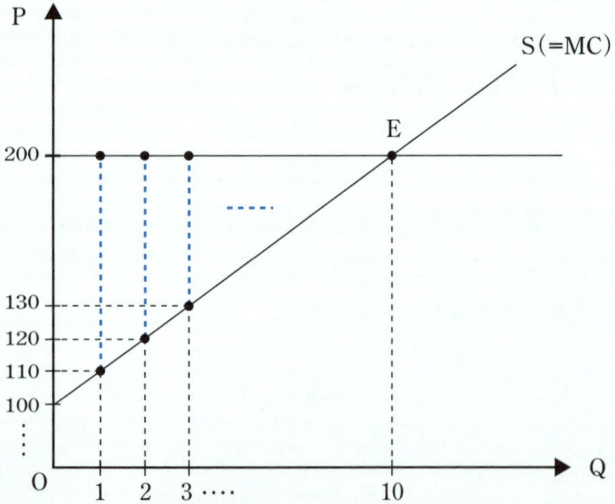
P
S(=MC)
E
200
130
120
110
100
O
1
2
3 ····
10
Q

：供給曲線は，限界費用のＭＣ曲線であるわけだから，利潤最大化条件

（P＝MC）の動機で動く生産者としては，1つ目の財は110円で販売してよくて，2つ目の財は120円で販売してよくて，3つ目の財は130円で販売してよくて，……ということなのだから，結局，生産者にとっては，1つ目の財では90円得していて，2つ目の財では80円得していて，3つ目の財では70円得していて，……ということで，生産者余剰は次の図4より，こんな三角形bP^*Eという形で生産者余剰は把握できそうだね。

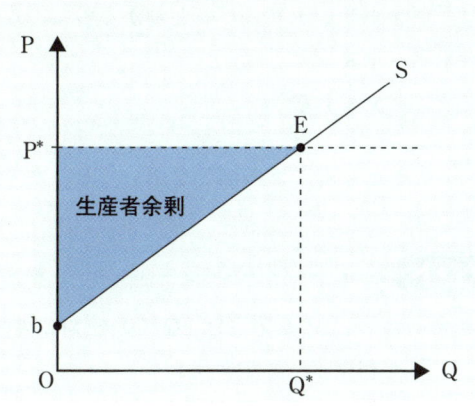

図4

- ：まずいんですか？
- ：間違えてはいないんだけれども，応用的な問題に対処できるようにするためには，生産者余剰の面積を，

  （売上の長方形P^*EQ^*O）－（MC線の下側部分）　……①

  と把握しておいてほしいんだ。
- ：どうしてですか？
- ：大きな理由の1つは，「生産者余剰＝利潤π」ではない！！　ということかな。
- ：生産者余剰は，生産者にとって得した分，とは言っても利潤πではないんですね。
- ：というのは，

  （MC線の下側部分）＝VC：可変費用

  だからなんですよ。つまり，

（長方形P*EQ*O）＝ＴＲ：売上

なので，利潤πの定義式は，

$$\pi = TR - TC$$ より，
$$TR = \pi + TC$$
$$= \pi + (FC + VC) \quad (FC：固定費用)$$
$$= \pi + FC + VC \quad とわかるので①式より，$$
$$生産者余剰 = TR - VC$$
$$= \pi + FC$$

とわかる。①式とともに，下の図5を用いてしっかり復習しておいてね。

ポイント

生産者余剰＝（売上の長方形P*EQ*O）－（ＭＣ線の下側部分）
　　　　　＝利潤π＋固定費用ＦＣ

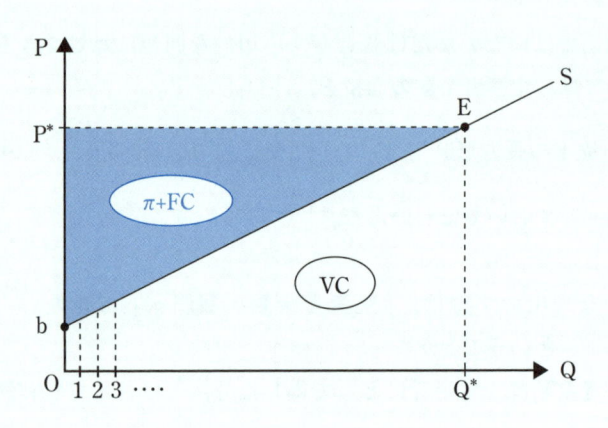

図5

🐘：したがって、市場において発生した総余剰、**社会的総余剰**は、消費者余剰＋生産者余剰なので、図6のようになりますね（なお、市場のことを"社会"と表現することもある）。

図6

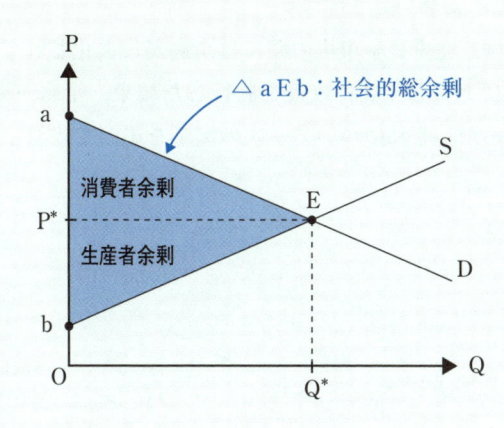

△aEb：社会的総余剰

🐘：そしてこの余剰分析のなかなか素晴らしい点は、完全競争市場において総余剰は最大化されている、ということなんだ。

> **ポイント**
> 完全競争市場において総余剰は最大化されている

🐘：それでは、この辺で終わりにしましょう。
🐘 🐘：どうもありがとうございました！

Part 2　3-3-2　課税政策がもたらすもの

🐘：ここでは，課税政策を政府が施行することによって，どのような変化が起きるのかについて，余剰分析を用いて確認してみよう。

🐘🐘：よろしくお願いします！

🐘：言い換えれば，完全競争市場の時には余剰が最大化されているけれども，政府が市場に介入して課税政策を施行した結果，余剰が減少，損失することになるんだ。それについて，次の図1を用いて確認してみよう。

図1

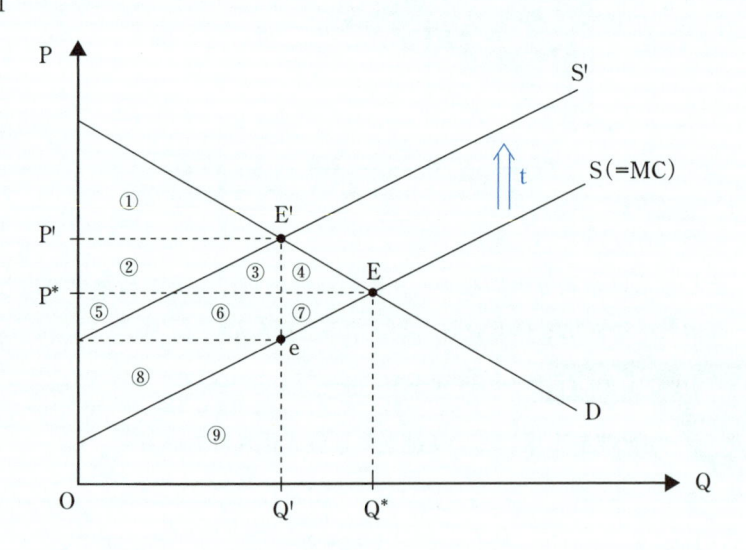

🐘：政府が生産者に対して，生産量1単位当たりt円の税を納税しなさい，という税を課したとします。こういった生産量に従って課される方式の税を，経済学としては従量税といいます。この従量税が課されると，企業にとってはどのような負担が発生することになるのかな？

🐘：それは，納税，という名のコスト負担が増加したようなものだと見なすことができるんですよね，つまり，財1単位につきt円分のコスト負担が発生したようなものだと考えれば，MCの線である供給曲線がt円分だけ上方シフトするんですよね。

🐘：そのとおりだよ。だから図1のような図になるんだ。そこでまず，課税

される前の，均衡点がEである完全競争市場の状況での余剰を確認しておこう。

🐘：それはボクでもできます。

  消費者余剰＝①＋②＋③＋④
  生産者余剰＝⑤＋⑥＋⑦＋⑧
  ⇒社会的総余剰＝①＋②＋③＋④＋⑤＋⑥＋⑦＋⑧

🐘：いいね。それではつぎに，課税後の余剰分析をしてみよう。
　　注意する点は，課税による政府の税収分をきちんと生産者余剰に入れないように売上から除外することと，社会的総余剰を求めるときには，政府が"得をした分量"である税収をきちんと足し合わせることなんだ。

🐘：えっ！　税金は足すんですか！　引くのかと思っていた…

🐘：あくまで税金は，社会のために有意義なものとして活用されるためのものなので，プラス・カウントするんだよ。
　　もちろん，政府にとっての税収は，"得をした分量"と考えられるからでもあるよね。

🐘：わかりました。均衡点はE'なので，これでいいのでしょうか…

  消費者余剰＝①
  生産者余剰＝売上－MCの下側部分－納税分
     ＝(②＋③＋⑤＋⑥＋⑧＋⑨)－⑨－(②＋③＋⑤＋⑥)
     ＝⑧
  政府の余剰＝税収分
     ＝②＋③＋⑤＋⑥

したがって，

  社会的総余剰＝消費者余剰＋生産者余剰＋政府の余剰
     ＝①＋⑧＋②＋③＋⑤＋⑥

となり，政府の課税政策の結果，④＋⑦の**余剰損失**が発生したことが確認されました。

🐘：よくできました。経済学としては，余剰の損失分についい

て，**死荷重**と呼ぶこともあります。ちなみに税収は，社会的総余剰の計算上はプラス・カウントしますが，補助金は政府にとっての支出なので，マイナス・カウントすることを覚えておいてください。それでは，この辺で終わりにしましょう。

：どうもありがとうございました！

第4部
不完全競争市場

第3部では，とても理論的で理想的な完全競争市場について学習しました。そこでここでは，もっと現実的な不完全競争市場について学習します。

Stage 1
不完全競争市場について

ここでは，これから学習する不完全競争市場について，どのようなものがあるのか，というイントロダクションとして活用してください。

Part 1　4-1-1　不完全競争市場とは

🐘：ここでは，不完全競争市場について学習します。

🐘🐘：よろしくお願いします！

🐘：第3部では，完全競争市場について学習しましたね。理解してくるにつれ感じただろうけれど，ミクロ経済学が想定している完全競争市場というのは，かなり理論的で現実離れした印象を受けたと思います。

🐘：確かに，そうでした。

🐘：ただ，そうであったがゆえに，完全競争市場は余剰の最大化を実現してくれる，非常に理想的な市場でもあるのです。そこでここでは，少し視点を現実的な市場に向けて，不完全競争市場について学習します。

🐘：不完全競争市場って何ですか？

🐘：それは，完全競争市場の成立条件の中のどれかかが欠けている市場，というものだよ。

ことばの意味

不完全競争市場：完全競争市場の成立条件の中のどれかかが欠けている市場

🐘：ところで，完全競争市場の成立条件はどのようなものだったかな？

🐘：4つありましたよね（152ページ）。これらです。

完全競争市場の成立条件
① 多数の消費者，生産者の存在
② 生産物の同質性
③ 市場への参入や退出の自由
④ 情報の完全性（対称性）

🐘：そうだったね。よく復習してるね。ということで，不完全競争市場そのものの定義的な話はこれで終わるんだけれど，少し補足しておこう。市場が"完全"から"不完全"に変わることによって，本試験に向けて最も重要なポイントは，プライス・テイカーの仮定が崩れてしまって，特に企業側が価格決定力を持つ**プライス・メイカー**として活動してくる，と

いう点なんだ。特にその点を覚えておいてほしいな。

🐘 🐘：はい！

🐘：なお，具体的な不完全競争市場の形態については，次のPart 2以降で説明するので，ここはこの辺で終わりにしましょう。

🐘 🐘：ありがとうございました！

Part 2　4-1-2　不完全競争市場の分類

🐘：ここでは，具体的な不完全競争市場についての知識を増やしましょう。

🐘🐘：はい，よろしくお願いします！

🐘：タイトルを見て，まず質問してみたいことは，競争がまったく存在しない市場ってどんな市場なのだろうか？

🐘：企業が1社しか存在しない市場ですよね！

🐘：そうだね。それが最もわかりやすい不完全競争市場の例だろうね。そんな市場は何と呼ばれるの？

🐘：独占市場ですよね。

🐘：そうだよね。ただ，より正確に表現したい人にとっては，供給独占市場，と言うんだよ。というのは，経済学の本試験ではほとんど見られないようになってきているのだけれど，独占市場としては需要独占市場，というものもあるんだ。さて，それでは，競争が行われているとは言いにくいであろう，と考えられている市場を，供給者の企業数の違いから，順番に並べてみると，こうなるんだ。

> **ポイント**
> 独占市場：生産者が1社だけ存在している市場
> 複占市場：生産者が2社だけ存在している市場
> 寡占市場：生産者が少数（通常は4，5社以内）だけ存在する市場

🐘：ただ，こんな市場もあるんだ。完全競争市場の成立条件の中の"生産物の同質性"の部分が欠けてしまった市場は，こう呼ばれるんだ。

> **ポイント**
> 独占的競争市場：生産者は多数存在しているが，各企業が自社製品の他社製品との違いを"差別化"しているために，各企業は独占的状態を形成している，と考慮される市場

🐘：少し難しいですね。

🐘：少しわかりにくい用語なので，きちんと覚えておいてください。ちなみに"差別化"とは，企業が独自に持っている"ブランドイメージ"と考

えてもいいんだ。このケースについては、後で触れるよ。それでは，この辺で終わりにしましょう。

🐘 🐘：ありがとうございました！

MEMO

Stage2
独占市場

> ここでは，不完全競争市場の中で最も有名で典型的なケースと言ってもいい，独占市場における分析を学習します。完全競争市場との違いを意識しながら学習を進めてみましょう。

Part 1　4-2-1　独占企業の行動

🐘：それでは，独占市場の分析を学習しましょう。

🐘🐘：よろしくお願いします！

🐘：最初に，独占企業の利潤最大化条件について考えてみましょう。不完全競争市場における企業について考えるうえで，完全競争市場における企業と決定的に違うポイントは，企業はプライス・メイカーとして市場の需要曲線に基づいて価格を決定し，価格は生産量の関数になっているという点です。

🐘：どうすれば利潤最大化条件が求められるのでしょうか？

🐘：まずは，今までどおりの方法で求めるようにやってみましょう。利潤πを生産量Qで微分してゼロとおいて求めればいいのです。

$$\frac{\Delta \pi}{\Delta Q} = \frac{\Delta TR}{\Delta Q} - \frac{\Delta TC}{\Delta Q} = 0$$

こうなりますよね。後半はすでに学習したとおり，限界費用MCになりますが，少し難しいのは前半です。

🐘：完全競争市場であれば価格は一定であり，追加的に発生する収入は価格Pなので，前半はPそのものですよね。けれども，ここでは価格Pは変化するので，どうしたらいいのか…

🐘：それではここで一旦，前半部分については，後半部分がTCをMCに変えたように，MR（限界収入，追加的に発生する収入のこと）としておきましょう。つまり，こうするわけです。

$$\frac{\Delta \pi}{\Delta Q} = MR - MC = 0$$

したがって，独占市場をはじめとする不完全競争市場における企業の利潤最大化条件は，

　　MR＝MC

となることがわかります。つまり，この式の成立するところで生産量を決定すれば利潤最大化が実現できるのです。

> **公式**
>
> 不完全競争市場における企業の利潤最大化条件
> MR＝MCとなるところに生産量を決定する

:先生，スミマセン！ 全然ピンと来ません…

:それでは，少し具体的にやってみましょう。市場の需要曲線を右下がりの直線と仮定して，タテ軸が価格P，ヨコ軸が数量Qとおけば，需要曲線は，

$$P = -a \cdot Q + b \quad \cdots\cdots ①\quad (a, b は正の定数)$$

と表されるので，まず，売上TRが求められますね。

:こうなりますよね。

$$TR = P \cdot Q = (-a \cdot Q + b) \cdot Q = -a \cdot Q^2 + bQ$$

:したがって限界収入のMRは，TRをQで微分して，

$$MR = \frac{\Delta TR}{\Delta Q} = -2a \cdot Q + b \quad \cdots\cdots ②$$

とわかりますね。そこで①式と②式を見比べてみると，限界収入MRは，需要曲線Dとタテ軸切片が等しくて傾きが2倍になったものだ，とわかるね。

図1

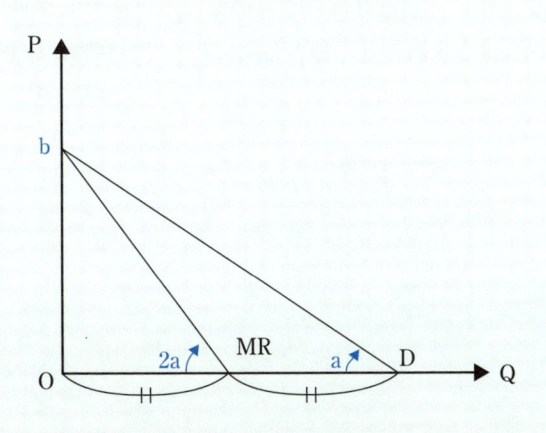

:したがって、この図にU字型の限界費用MCを書き入れれば、独占企業にとっての最適生産量と価格が表せる、ということになるんだ。

図2

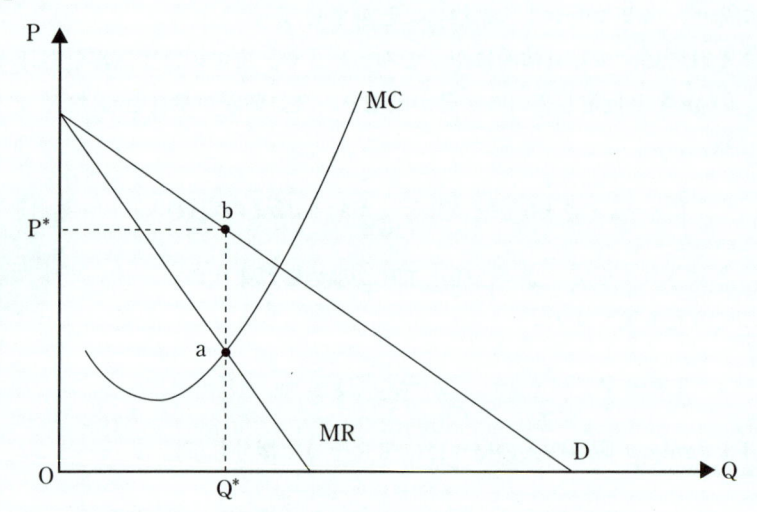

:えーと、MR＝MCだから、MRとMCの交点aにおける生産量であるQ^*で最適生産量を決定し、需要曲線上の点bに対応するP^*が最適価格 なのですね。

:そのとおりだよ。そして経済学としては、その時の点bが独占均衡点、またはクールノー点と呼ばれるものなんだ。そしてさらに、平均費用のAC曲線を書き入れると、独占企業にとっての利潤が確認できるよ。

図3

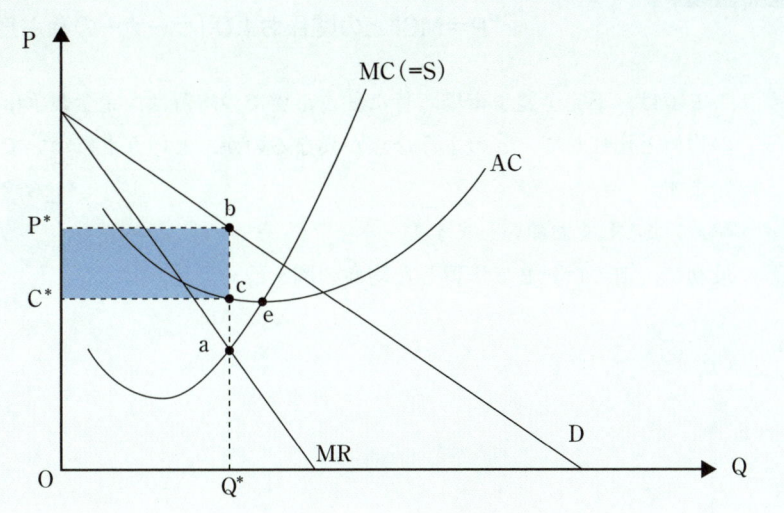

🐘：bc間が1単位当たりの利潤なので，長方形P*bcC*が利潤になっているんですね。

🐘：そのとおりだね。それでは，この辺で終わりにしよう。

🐘 🐘：ありがとうございました！

Part 2　4-2-2　利潤最大化条件"MR＝MC"からわかること
　　　　　　　　〜"P＝MC"との関係および「ラーナーの独占度」〜

🐘：ここでは，不完全競争市場，特に独占市場での均衡は，完全競争市場での均衡と比較して，どのような点が異なるのか，という点について学習します。

🐘🐘：よろしくお願いします！

🐘：最初に，前のPart 2で学習した均衡の図を改めて見直してみよう。

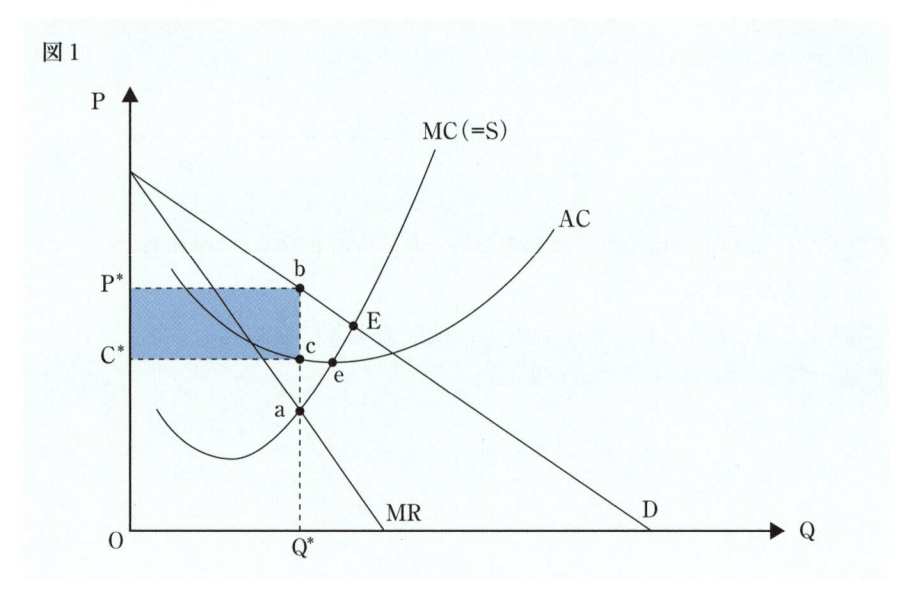

図1

[図：独占市場の均衡を示すグラフ。縦軸P，横軸Q。MC（＝S）曲線，AC曲線，需要曲線D，MR曲線が描かれ，MRとMCの交点a，点bはP*に対応，点cはC*に対応，点EはMCとACの交点，点eも示されている。Q*が最適生産量。]

🐘：念のため確認するけれど，この独占市場において独占企業はどのように数量と価格を決定するのかな？

🐘：そこはバッチリ復習してきました！　利潤最大化の決定条件は，MR＝MCだから，MRとMCの交点aにおける生産量であるQ*で最適生産量を決定し，需要曲線上の点bに対応するP*が最適価格になるのですよね！

🐘：そうだったね。だから，独占市場における均衡点，すなわちクールノー点は，点bになっているんだね。ところで，この図をそのまま使って，完全競争市場であると仮定したら，均衡点はどこにあるように見えます

か？ 
🐘：えっ！　ずいぶん無理がありますねぇ…
🐘：それはわかっているよ。ただ，せっかくのチャンスだから，この図を使って独占市場と完全競争市場を比較して，どのぐらい違いがあるのかについて確認してみたいんだ。
🐘：先生，でもどのようにすれば完全競争市場の均衡点がこの図の中に見えてくるんですか？
🐘：完全競争市場の均衡点，ということは，市場の需要曲線と供給曲線の交点を探せばいいんだよ。
🐘：それならば，需要曲線Dと1社しかいないとしてもその企業の限界費用曲線MCが供給曲線なので，それを市場の供給曲線とみなして交点を探せば，点Eということになりますよね。
🐘：そうだよ。つまり，独占市場になったことによって，完全競争市場の時と比べると均衡点ではEからbへ，つまり軸に注目すると価格は上昇し数量が減少していることに気付くんだね。 
🐘：そういう比較ですか！
🐘：そうだね。実は，市場を比較をするうえでの経済学として注目してほしいポイントは，それだけではないんだ。
市場が完全競争状態から独占になって，独占の程度がどのぐらい進行したのかについて表す指標があって，独占度と呼ばれるんだ。その**独占度**には，いくつかの表現方法があるんだけれど，本試験で出題されるものは，ラーナーという学者が考案した**ラーナーの独占度**と呼ばれるものなんだ。計算式は，こうなるよ。ぜひ暗記してしまってほしい。

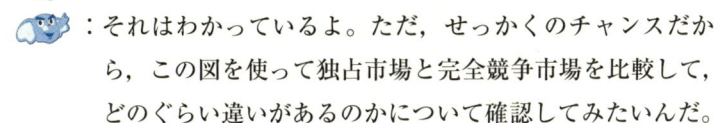

公式

ラーナーの独占度：$e = \dfrac{1}{需要の価格弾力性} = \dfrac{P-MC}{P}$

🐘🐘：わかりました！
🐘：今日は，このくらいにしておきましょう。 
🐘🐘：どうもありがとうございました。

Part 3　4-2-3　余剰分析

🐘：前のPart 2では，独占市場と完全競争市場との違いについて，価格や数量，ラーナーの独占度，といった視点から比較したけれども，ここでは余剰分析を用いて比較してみよう。

🐘🐘：よろしくお願いします！

🐘：最初に，完全競争市場での余剰はどうなっていたか覚えているかな？

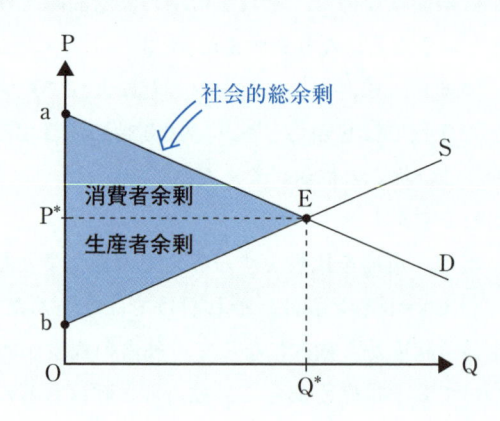

🐘：はい。下の図1でわかるように，三角形aEP*が消費者余剰で，三角形P*Ebが生産者余剰で，社会的総余剰が三角形aEbです。

図1

🐘：そうだったね。そして，この時に余剰は最大化されている，と言っていたことを覚えているかな？

🐘：はい。先生，ということは，ここで独占市場の時と余剰の比較をして，やはり完全競争市場の時の余剰は最大化されていることを学習するのですか？

🐘：アキコさん，さすがだね。そのとおりだよ。そこで，次の図2を活用して，完全競争市場の時と独占市場の時の余剰を比較してみよう。

図2

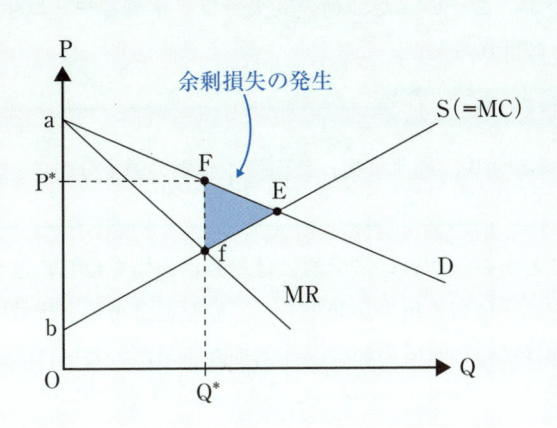

P 軸に *a*、*P**、*b*、*O* を示し、*Q* 軸に *Q** を示す。需要曲線 *D*、供給曲線 *S*(=MC)、限界収入曲線 *MR* が描かれている。独占均衡点 *F*（価格 *P**、数量 *Q**）と完全競争均衡点 *E* が示され、三角形 *FEf* が「余剰損失の発生」として塗られている。

🐘：完全競争市場の時は，均衡点がEだから，社会的総余剰は三角形 a E b になります。これでいいのでしょうか？

🐘：そうだよ。それでは，独占市場の時の余剰はどうなるかな？

🐘：えーと，MRとMCの交点 f で生産量 Q^* が決まり，独占均衡点Fで価格 P^* が決まる，ということですよね。でも，余剰はどうしたらいいのかなぁ…？

🐘：消費者余剰と生産者余剰をそれぞれ考えてみると，どうなるかな？

🐘：消費者余剰は，消費していった消費者にとって，"得した" と感じられる総和だから，三角形 aFP^* となって，生産者余剰は，えーと…

🐘：売上（総収入）からMCの線の下側部分（VC）を差し引けばよかったんだよね。

🐘：はい。だから生産者余剰は，売上（総収入）にあたる長方形 P^*FQ^*O からMCの線の下側部分（VC）にあたる台形 bfQ^*O を差し引いて，結局，台形 P^*Ffb になりますね。

🐘：いいよ。

🐘：ということは，この独占市場のケースの社会的総余剰は台形 aFfb ということなんですね！

🐘：そうだよ。そこで，余剰の比較をしてみてごらん。

🐘：独占市場になって，余剰が 三角形FEf 分だけ減りましたよ！

：そうだよ。こういった余剰の減少分は，**余剰損失**，**厚生損失**，**死荷重**，などと呼ばれるんだ。

> **ことばの意味**
>
> **余剰損失**，**厚生損失**，**死荷重**：余剰の減少分のこと

：このことからミクロ経済学的には，独占市場をはじめとする不完全競争市場では，余剰の損失が発生して，完全競争市場と比較すると，最適な資源配分が行われていない，非効率な市場だ，ということが確認できるんだよ。

：だから独占禁止法ってあるんですか！

：そのとおりだよ。

：今までは，独占禁止法があるから何となく，理由はよくわからないままに"独占"はよくないもの，と考えてしまっていたのですが，ようやくこれで理由がわかったことになるんですね。

：経済学も少しは役に立ったみたいだね。

：はい！　もちろんです！

：それでは，ここの話はこの辺で終わりにしよう。

：どうもありがとうございました！

Part 4　4-2-4　差別独占（差別価格政策）

🐘：ここでは，差別独占市場について学習しましょう。

🐘🐘：よろしくお願いします！

🐘：この前までのPart（192～200ページ）で，独占市場についていろいろな視点から学習したけれど，ここでは，少し応用的な差別独占市場について学習します。

🐘：先生，それはどんな市場なんですか？

🐘：これは，独占企業が2つの独占市場に直面しているケースで，それぞれの市場で利潤最大化を追及した結果，異なった価格を設定することになる，ということから，差別価格政策のケースである，とも呼ばれます。

🐘：何だか当たり前な感じがするんだけれど…

🐘：そこで，気を付けておかなければならない，このケースの特徴をもう少しきちんと確認するね。

> ［差別独占市場のケースの特徴］
> ・企業は1種類の財を2つの独占市場に供給する。
> ・工場は1つだけであり，そこで2つの市場に供給する財の生産をまとめて行う（→したがって，総費用曲線は1つだけ設定されることになる）。
> ・2つの市場間において，財の転売は不可能であるとする。

🐘：あれっ？　これを見ていたら，どうして2つの市場で価格を変えなきゃならないのか，わからなくなってきました…

🐘：工場が1つだけだからそう感じるのが普通だね。

🐘：先生，"2つの独占市場"とありますけれど，これは地理的に遠く離れた独占市場，ということなんですか？

🐘：いいところに気付いたね。実はこれは，「地理的・距離的に遠く離れた」，ということばかりではないんだ。何と，市場における需要の価格弾力性が異なれば企業は"2つの異なった市場"と考える，ということなんだ。ただ最初は，イメージとしては，地理的に遠く離れた市場1と市場2を想定しておいて問題はないよ。そして，議論を難しくしないようにするために，この財の総費用曲線をＴＣ＝ａ・Ｑ（ただし，

aは正の定数，Qは数量）として限界費用曲線をMC＝aと水平な形で設定するよ。

🐘：先生，つまりこの企業は，財を1つa円で生産している，ということですね？

🐘：そうなるね。そこで以下の図1を見てごらん。右半分が市場1での均衡の図で，左半分の図は，左に行けば行くほど数量が増加するかたちで描かれている市場2での均衡の図だよ。さて，企業はどのように価格と数量を決定することになるのかな？

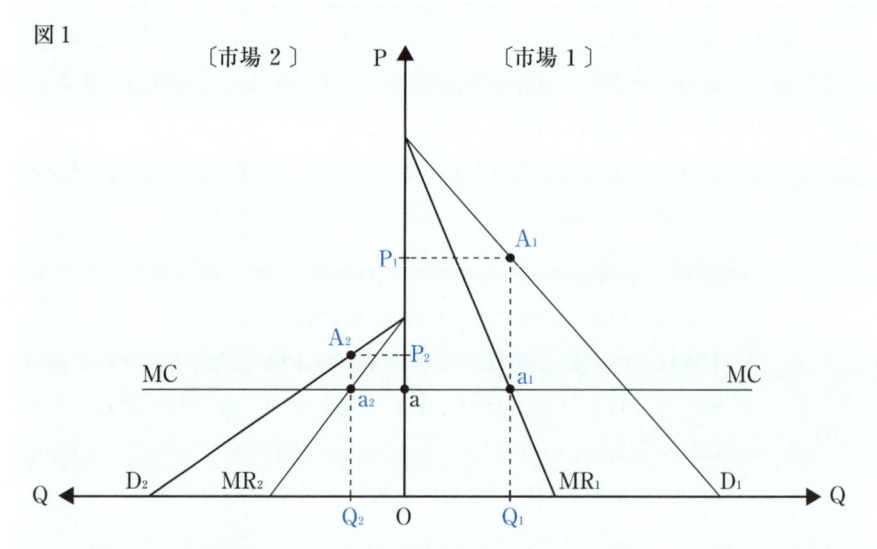

図1

〔市場2〕　　P　　〔市場1〕

ただし，D_1：市場1における需要曲線，MR_1：市場1における限界収入曲線，
D_2：市場2における需要曲線，MR_2：市場2における限界収入曲線

🐘：もちろん，それぞれの市場でMR＝MCから供給量と価格を決定してA_1とA_2をそれぞれの均衡点として，

市場1における供給量：Q_1，市場1における価格：P_1
市場2における供給量：Q_2，市場2における価格：P_2

ということになります。

🐘：ほら！　価格がしっかりと異なっているじゃないか！

🐘：でも，それは需要曲線の位置が違うからなのでは…？

:先生，私にも，需要曲線の位置が違う，つまり2つの市場での需要量の違いから価格が異なるように見えるのですが…

:残念ながら，その考え方は当たっていないんだ。君たちの言うとおりだとすると，この企業としては，

市場での需要量の多い方の財　⇒　価格が高くなる
市場での需要量の少ない方の財　⇒　価格が安くなる

ということになるのかな？　それでは，具体例を出してみよう。オフィス街にあるレストランがランチ・タイムとディナー・タイムに営業しているとするね。どちらの市場の方が，需要量が多いかな？

:お昼は毎日食べに行くから，圧倒的にランチ・タイムの方ですよね。

:でも，レストランではよく，ランチ・タイムとディナー・タイムでメニューが異なっていて，ランチ・タイムの方が値段が安くてお得な気分で食事ができますね…わかりました。それが，さっき先生が言っていた"需要の価格弾力性の違い"ということなんですね？

:そのとおりだよ。つまり，ランチ・タイムの昼食について，我々は50円，100円の値上がりにとても敏感になっているよね。それが経済学的には"需要の価格弾力性が大きい"ということなんだ。逆に，ディナー・タイムの，たとえばデートに行くような時には，まさか50円，100円の値段の違いなんか気にしてない，とても"鈍感な"状態になっているよね。

:確かに…つまりそれが，経済学的には"需要の価格弾力性が小さい"ということなんですね。

:だから，大事な点をまとめると，こうなるんだよ。

ポイント
・需要の価格弾力性が大きい方の市場　⇒　相対的に安い価格
・需要の価格弾力性が小さい方の市場　⇒　相対的に高い価格

:先生，他にもこんな例ってあるんですか？

:あるよ。たとえば，映画のチケットは，学割は安いよね。東京の地下鉄の回数券は，曜日や使用可能時刻が指定されていない普通のものならば

10枚分の値段で11枚買えるけれど，土休日のみ使用可能なものならば10枚分の値段で14枚も買えるよね。これらはすべて，差別価格政策の例だよ。それでは，この辺で終わりにしよう。

🐘 🐘：どうもありがとうございました！

Part 5　4-2-5　独占的競争市場

🐘：ここでは，独占的競争市場について学習します。

🐘🐘：よろしくお願いします！

🐘：不思議な名前の市場に見えると思うので，きちんと用語を確認しておこう。

ことばの意味

独占的競争市場：同種類の製品を供給する企業は多数存在しているが，**製品差別化**（企業間での製品についてのさまざまな違いのこと）が起きた結果，各企業がほぼ独占市場を形成してしまっている状況の市場のこと

🐘：企業間でお互いに，広告戦略などを活用してしっかりとブランド・イメージを作り上げてしまっているケース，ということですね。

🐘：そのとおりだよ。このケースの均衡について考えるんだ。

🐘：さっぱり見当が付かないなぁ…

🐘：最初は，こう考えるんだ。"各企業がほぼ独占市場を形成してしまっている" 状況にあるわけだから，短期的には，通常の独占均衡を形成していると考えていいんだ。

🐘：それでは，これでいいんですか？

図1

〔短期均衡のケース〕

（グラフ：縦軸P，横軸Q。MC曲線，AC曲線，需要曲線D，MR曲線。点a, b, c, e。P*, C*, Q*）

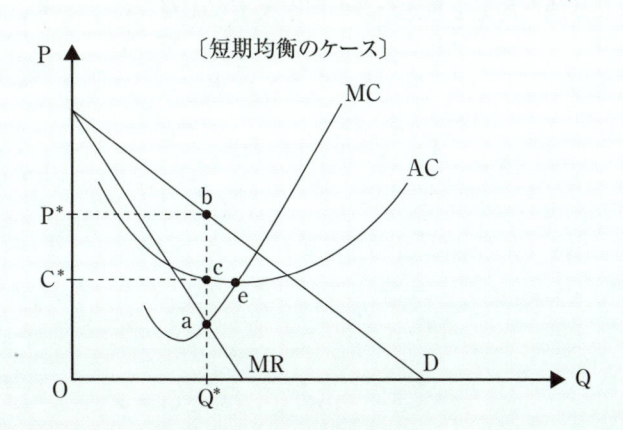

:そうだよ。ただ，きっと想像が付いていると思うけれど，ここではこれだけでは終わらないし，この図が本試験で独占的競争市場の問題として出題されることはほとんどないんだ。

:えー！　残念…

:問われるポイントは，ここからだよ。企業にとって，短期的にこんな図を形成しているこの市場で，長期的にどんなことが起こってくると思う？

:以前にも似たようなケースをやりましたよね。企業が短期的に利潤を獲得しているので，長期的にはいろいろな企業がだんだんと参入してくる，ということですね。

:そうだよ。それでは既存の企業にとって，新規に参入してくる企業が発生すると，どうなってしまう？

:自社の顧客を奪われてしまって，自社にとっての需要量が減少してしまうから…需要曲線が悲しいことに左方向にシフトしてしまうことになりますね！

:そのとおりだね。そして最終的には，どうなると参入がストップして需要曲線の左シフトがストップして理論的な終着点，すなわち長期的な均衡点が訪れると思う？

:もちろん，市場の中の企業が利潤を得られなくなって利益がゼロになる時です。

:よく復習ができていたね。だから，本試験で問われる部分としては，以下の長期的な均衡を迎えた時の図が大事なんだ。

図2

〔長期均衡のケース〕

P=AC

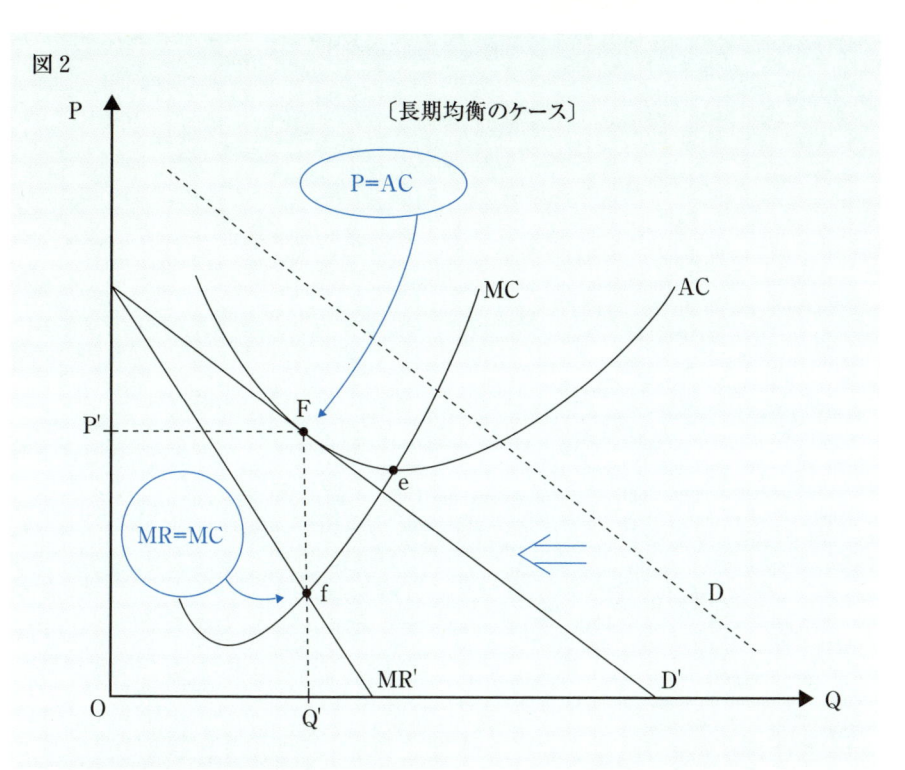

MR=MC

独占的競争市場における長期均衡
　MR＝MC，P＝ACが同時に成立すること

🐘：それでは，この辺で終わりにしよう。
🐘🐘：どうもありがとうございました！

MEMO

Stage 3
複占市場

独占市場の学習に引き続いて，ここでは企業数が2社，という状況である複占市場に関連するテーマについて学習します。基本的には計算問題が出題されやすいところですが，市場内の2社がどのような関係になっているかによって微妙に計算手法が異なってきますので，そういった点に注意しながら計算手法を身につけていきましょう。

Part 1　4-3-1　クールノー均衡

:ここでは，クールノー均衡について学習します。
:　　：よろしくお願いします！
:それは，こんな均衡なんだよ。

> **ことばの意味**
>
> クールノー均衡：相手企業の生産量を所与として，各企業が自分の生産量を決定したときに達成される市場均衡

:先生，ここで学習することは，複占のケースなんですよね。
:もちろんそうだよ。
:でも，ここにある「相手企業の生産量を所与として」というのは，複占の2社にとってどういう意味なんですか？
:それはもちろん，「相手企業の生産量が一定であり変わらない」という意味だよ。
:結局，よくわからないなぁ…
:もっと具体的に言うと，こうなるかな。ライバル関係にある2社がお互いに相手企業を見たらどう見えるか考えてみよう。たとえば，商品の種類が同じならばほとんど価格が同じ，という状況でしのぎを削っているビール業界を想像してみよう。
:さすがにお酒好き，というだけのことはありますね…
:そっ，それはそれとして…ゴホン。たとえば，ビール業界のトップシェアグループに位置する企業の気持ちになって考えてごらんよ。複占ではないけれど，ライバル関係にあるお互いの企業は相手企業をどう見ながらどんな活動をしているんだろう？
:先生のおっしゃりたいことは，こういうことですか？　市場の中で決定される価格が同じである商品を扱う，ライバル関係にある複占の2企業間で，お互いに利潤最大化の仮定で行動するとすれば，利潤最大化を目指して各社の中で意思決定できるのは自社の生産量だけであって，相手企業が生産量を一度決めてしまうと，それは自社でコントロールできるようなも

のではないうえに，しばらくは変わらないものであると考えよう，ということですね。

🐘：さすがだね。そうだよ。特に大事な点は，"利潤最大化を目指して各社の中で意思決定できるのは自社の生産量だけ"というところだね。

🐘：少しだけ見えてきた気がします。

🐘：複占の問題は，計算問題が出題される可能性が高いから，利潤式を作って，それを生産量で微分してゼロと置いて利潤最大化の時の生産量を求めていく，という形はとても多く見かけることになるよ。

アドバイス

計算問題の解法としては，独占企業の利潤最大化条件であるMR＝MCを各企業で導き出し，そこで得られた式を連立すればよい

🐘：具体例を使って，クールノー均衡の計算問題について学習してみよう。

（例）

市場での財の価格をP，市場全体の数量をQ（＝Q_1+Q_2）とする。

　市場全体の需要曲線

$P = a - bQ$ 　　　　　　$\begin{pmatrix} Q_1：企業1の生産量 \\ Q_2：企業2の生産量 \end{pmatrix}$

$ = a - b(Q_1 + Q_2)$

（∵ $Q = Q_1 + Q_2$ より）

企業1の費用関数　　　　　企業2の費用関数

$TC_1 = cQ_1$ 　　　　　　$TC_2 = dQ_2$

企業1の利潤 π_1 を求めると，

$\pi_1 = TR_1 - TC_1$

$ = P \times Q_1 - cQ_1$

$ = \{a - b(Q_1 + Q_2)\} Q_1 - cQ_1$

$ = aQ_1 - bQ_1^2 - bQ_2Q_1 - cQ_1$

となる。

そこで，企業1はQ_2を所与としてπ_1を最大にするようにQ_1を決定する

ので、π_1をQ_1で微分してゼロとおく。

$$\frac{\Delta \pi_1}{\Delta Q_1} = a - 2bQ_1 - bQ_2 - c = 0 \quad （企業1の\textbf{反応関数}と呼ばれる）$$

同様に企業2の反応関数も導出する。

企業2の利潤π_2を求めると、

$$\begin{aligned}\pi_2 &= TR_2 - TC_2 \\ &= P \times Q_2 - dQ_2 \\ &= \{a - b(Q_1 + Q_2)\} Q_2 - dQ_2 \\ &= aQ_2 - bQ_2^2 - bQ_2Q_1 - dQ_2\end{aligned}$$

となる。

企業2はQ_1を所与としてπ_2を最大にするQ_2を決定するので、π_2をQ_2で微分してゼロとおくと、

$$\frac{\Delta \pi_2}{\Delta Q_2} = a - 2bQ_2 - bQ_1 - d = 0 \quad （企業2の\textbf{反応関数}と呼ばれる）$$

そこで、これら各企業の反応関数を連立方程式で考えて、Q_1とQ_2の値を求めればよいことがわかる。

なお、両企業の反応関数は下のようなグラフとして表すことができる。

図1

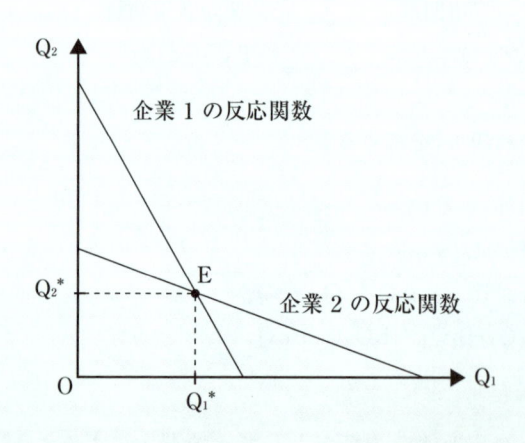

両企業の反応曲線の交点Eでは**クールノー均衡**が成立している。このときの各企業の生産量Q_1^*およびQ_2^*は，両企業の反応関数を連立して解けば求められる。

🐘：それでは，この辺で終わりにしましょう。
🐘🐘：どうもありがとうございました！

Part 2　4-3-2　シェア維持のケース

🐘：ここでは，複占市場で，一方の企業が利潤最大化を短期的に諦めて，市場シェア維持の視点で意思決定してくるケースについて学習します。

🐘🐘：よろしくお願いします！

🐘：例題を使って，考えてみましょう。

例題

複占市場において，

・A社は利潤最大化行動をとっており，平均費用曲線は，
$AC = q_a^2 - 90q_a + 5000$

・B社は市場シェアを $\frac{1}{3}$ に維持しようとしており，市場需要曲線は，
$P = 5000 - 25q_a - 10q_b$ である。

このとき，A社とB社の生産量はどうなるか？

🐘：どのように考えたら解けると思う？

🐘：えーと，まずA社は利潤最大化行動をとっているのだから，利潤最大化に向けて利潤式を作るんでしょうね。

$$\begin{aligned}
\text{A社の利潤}：\pi_a &= TR_a - TC_a \\
&= P \cdot q_a - q_a \cdot AC \\
&= (5000 - 25q_a - 10q_b) \cdot q_a - q_a(q_a^2 - 90q_a + 5000) \\
&= 65q_a^2 - 10q_a q_b - q_a^3 \quad \cdots\cdots ①
\end{aligned}$$

🐘：いいよ。

🐘：でも先生，このままでは文字が2種類あるから，"微分してゼロ"の形に持ち込むために，どうしたら1種類にできるのかなぁ…？

🐘：そこで市場シェアの関係式を使うんだよ。

🐘：あっ！　わかりました。市場に出回る全部の数量，つまり100%分のシェ

アは"q_a+q_b"だし，その中のB社の生産量はもちろん"q_b"だから，それらの比をとってB社のシェアは，

$$\frac{q_b}{q_a+q_b}$$

ということになりますよね。

:そのとおりだよ。だからシェアについての式を表すとこうなるんだね。

$$\frac{q_b}{q_a+q_b}=\frac{1}{3}$$

そしてこれを整理して，

$$2q_b=q_a \quad \cdots\cdots ②$$

となるから，この②式を①式に代入してq_bを消去してπ_aをq_aの式であらわせば，もうA社の生産量はすぐに求められるよ。

:ボクがやってみます。②式を①式に代入すると…

$$\pi_a=65q_a^2-5q_a^2-q_a^3$$
$$\therefore \pi_a=60q_a^2-q_a^3$$

そして利潤最大化行動をとるのだから，

$$\frac{\Delta\pi_a}{\Delta q_a}=120q_a-3q_a^2=0$$

とおいて方程式を解いて，

$$3q_a(40-q_a)=0$$
$$\therefore q_a=40 \quad (\because q_a=0\text{は不適})$$

となるので，A社の生産量は40ですね。

:そしてB社の数量は，②式を使って，

$$\therefore q_b=20$$

となるので，B社の生産量は20ということですね。

:そのとおりだよ。そこで，このケースの計算問題の解き方をまとめておこう。

アドバイス

複占市場のケースで一方の企業が「シェア維持」の行動を，他方の企業が「利潤最大化」の行動をとるケースの計算問題についての解法

1. 利潤最大化行動をとる企業の利潤式を求める
2. 市場シェアの関係を式にして表す
3. 市場シェアの関係を表す式を活用して，利潤最大化行動をとる企業の利潤式をその企業の生産量で表す
4. 利潤式を微分してゼロと置いて生産量を求める
5. 市場シェアの関係を表す式を用いて他方の企業の生産量を求める

:それでは，この辺で終わりにしましょう。
:どうもありがとうございました！

Part 3　4-3-3　シュタッケルベルク均衡

🐘：ここでは，複占市場において，一方の企業が先導的立場に，他方の企業が追随的立場になって意思決定する状況になるケースについて学習します。

🐘🐘：よろしくお願いします！

🐘：このタイプの複占市場での均衡を**シュタッケルベルク均衡**と呼び，特に計算問題が出題されます。解き方の手順が決まっているので，それを確認してしまうね。

🐘🐘：はい！

> **アドバイス**
> 1. 複占市場の2社について，どちらが先導者の立場の企業で，どちらが追随者の立場の企業であるかを確認する
> 2. 追随者の立場の企業の利潤式を求め，その企業の生産量で微分してゼロとおいて反応関数を求める
> 3. 先導者の立場の企業の利潤式を求め，その利潤式に追随者の立場の企業の反応関数を代入してから微分してゼロとおいて最適生産量を求める
> 4. 追随者の立場の企業の反応関数に先導者の立場の企業の最適生産量を代入して追随者の立場の企業の最適生産量を求める

🐘：まず，追随者の立場の企業の方から手をつけるのか。ちょっと間違えそうだな。

🐘：そうそう，そこは大事なポイントの1つなんだ。そこでここでも，例題を活用して学習していきましょう。

> **例題**
>
> 企業Aと企業Bからなる複占市場において，市場の需要曲線が，
>
> $p = 180 - x_A - x_B$
>
> 〔x_A：企業Aの生産量，x_B：企業Bの生産量〕
>
> であるとする。ここで，両企業とも相手企業の利潤関数について知ってお

り，企業Aは企業Bが自社（企業A）の行動に適応すると想定して利潤最大化行動をとると仮定する。

この場合，企業Aの利潤の大きさはいくらになるか。なお，両企業とも生産費はゼロであるとする。（国家Ⅱ種　2001年）

1　1,075
2　2,025
3　3,050
4　4,050
5　6,075

🐘：アドバイスで確認したとおりにやってみよう。
🐘：はい！　ここは私がやってみますね。
問題文から，企業Bが追随者の立場になっていることが確認できるので，まず企業Bの反応関数から求めます。
まず企業Bの利潤 π_B は，

$$\begin{aligned}\pi_B &= TR_B - TC_B \\ &= p x_B - 0 \\ &= (180 - x_A - x_B) x_B \\ &= 180 x_B - x_A x_B - x_B^2\end{aligned}$$

となります。そこで，この式を x_B で微分してゼロとおいて反応関数を求めると，

$$\frac{\Delta \pi_B}{\Delta x_B} = 180 - x_A - 2 x_B = 0$$

$$\therefore x_B = 90 - \frac{1}{2} x_A \quad \cdots\cdots ①$$

となります。
つぎに，企業Aの利潤 π_A を求めると，

$$\pi_A = TR_A - TC_A$$
$$= px_A - 0$$
$$= (180 - x_A - x_B)x_A \quad \cdots\cdots ②$$

となります。ここで，企業Aは企業Bが企業Aの行動に適応することを想定して利潤最大化を行うことから，①式を②式に代入して，

$$\pi_A = (180 - x_A - 90 + \frac{1}{2}x_A)x_A$$
$$= 90x_A - \frac{1}{2}x_A^2 \quad \cdots\cdots ③$$

となります。これをx_Aで微分してゼロとおくと，

$$\frac{\Delta \pi_A}{\Delta x_A} = 90 - x_A = 0$$

$$\therefore x_A = 90$$

となります。これを③式に代入して，

$$\pi_A = 8,100 - 4,050 = 4,050$$

となって，正解は肢4とわかりました。

:大変よく出来ました。今後も，忘れた頃にしっかり復習して習得しておいてください。

:はい！

:それでは，この辺で終わりにしましょう。

:どうもありがとうございました！

MEMO

Stage4
寡占市場

独占市場，複占市場の学習に引き続いて，ここでは，企業の数が少ない（通常は，数社前後を想定する）状況である寡占市場に関連するテーマについて学習します。

Part 1　4-4-1　屈折需要曲線

🐘：ここでは，寡占市場における屈折需要曲線について学習します。

🐘🐘：よろしくお願いします！

🐘：学者スウィージーらによって表された屈折需要曲線とは，こんな理論なんだよ。

ことばの意味

屈折需要曲線の理論：寡占市場では，財の価格があまり変化しなくなる（「硬直的である」とも表現される），という現象がよく見られる。その原因について説明しようとした理論。

🐘：面白い名前の理論ですね。どう考えていくのですか？

🐘：寡占市場における，ある1社に注目します。その企業は，どのような需要曲線に直面していると考えられるのでしょうか，と考えると，以下のような，少し屈折した形の需要曲線になるんだ。

図1

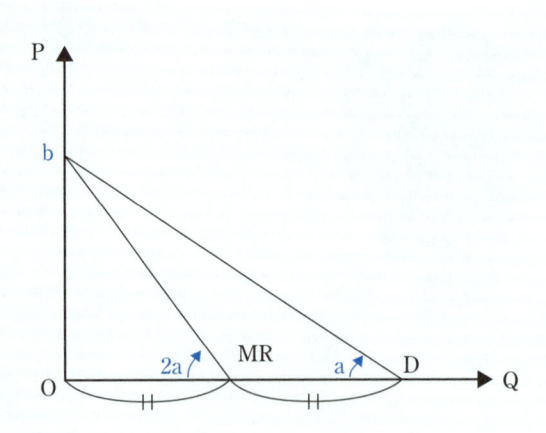

（P軸に b、Q軸上に D、MR曲線、2a、a の区間表示がある図）

🐘：どうしてそんなことになってしまうんですか？

🐘：実はそれについては，図の中で需要曲線が見た目では"屈折して"いる

からわかりにくいんだ。そうではなくて，図1に書き入れたように，点Eを境として右側と左側に分割してみると，寡占市場の中の一企業にとって右側と左側とでは状況が異なるからこんな図になる，と考えた方がわかりやすいと思うよ。

🐘：どのように状況が違うんですか？

🐘：実は，こうなっているんだ。

[点Eを境として左側の状況]
- 寡占市場の中の一企業が単独的に財の販売価格を引き上げたとすると，寡占市場の中のその他の企業は販売価格の引上げに追随してこない。
⇒ 販売価格を引き上げた企業にとっては，需要量が大幅に減少することになり，需要曲線は水平的な（弾力的な）形状（D_1）になる。

[点Eを境として右側の状況]
- 寡占市場の中の一企業が単独的に財の販売価格を引き下げたとすると，寡占市場の中のその他の企業は販売価格の引下げに追随する。
⇒ 販売価格を引き下げた企業にとっては，需要量が大幅に増加することはなく，需要曲線は垂直的な（非弾力的な）形状（D_2）になる。

🐘：そういうことだったんですか。

🐘：それでは，この需要曲線を前提とすると，企業にとって，利潤最大化条件の下での数量と価格の意思決定はどのようになるのかな？

🐘：完全競争市場ではないのだから，利潤最大化条件は"MR＝MC"を使うんですよね。

🐘：もちろんそうだよ。需要曲線と同じタテ軸切片から傾きを2倍にして，点Eの右側と左側でそれぞれ需要曲線D_1とD_2に対応する限界収入MR_1とMR_2を描いてごらん。

🐘：えーと，こんな図2のようになりますよね。あれっ！　先生，大変です。MRが途切れてしまっていますよ！　もしも限界費用MCがMC_1からMC_2までの間のように，途切れたMRの$E_1$$E_2$間を通る時には，どうしたらいいんですか？　肝心なMRとMCの交点がなくなってしまっていますよ。

🐘：安心してね。そこで経済学としては，途切れたMRのE_1E_2間については，MRが直線的につながっていると考えればいいんだ。

🐘：先生，ということは，何らかの理由でMCの値が変化してMC_1からMC_2までの間の所で増減を起こして上下に移動したとしても，利潤最大化を実現してくれる数量と価格は変わらない，ということになるんですね！

🐘：そのとおりだよ。ほら，それが結論なんだよ。実は生産量もなんだけれど，市場で特に目立つことは，価格が変化せず一定的（硬直的）な状況になっていることが確認できるよね。

🐘：そういうことだったんですか…なるほど。

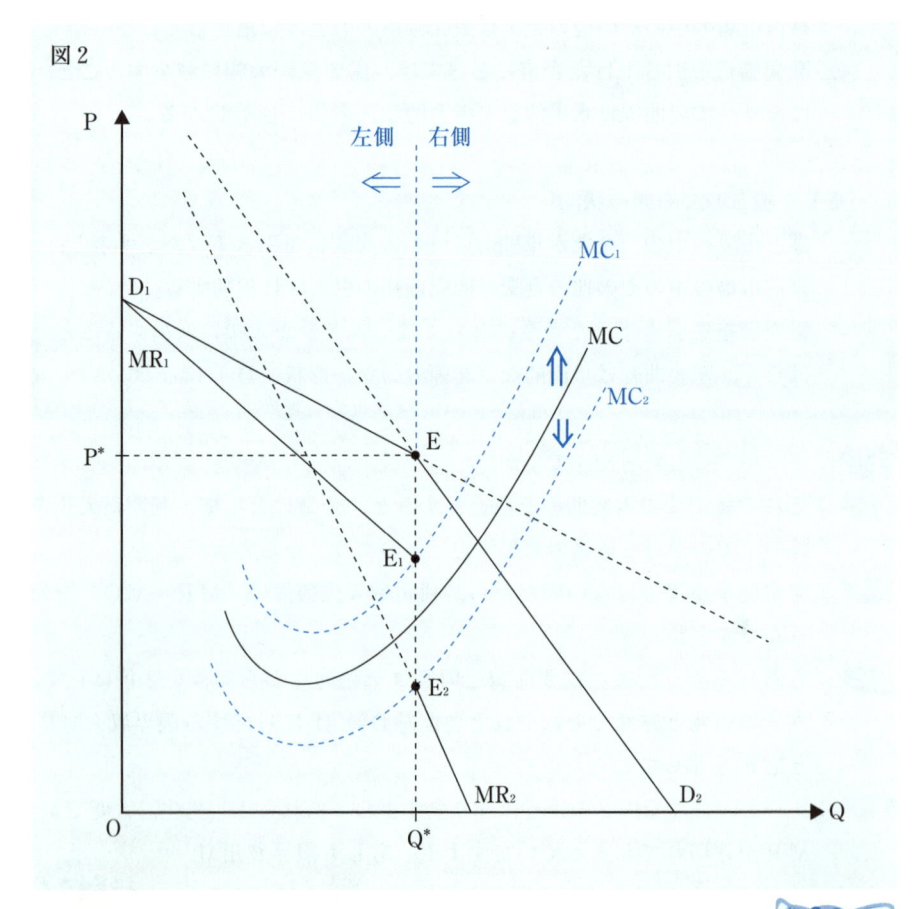

図2

🐘：それでは，この辺で終わりにしましょう。

🐘🐘：どうもありがとうございました！

Part 2　4-4-2　フル・コスト原理

:ここでは，実際に企業の中で価格決定の際に最も活用されている，と言われているフル・コスト原理について学習します。

:よろしくお願いします！

:ミクロ経済学としては，企業は利潤最大化を目標として活動することが前提とされていますが，実際に社長や財の価格を決定する責任者が全員"P＝MC"とか"MR＝MC"といった利潤最大化条件を熟知して活用しているとはかぎらないよね。そこで，実際にアンケートをとってみたんだよ。

:どんな答えが返って来たんですか？

:何と，こんな答えが多かったのでした。

ことばの意味

フル・コスト原理：財の価格を決定する際には，平均費用ACにマークアップ率（利潤率，マージン率とも呼ばれる）mを上乗せして決める，という考え方

:つまりとても興味深いことに，企業は"フルに"コスト（AC）を活用して価格を決定しており，売上に関する情報（PやMR）を活用していない，ということなのです。

:どうしてそんなことになったのでしょうか？

:はっきりとした理由はわからないんだけれども，きっと企業としては，できれば赤字は避けたいので，価格を決定する際にコストの情報が特に強く頭に残っていて強い影響を与えてしまうからではないかな，と私は思っています。

:具体的には，どのように決めているのでしょうか？

:このマークアップ率mというのは，企業内，業界内でだいたい伝統的に決まっているので，それに基づいて経験的に価格Pを決めているんだ。たとえば，伝統的にマークアップ率が7％と決まっているとすると，AC＝1,000円であれば，

　　　P＝1,000円＋7％・1,000円＝1,070円

と価格Pが決まるのです。

> **公式**
> フル・コスト原理
> $P = AC + m \cdot AC = (1+m) \cdot AC$

:それでは，この辺で終わりにしましょう。

:どうもありがとうございました！

Part 3　4-4-3　売上高最大化仮説

🐘：ここでは，実際に企業の中で価格決定の際に，短期的に活用されているケースが見られる，とされている売上高最大化仮説について学習します。

🐘🐘：よろしくお願いします！

🐘：ミクロ経済学では，あくまで企業は利潤最大化を目標として活動することが前提とされていますが，実際に社長や財の価格を決定する責任者が，短期的には，売上高を重視して売上高を最大化することを目的として価格や数量を決定していることがあるのではないか，と考えられています。

🐘：そんなことってよくあるのでしょうか？

🐘：特に新製品が発売される時の，たとえばビール業界などのような市場占有率（シェア）が注目されるケースでは，新商品の発売の時に，売上高最大化を考えているのではないか，と考えられる価格設定が見受けられます。ちなみに経営学では，市場占有率（シェア）が高ければ高いほどコスト・ダウン効果が発生しやすくなり，利益の増加が起きやすくなる，という経験則が紹介されています。そしてさらに副次的には，そういった理由から，金融機関が企業への融資額を決定する際にも市場占有率（シェア）が重視される，というのが伝統的な日本的経営の一側面でもあったのでした。

🐘：何だか奥が深そうですね。

🐘：そうだね。ところで，売上高最大化という前提で企業が行動するのであれば，企業はどのように数量と価格を決定するのだろうか？

🐘：少しわかりにくいので，基本に戻りますね。

🐘：いい考え方だよ。

🐘：売上高を最大にすればよいのですから，売上（総収入）であるTRを数量Qで微分してゼロとおけば，求められるはずですよね。だから，

$$\frac{\Delta TR}{\Delta Q} = MR = 0$$

となるのですね。

> **公式**
>
> 売上高最大化の成立条件：ＭＲ＝０

🐘：そして，こんな図を描ければ数量と価格が決まるよね。

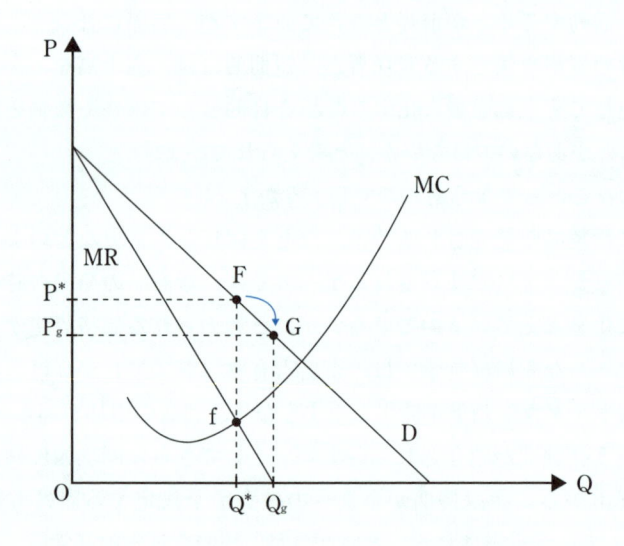

図1

🐘：ＭＲがゼロになるのは，もちろんＭＲのヨコ軸切片だから，数量はQ_g，価格はP_gになることがわかるよね（売上高最大化点Ｇ）。利潤最大化条件：ＭＲ＝ＭＣに基づいて数量と価格を決定したケース（利潤最大化点Ｆ）との比較をしておいたから，よく注意しておいてね。それでは，この辺で終わりにしましょう。

🐘🐘：どうもありがとうございました！

Part 4　4-4-4　ゲーム理論

🐘：ここでは近年，経済や経営以外のさまざまな分野において幅広く活用・研究されつつあるゲーム理論について学習します。

🐘　🐘：よろしくお願いします！

🐘：複数の当事者が存在する状況下で，それぞれの行動がお互いに相手に影響を及ぼしあうようなケースにおいて，お互いの意思決定を行う場合の考え方に関する理論が，このゲーム理論と呼ばれるものです。

🐘：何だか難しそうだなぁ…

🐘：きっとそんなことはないよ。本質的には，ゲームに参加する当事者をプレーヤーとみなし，直面している状況はさまざまな室内ゲーム（チェスや将棋，囲碁など）と類似していることから「ゲーム理論」と呼ばれているんだ。そして近年では，このフレームワークが政治やビジネス，紛争解決などのさまざまな状況で取り扱われつつあり，応用されつつある分野なんだ。

🐘：ちょっと興味が湧いてきたな…

🐘：それでは，本題に入ろう。本試験では，基本的に 2 人のプレーヤーが登場し，それぞれの意思決定の結果，得られる成果が数値でポイント化されて表の形になって表されていて，それを利得表というんだ。そして，双方のプレーヤーがどのような考え方で意思決定をするのか，によってゲーム理論は，以下の 2 つのパターンに分類されるんだ。

　①ミニマックス原理
　②ナッシュ均衡

それぞれについて見ていこう。

> **ポイント**
>
> ミニマックス原理：両方のプレーヤーが，自分の最小利得の候補の中から自分にとって最大の利得になる（最小利得を最大化される）選択肢を戦略として採用する原理（考え方）のこと

🐘：先生，何を言ってるんだかさっぱりわかりません…

🐘：これは、"最小利得"のところを"自分にとって最もうれしくない、ありがたくない利得"と置き換えて読んでみるとわかりやすくなると思うよ。

🐘：簡単に言い換えると、"被害を最小に食い止めようとする戦略"ということでしょうか。

🐘：うまい表現だね。それでは、以下の表1を使って考えてみよう。ゲームに参加する当事者のことを、"プレーヤー"と呼ぶことが多いんだ。ところで、①から⑨までのすべての利得の組み合わせをよく見ると、両者の利得を足すとすべてゼロになっているね。このように、一方のプレーヤーの利得が増すとその分だけ他方のプレーヤーの利得が減少するようなケースのゲームを、利得の合計値がゼロになっていることから、**ゼロサム（zero sum）ゲーム**と呼ぶんだ。

ことばの意味

ゼロサム（zero sum）ゲーム：一方のプレーヤーの利得が増すとその分だけ他方のプレーヤーの利得が減少するようなケースのゲームのこと

表1

		プレーヤーB		
		戦略Ⅰ	戦略Ⅱ	戦略Ⅲ
プレーヤーA	戦略Ⅰ	①(5, −5)	②(3, −3)	③(4, −4)
	戦略Ⅱ	④(8, −8)	⑤(2, −2)	⑥(−1, 1)
	戦略Ⅲ	⑦(0, 0)	⑧(−2, 2)	⑨(6, −6)

（注）(　)内は左側がAの利得、右側がBの利得

🐘：それでは、本題に入ろう。本試験で基本的に問われるのは、両者がどの選択肢を意思決定することになるかを確認できればいいんだ。

🐘：結局、どうするんですか？

🐘：まず、プレーヤーAの立場に立って"自分の最小利得の候補"を自分にとっての各選択肢の中から選ぶんだ。

🐘：ということは、まずは、戦略Ⅰの①～③の中から"最悪な"選択肢を探

すと，①の"5"，②の"3"，③の"4"を比べて，②の"3"が最小利得をもたらす，ということですね。

:そうだよ。同じようにやってみると，戦略Ⅱについてはどうなる？

:えーと，戦略Ⅱの④～⑥の中から"最悪な"選択肢を探すと，④の"8"，⑤の"2"，⑥の"－1"を比べて，⑥の"－1"が最小利得をもたらす，ということですね。

:そうだね。そして，戦略Ⅲについてはどうなる？

:えーと，戦略Ⅲの⑦～⑨の中から"最悪な"選択肢を探すと，⑦の"0"，⑧の"－2"，⑨の"6"を比べて，⑧の"－2"が最小利得をもたらす，ということですね。

:そうだよ。そして仕上げは，その選んだ中から"最大化"すなわち，自分にとって最もうれしいものを選ぶんだ。

:ということは，②の"3"，⑥の"－1"，⑧の"－2"の中から最もうれしい利得である②の"3"を選んで，結局，プレーヤーAの意思決定は「戦略Ⅰ」ということになるんですね。

:それでいいよ。それではつぎに，同じようにプレーヤーBの立場に立って意思決定してみよう。どうなるかな？

:えーと，最初は，戦略Ⅰの①，④，⑦の中から"最悪な"選択肢を探すと，①の"－5"，④の"－8"，⑦の"0"を比べて，④が最小利得をもたらしますね。次は戦略Ⅱの②，⑤，⑧の中から"最悪な"選択肢を探すと，②の"－3"，⑤の"－2"，⑧の"2"を比べて，②が最小利得をもたらしますね。そして次は戦略Ⅲの③，⑥，⑨の中から"最悪な"選択肢を探すと，③の"－4"，⑥の"1"，⑨の"－6"を比べて，⑨が最小利得をもたらしますね。そして最終的には，その選んだ中から，④の"－8"，②の"－3"，⑨の"－6"の中から，あえて最もうれしい利得である②の"－3"を選んで，結局，プレーヤーBの意思決定は「戦略Ⅱ」ということになるんですね。

:そうだね。よく出来たよ。そしてそういった，両者が最終的にたどり着く"ゴール"が，"均衡解"と呼ばれることもあるんだ。それでは，次の考え方に行こう。次の表2を見てね。

表2

		プレーヤーB	
		戦略Ⅰ	戦略Ⅱ
プレーヤーA	戦略Ⅰ	①(13, 12)	②(4, 20)
	戦略Ⅱ	③(21, 3)	④(5, 6)

(注)( )内は左側がAの利得，右側がBの利潤

🐘：ミニマックス原理以外の意思決定の方法があるんですか？

🐘：そうだよ。こうなっているんだ。

ポイント

ナッシュ均衡：お互いのプレーヤーは相手の取りうる戦略に対して予想を立てつつ，両者が結託や協調行動をとることなく自分の利得を最大化させるような戦略を取った結果得られる均衡のこと（なお，どちらのプレーヤーも自分から自分が意思決定した戦略を変更する理由（誘因）が存在しない状態になることも条件である）

🐘：ちょっと難しそうですね。

🐘：手順さえ間違わなければ，大丈夫だよ。まず，プレーヤーAの立場から考えてみよう。自分の利得を最大化させることを考えるのだから，こうなるよ。「プレーヤーBが戦略Ⅰを取ると仮定すれば，自分としては①の"13"と③の"21"を比べて③の"21"の方がうれしいから戦略Ⅱを取りたいな。つぎに，プレーヤーBが戦略Ⅱを取ると仮定すれば，自分としては②の"4"と④の"5"を比べて④の"5"の方がうれしいから戦略Ⅱを取りたいな。ということは，いずれにせよ戦略Ⅱと意思決定しておけばいいな」わかるかな？

🐘：先生，とするとプレーヤーBの立場から見るとこうなりますね。「もしもプレーヤーAが戦略Ⅰを取るならば，自分としては①の"12"と②の"20"を比べて②の"20"の方がうれしいから戦略Ⅱを取りたいな。つぎに，もしもプレーヤーAが戦略Ⅱを取るならば，自分としては③の"3"と④の"6"を比べて

④の"6"の方がうれしいから戦略Ⅱを取りたいな。ということは，いずれにせよ戦略Ⅱと意思決定しておけばいいな」

:よく出来たね。これでいいよ。基本的には，これでこのPartについての学習は終わりにしてもいいんだけれど，ちょっとよく見ておいてほしいことがあるんだ。表2のナッシュ均衡の結果は，両方のプレーヤーが利得の最大化を目指して戦略Ⅱを選んだわけだけれど，ちょっと不思議な感じがしない？

:どういうことですか？

:先生，もしかすると④よりも①の方が両者にとって利得が高くなっている，という点ですか？

:そうだよ。

:そう言えば，何だか両者にとってみると，"くたびれもうけ"になっている感じ…

:ははは… 面白い表現だね。確かにそうだね。実はナッシュ均衡のケースでは，こういったことがおきやすいんだ。つまり，ナッシュ均衡解のケース以外に，両者にとって"より高い利得のケース"が存在するようなゲームを，囚人のジレンマと呼ぶんだ。

ことばの意味

囚人のジレンマ：ナッシュ均衡解以外のケースにおいて，両者にとって"より高い利得のケース"が存在するようなゲーム

:どうしてそんな用語が用いられるようになったのですか？ 何だか経済学の用語っぽくないですね。

:そうだね。実は，こんなことに気付いたことからそんな用語が生まれた，とされているんだ。表3を見てね。大きな事件に関与している可能性の高い容疑者に対して拘留期間中に自白を迫ろうと考えた検察側が，2人の容疑者を別室に入れてこの表を見せて，2人の容疑者がナッシュ均衡を想定して行動したとすると，2人にとって残念ながら，自白してしまって①を選ぶことになってしまい，両者にとってより"うれしい"ケースである④を選ぶことになる可能性が低い，ということなんだ。

表3

容疑者A \ 容疑者B	自白	黙秘
自白	①(7, 7)	②(1, 20)
黙秘	③(20, 1)	④(3, 3)

（注）（ ）内は左側がAの，右側がBの懲役年数

- 🐘：確かにそうですね。この結論は，とても面白いですね。
- 🐘：そうだよね。つまり，両者が勝手に利己的な行動をとるよりも，可能ならば協調的な行動をとった方がいい，ということなんだよね。
- 🐘：つまり，ケンカなんかしないで，揉めそうになったらきちんと早めに話し合って建設的な答えを出しましょう，という意味ですよね。
- 🐘：国家間での外交交渉や国際的な紛争当事者間でも利用できそうな感じがしてきますね…
- 🐘：専門的に研究し始めると，ゲーム理論は，とても奥が深くて難しいけれど興味深いことがわかってくるとされているテーマなんだ。興味があったら，いろいろな読みやすい本がたくさん出ているから，ぜひ読んでみてください。
- 🐘：それでは，この辺で終わりにしましょう。
- 🐘🐘：どうもありがとうございました！

- 🐘：ゲーム理論に少しでも慣れることができるように，こんな問題で練習してみよう。

●●● Exercise 1 ●●●

国税専門官　2001年

　下表は，プレーヤーAとBの2人が，ゼロサムゲームにおいて，それぞれA1，A2，A3およびB1，B2，B3の戦略を採った場合のA，Bの受け取る利得水準を表している。なお，括弧内の第1要素はAの利得を，第2要素はBの利得を示している。

　このとき，A，Bともにゲーム理論のミニマックス戦略を採った場合の記述として正しいのはどれか。

	B 1	B 2	B 3
A 1	(1, −1)	(1, −1)	(2, −2)
A 2	(2, −2)	(−1, 1)	(0, 0)
A 3	(2, −2)	(−1, 1)	(−2, 2)

1　ゲームの値は1となるが，戦略の組合せは複数ある。
2　AはA1，BはB2を選択し，ゲームの値は1となる。
3　ゲームの値は2となるが，戦略の組合せは複数ある。
4　AはA2，BはB3を選択し，ゲームの値は2となる。
5　このゲームに解はない。

解説　　正解　2

　ミニマックス原理で丁寧に両者の意思決定を考えれば，正解は肢2であることがわかる。なお"ゲームの値"とは，ゲームの結果，両者がやりとりをする利得の数値のことである。

●●● Exercise 2 ●●●

地方上級　2004年

次の表は，企業Aと企業Bからなる複占市場において，A，B両企業がそれぞれ3種類の戦略をもつときの利得行列を示したものである。表の（　）内の数字は，左側が企業Aの利得であり，右側が企業Bの利得である。A，B両企業は，協調行動をとらないと仮定し，両企業は互いに相手企業の戦略を予想しながら，自己の利得が最大となるような戦略を選ぶものとする。この場合，ナッシュ均衡となる戦略の組合せとして，妥当なのはどれか。

		企業B		
		戦略B_1	戦略B_2	戦略B_3
企業A	戦略A_1	(90, 40)	(70, 20)	(20, 60)
	戦略A_2	(70, 50)	(40, 70)	(30, 80)
	戦略A_3	(80, 60)	(60, 50)	(10, 70)

	企業Aの戦略	企業Bの戦略
1	A_1	B_1
2	A_2	B_2
3	A_2	B_3
4	A_3	B_1
5	A_3	B_2

解説　正解　3

ナッシュ均衡の解き方で丁寧に両者の意思決定を考えれば，正解は肢3であることがわかる。なお，企業Aから無理矢理に先に意思決定をするのではなくて，企業Bから意思決定をすると企業Bの戦略がB_3とわかるので，それを前提とすれば企業Aの戦略がA_2とわかる。

柔軟に表を見ることができるように！

第5部
市場の失敗

ここでは，第3部のStage3ですでに少し学習したことを踏まえて，市場に対する"評価"についてさらにきちんと考えていきます。「市場に対する"評価"をする」とは，「市場の結果に対して"良し悪し"の判断をする」ということです。その時に気を付ける点が2つあります。1つ目は，経済学での市場に対する"良し悪し"の判断，すなわち"評価"をするための尺度は"効率性"である，ということです。2つ目は，市場システムは万能ではないため，経済活動の後に常に最適な結果が得られるとは限らず，何らかの経済的な政策や規制のようなものが必要になるのではないか，ということです。それらを頭の片隅に入れて読み進めましょう。

Stage 1
市場での"失敗"と"成功"

これまでに，いろいろな市場について学習してきましたが，ここでは特に，市場の経済活動の結果を比較・評価するうえで注目すべきポイントについて確認します。

Part 1　5-1-1　より良い市場を目指して　～余剰と効率性～

：ここでは，市場の経済活動が行われた後にその結果を評価するわけですが，その時に知っておくべきポイントを確認します。

：よろしくお願いします！

：第3部Stage3のPart1（176～181ページ）ですでに少し学習したように，市場の評価をするうえで大切な用語は，"余剰"でしたね。この"余剰"とは，どういう意味でしたか？

：「得をした分量」という意味ですね。

：そしてこの余剰の面積が大きい方がより望ましい市場であり，完全競争市場において余剰が最大化される，といったことを学習していましたね。経済学としては，この"余剰"を"効率性"を表すものである，と受け止めているんですね。

：経済学は，"効率性"を重視している，ということなんですね。

：はい，そうですね。

：先生，"効率的である"ということが悪いことではないことはわかりますが，どうしてそんなに重視するのでしょうか？

：空気のような無料の財（自由財と呼ぶ）を除いて，世の中に存在するすべての財には希少性があって"希少価値"があります。しかし人々の欲求や欲望には際限がないので，すべての財が無駄なく活用され，分配されなければならない，と考えた結果，"効率的であること"が重視されるようになったんだ。

：奥が深いですね。

：そうだね。まあ，こういった理由から，余剰を大切な分析の"道具"として今後も活用するんだ。

：先生，効率性を表す指標として用いられるものには，余剰しかないのですか？

：アキコさん，さすがにいい質問ですね。実は，効率性を表す指標として用いられている"余剰"は通常，需要曲線や供給曲線などの描かれた図である"1財モデル"で用いられるものなのです。

：ということは？

:（1財のケースも含めて，）2財以上の財が存在するケースについては通常，学者パレートが考えたパレート最適という考え方を効率性の指標として用いるんだ。実際の試験ではどのように出題されるか，というと，まあ単純に言ってしまえば，"1財モデル" の時には余剰を活用し，"2財モデル" の時にはパレート最適を用いる，と考えておけばいいね。

:どうしてそのような2段階のステップを経て理解しようとするのですか？

:消費者理論の最初の頃の学習を思い出してみてね。ミクロ経済学では，少し難しい内容について理解するためには，まず"1財モデル" を想定し，たとえば効用関数を活用して効用について理解し，つぎに"2財モデル"の無差別曲線を活用して，より一般性を高めるようにして効用についての理解を深めたよね。この方法をまた踏襲した，ということなんだよ。

:あっ！ 確かにそうですね。

:ここでは，このくらいで話を終わりにして，次のPart 2でパレート最適について学習しましょう。

:はい，ありがとうございました！

Part 2　5-1-2　パレート最適

:ここでは，効率性を表す，とても大切なパレート最適について学習しましょう。

:よろしくお願いします！

:経済学では，何度も何度も"市場"が出てきて，ミクロ経済学では，"市場経済"とか"市場システム"といった言葉がよく出てくるよね。

:先生，念のため聞いてしまいますが，"市場システム"ってどういう意味ですか？

:まあ，自由な売り手と買い手の経済活動に委ねられている経済のシステム，ということかな。そして完全競争市場，という自由な経済システムが"余剰分析"という方法で考えると，最も効率的な市場になっていることから評価されていたんだよね。

:はい。そうでした。

:しかし，"余剰分析"はとてもわかりやすく図で示すことができるけれども，弱点は，"1財だけに注目しているモデル"であって，難しい言葉で言うと市場経済の一部だけに注目した"部分均衡分析"である，ということなんだ。

:それでは，どうすればいいのでしょう。

:やはり最終的な目標は，複数の財のケースを想定する"n財モデル"であって，本試験では，基本的には"2財モデル"のケースを想定して，そこで通用する明確な判断基準によって市場経済の機能効率性の良し悪しの判断ができることだよね。

:"余剰の最大化"ではダメなんですか？

:まあ，厳密にはそれも含めて，特に2財モデルで活用できる効率性に対する判断基準が最終的には必要になる，ということなんだよね。

:一体，どういうものなんですか？

:それでは説明するね。市場経済の資源配分（さまざまな財の分配のこと）における機能効率性の適否についての判断をするうえでの基準，尺度，に当たるものについては，いろいろな学者が意見を出していたんだ。そ

🐘：の中で最も役割を果たして現在にまで影響を持っている考え方は，学者V．パレートによって名付けられた**パレート最適**，という考え方なんだ。

🐘：それは，どういうものですか？

🐘：市場に参加するメンバーの経済的な状況を，より不利なものにすることなしには，もはやどのメンバーの経済的な状況も有利にする余地が残っていなくてできない，という資源配分の状態のことなんだ。

🐘：あのー，もう少しわかりやすく言い直してもらえませんか？

🐘：そうだね…少しムリして言い換えると，市場に参加するメンバーの経済的な状況をよりよくしようとすると，誰か他のメンバーの経済的な状況を必ず，より不利なものにしてしまう状態のこと，という感じでいいかな。

🐘：少しわかりやすくなった気がします。

ことばの意味

パレート最適：市場に参加するメンバーの経済的な状況を，より不利なものにすることなしには，もはやどのメンバーの経済的な状況も有利にする余地が残っていない資源配分の状態のこと

🐘：そして，この"市場システムにおける理想"とも言える**パレート最適**が達成されていない状況のことを経済学では，**市場の失敗**と呼ぶんだ。

🐘：それは，どういうことですか？

🐘：つまり，現実の経済に注目すると，市場システムはもちろん万能ではないことから，誰からの介入を受けることもなくそのままに放置されてしまうと，**パレート最適**が達成されていない状況が起きてしまうケースがいくつか確認されているんだ。それがこの部のタイトルになっている**市場の失敗**のケースで，これついては，次のStage 2 からStage 5で学習するから，楽しみにしておいてね。

🐘🐘：はい！

> **ことばの意味**
>
> **市場の失敗**：市場システムが万能ではないことから，そのままに放置されるとパレート最適が達成されない状況が起きるケースが発生する。その状態を指す。

🐘：それと，やはり経済学だから，このパレート最適について考えるために厳密には，
　　①消費者間におけるパレート最適性
　　②生産者間におけるパレート最適性
　　③消費者と生産者間におけるパレート最適性
の3つについて考えるべきなんだけれども，本試験に向けての重要なポイントは，上の①の"消費者間におけるパレート最適性"だけなので，少しだけ安心していいよ。

🐘：やっぱり経済学はいろいろと考えてますねぇ…

🐘：だから，消費者間だけに注目すればパレート最適とは，"他の人の効用を減少させることなく誰の効用も高めることのできない状態"と考えてもいいよ。

🐘：それは結局，言い換えると"誰かの効用を高めようとすると，他の誰かの効用を減少させてしまう状態"と考えていいのでしょうか？

🐘：そうだね。ただ，最後に補足しておきたいことは，市場経済の資源配分における機能効率性の適否を判断するうえでの基準として，パレート最適は確かに素晴らしい考えたなんだけれど，経済学者たちの意見によれば，それは完璧と言えるものではないようなんだ。

🐘：どういう点がよくないのですか？

🐘：実はパレート最適は，あらゆる資源（財やサービスと考えていい）の最適な配分について考えようとしているんだけれども，ただ1つ，"所得"についての最適配分は考慮していないんだよ。

🐘："所得"っていうことは，給料，お金，ということですよね？

🐘：もちろんでしょ！

🐘：やっぱり…

🐘：そうだね。だから，国内には税制をはじめとするさまざまな財政制度が

あって，毎年のように税制体系については法改正がなされているわけだけれど，それは，少しでもよりいい所得の最適配分を実現したい，という政府の思惑の結果だ，と考えてもらっていいんだよ。

🐘：そういうことなんですか…

> **ポイント**
> パレート最適は，所得の最適配分については考慮していない

🐘：それでは，これについてはこのあたりで終わりにしよう。そして次のPart 3で，先ほどの①の"消費者間におけるパレート最適性"について，2人の消費者・2財のモデルで具体的に考えて理解を深めていこう。

🐘🐘：はい，よろしくお願いします！

Part 3　5-1-3　エッジワース・ボックス・ダイアグラム

🐘：ここでは，"消費者間におけるパレート最適性"について，2人の消費者・2財のモデルを活用して，具体的なパレート最適についての理解を深めていきます。

🐘🐘：よろしくお願いします！

🐘：それでは，2人の消費者としてAさんとBさんがいると仮定し，その2人が2財であるxとyを消費するためにお店に買いに行く状況を想定して，消費者理論を使って考えてみよう。

🐘：消費者理論ならば，ちょっと気楽な感じがするけど…

🐘：そうそう，その元気で頑張ってね！　まず，消費者AさんとBさんの無差別曲線図をそれぞれ図1と図2に描くよ。

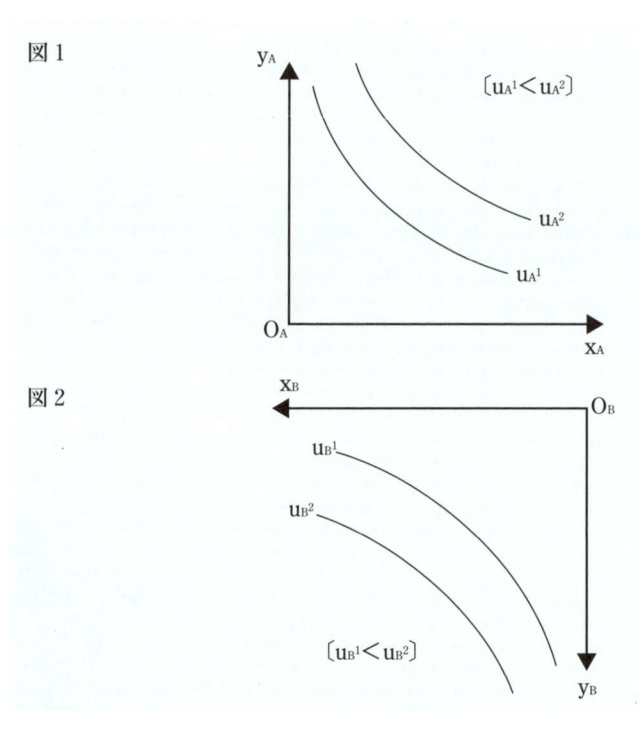

図1

〔$u_A{}^1 < u_A{}^2$〕

$u_A{}^2$
$u_A{}^1$
O_A　x_A　y_A

図2

x_B　O_B
$u_B{}^1$
$u_B{}^2$
〔$u_B{}^1 < u_B{}^2$〕
y_B

🐘：先生！　Bさんの無差別曲線図はどうなってるんですか？

🐘：普通の無差別曲線図を180度回転させた図だね。だからBさんにとっての原点のO_Bは右上の方にあって，ヨコ軸を左に行けば行くほどx財の消費

量が増加し，タテ軸を下に行けば行くほどy財の消費量が増加することになっている，ということだよね。

🐘：だから無差別曲線の効用水準の比較についても，右上方ではなくて左下方に行けば行くほど効用水準が高まるんですね。

🐘：そうだよ。大事なところだから，よく注意しておいてね。そこでつぎに，この2つの図を左右から真ん中方向に移動させてきて合体させてしまった形のものが以下の図3なんだ。この図が，このPartのタイトルになっているエッジワース・ボックス・ダイアグラムと呼ばれているんだ。これは，学者エッジワースが考案した，箱型（ボックス）の図（ダイアグラム）なんだ。

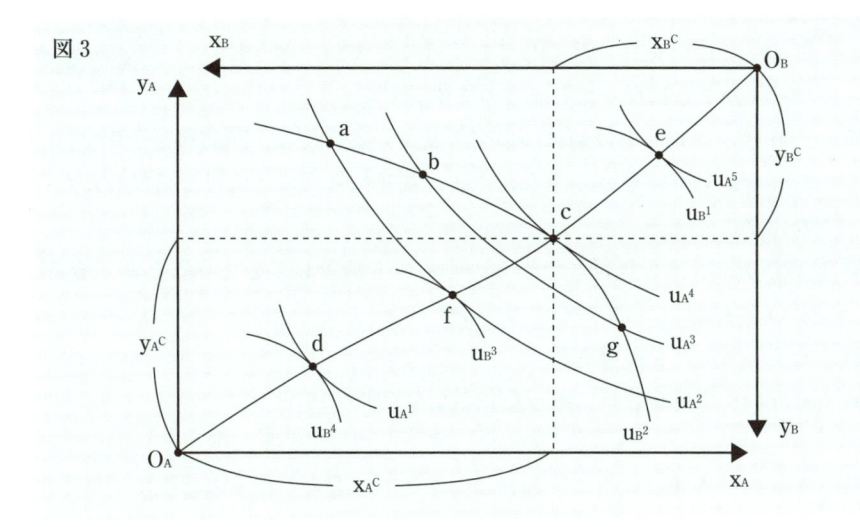

図3

🐘：先生，無差別曲線の効用水準の関係はどうなっているんですか？

🐘：もちろん，Aさんにとっては右上方に位置すればするほど効用水準が高まり，Bさんにとっては左下方に位置すればするほど効用水準が高まることになるよ。

🐘：先生，この図の箱型の図のタテ軸の長さとヨコ軸の長さは，どのように決まるんですか？

🐘：さすがにいい質問するね。それは，2人の消費者が直面している2財の存在する量なんだ。単純に言えば，

お店に置いてある2つの財の存在量だね。つまり，AさんとBさんの2人がお店に買いに来たのだから，財は無限に存在するわけではなく，ヨコの幅が2人の消費者にとってのx財の存在量であり，タテの幅が2人の消費者にとってのy財の存在量，ということなんだ。

：先生，図の中にいろいろな点が入れてありますが…

：この図中の各点はどれも，2人の消費者にとっての2財の消費量が一度に表されているんだ。たとえば，点cに注目してみよう。点cを中心にして十字に補助線の点線を描き入れてみると，x_A^cがAさんのx財消費量であり，y_A^cがAさんのy財消費量，ということになるよ。そして，x_B^cがBさんのx財消費量であり，y_B^cがBさんのy財消費量，ということになるんだよ。

：先生！　ということは，結局2人は必ずお店に存在するすべての財を買い尽くしてしまうんですね！どうしてそんなことになってしまうのですか？

：それは，パレート最適について考えている時には，所得の最適配分について考慮していないからなんだよ。簡単に言えば，所得を無視したからなんだよ。

：つまり，所得を無視したからいくらでも消費してしまうことができる，という状況になっているのですか？

：そういうことなんだよ。

：そういう事情が背景にあったからなんですね…

：それでは本題に入るよ。最初に，2人の消費者が点aの状況で2財を消費していたとするね。そんな時にAさんがBさんに，点bでの状況で消費をするように"移行"をお願いしたとするね。まず，Aさんがそのような"移行"をお願いした理由は何だと思う？

：先生，それは簡単ですよ。効用水準がu_A^2からu_A^3へと上昇するからです。

：そうだね。それではBさんとしては，Aさんからのそんな"移行"のお願いに対してどう答えるだろうか？

：u_B^2という1つの無差別曲線上での"移行"だから，効用水準が変わらないので特に拒否する理由は見当たりません。だから，その"移行"のお

願いには応じてあげるはずです。

:そうだね。それではその"移行"が行われたとすると、それを見ていた第三者としては、その移行は"改善"に見えるかな？ それとも"改悪"に見えるかな？

:先生！ わかりました！ "改善"になっています！

:そうだね。その理由は？

:2人が消費する2財の消費の総量が増加したわけでもないのに、Aさんの効用は増加してBさんの効用は変化していないので、どちらからも移行に対する拒否をされることなく財をより有効に活用する方向へと移行したことから、"改善"になったと言えるんですよね。

:その通りだね。それでは、Aさんがさらに点bから点cへの"移行"をお願いしたら、それは"改善"と"改悪"のどちらかな？

:先生、さっきアキコさんが言ってくれた理由から、それも"改善"ですよ！

:そうだね。そこでパレートは、この"改善"をパレート改善と呼んだんだ。

ことばの意味

パレート改善：資源配分の移行の結果、全員の経済的状況がより有利になるか、あるいは少なくとも他の誰かをより不利にすることなく一部の人をより有利にできるような場合に、その移行のことをいう

:それでは、u_B^2という1つの無差別曲線上での"移行"ということから、さらに点cから点gへの"移行"は起きるだろうか？

:いいえ。起きません。Bさんにとっての効用水準は変化しませんが、Aさんにとっての効用水準はu_A^4からu_A^3へと低下してしまいますから、その移行には拒否するはずだからです。

:そうだね。それでは、点cからどこかへパレート改善となる移行はできるかな？

:いいえ。できません。

:そうだよね。だから、点cはパレート最適点と呼ばれるんだ。

🐘：先生，どうしてそうなるんですか？

🐘：もうそれは経済学，というよりも日本語の問題だよ。改善を重ねてきて，もう改善できる余地がなくなったら，その状態を何と呼んだらいいと思う？

🐘：あっ！ 確かに"最適"ですね。

🐘：だから，このように表現することもできるんだ。

> **アドバイス**
>
> パレート最適：実現可能な配分の中で，その配分以外への移行がパレート改善的である，と見なすことができないような配分状態のこと

🐘：それではアキコさん，どうして点cから他の点へとパレート改善的な移行をすることができない，と気付いたの？

🐘：無差別曲線が背中合わせに接していて，AさんとBさんのどちらにとっても改善する余地がまったく見えないからです。

🐘：いいね。つまり，たとえば点aからスタートしても，逆にBさんばかりが移行を申し出ていたならば，改善の結果は点fに現れることになり，点fももう改善の余地がないことから，パレート最適な点なんだ。

🐘：そして点cの時と同様に，無差別曲線が背中合わせに接していますね。

🐘：そうだね。そこで経済学としては，無差別曲線が背中合わせに接している，たとえば点e，c，f，dのような点をパレート最適点と呼ぶんだ。そしてそんなパレート最適点を結んで得られる，$O_A O_B$間の軌跡を，契約曲線と呼ぶんだ。

> **ことばの意味**
>
> 契約曲線：パレート最適点を結んで得られる軌跡のこと

🐘：それでは，契約曲線上では無差別曲線が背中合わせに接していることから，2人にとって，何が等しくなっているのだろうか？

🐘：えーと，限界代替率ですか？

🐘：よくできたね。そのとおりだよ。だから，このようにま

とめることができるんだ。

> **公式**
> パレート最適の成立条件
> 個人Aの限界代替率＝個人Bの限界代替率

：念のために確認するんだけれど，点aから点dへの移行は，パレート改善と言えるのだろうか？　マナブ君。

：えーと，改善とは言えません。Aさんの効用水準が下がってしまうからです。

：そうだね。ちなみに点aから移行がスタートして，到達するパレート最適点はどこになるのだろうか？　すべて挙げると，どうなるのかな？

：契約曲線上の点のcf間ですね。

：そうだね。そういったエリアを経済学では，コアと呼ぶんだ。

> **ことばの意味**
> コア：エッジワース・ボックス内のある配分の点からスタートして到達する，パレート最適となるエリアのこと

：それでは，この辺で終わりにしましょう。

：ありがとうございました！

●●● Exercise ●●●

地方上級　2002年

　次の文は，X財とY財を一定量保有する2人の消費者A，Bが，市場で財を交換するときのX財の存在量を横の長さ，Y財の存在量を縦の長さとするエッジワースのボックス・ダイアグラムに関する記述であるが，文中の空所ア～エに該当する語の組合せとして，妥当なのはどれか。ただし，X財，Y財とも生産が存在しないものとする。

　下の図において，uu′はA，B2人の無差別曲線が互いに接する点の軌跡であり，　ア　という。uu′上の点では，A，Bの個人の　イ　が等しい。uu′上を右上に移動すると，Bの効用が　ウ　し，Aの効用が　エ　する。

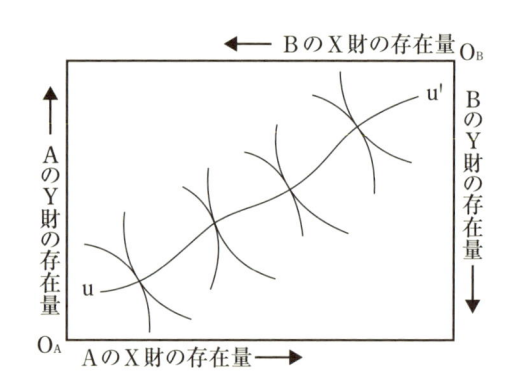

	ア	イ	ウ	エ
1	効用可能曲線	限界変形率	上昇	上昇
2	効用可能曲線	限界代替率	上昇	低下
3	契約曲線	限界代替率	上昇	低下
4	契約曲線	限界代替率	低下	上昇
5	契約曲線	限界変形率	低下	上昇

解説　　正解　4

　一般に，エッジワース・ボックス内のパレート最適な配分は，各消費者の無差別曲線が互いに接する点の軌跡により示すことができる。この軌跡を，契約曲線という。したがって，アには「契約曲線」が入る。

　なお，効用可能曲線とは，タテ軸とヨコ軸に各消費者の効用をとり，パレート最適な配分のときに得られる各消費者の効用の組合せを示す曲線をいう。

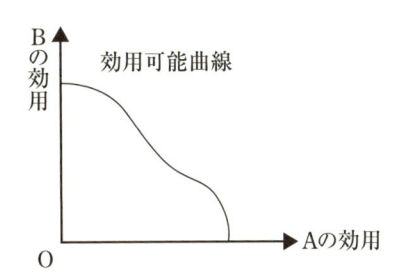

　つぎに，契約曲線uu′上の配分，すなわち，パレート最適な配分においては，各消費者の限界代替率が等しい。したがって，イには「限界代替率」が入る。

　なお，限界変形率とは，生産可能性曲線の接線の傾きをいい，消費と生産を含むモデルにおけるパレート最適な配分においては，各消費者の限界代替率が一致することに加えて，これらが限界変形率に一致することになる。

　さらに，本問のエッジワース・ボックスにおいては，消費者Bの無差別曲線はO_Bを原点とするものであるから，uu′上を右上に移動すると，消費者Bの効用は低下する。したがって，ウには「低下」が入る。一方，消費者Aの無差別曲線はO_Aを原点とするものであるから，uu′上を右上に移動すると，消費者Aの効用は上昇する。したがって，エには「上昇」が入る。

　よって，正解は肢4である。

MEMO

Stage2
公共財の存在

ここでは，公共財という特殊な財を学習します。現実の世界における公共財は，国防，外交，警察，消防，一般道路および橋などになります。これらの財は市場の競争に任せると，最適な供給量が満たされず，過少供給になることが知られています。したがって市場での供給を民間の企業に任せるのではなく，政府が供給することによってこれを回避します。それでは，そのメカニズムを学習していきましょう。

Part 1　5-2-1　公共財とは

🐘：それでは，公共財の学習を始めましょう。

🐘　🐘：はい。よろしくお願いします！

🐘：いままで学習してきた財を一般的には私的財というんだけれど，タイトルの公共財とは，この私的財とは異なる2つの性質を持っているのです。

🐘：えーと私的財って，ビールとかパンとか洋服などの財のことでいいのかな？

🐘：そうだね。いままで学習してきた，ごく普通にお店で値札を見ながら買うような財を私的財といいます。公共財に対する用語ですから覚えておいてください。

🐘：はい。ところで，"異なる2つの性質"って何ですか？

🐘：それは，消費において競合性がない（非競合性）という性質と排除性がない（非排除性，排除不可能性）という性質です。

> **ことばの意味**
>
> 公共財：消費において，非競合性と非排除性という性質を持つ財のこと

🐘：少しややこしいですから，1つずつ説明していきましょう。まず「競合性がない」という性質ですが，これはすべての人が同じ量を同時に消費費することができる，という性質のことです。等量消費性ということもありますね。

🐘：すべての人が同じ量を同時に消費するって，なんだかよくわからないなあ…

🐘：それでは理解を深めるために，競合性の意味から説明しましょう。競合性とは，ある人が財を消費すると他の人はその財を消費することができないという性質なのです。たとえば，テーブルの上にりんごが1個置いてあったとしましょう。そのりんごをマナブ君が食べたとしましょう。そうするとアキコさんは，食べることができないですね。

🐘：半分ずつ食べればいいのではないですか。

: 違うわ。半分ずつだと0.5個ずつ消費する，ということになるのだから１個のりんごを消費したことにはならないわ。

: アキコさんの言うとおりですね。このような性質を競合性というのですが，公共財にはこのような性質がないのです。たとえば一般道路を考えてみましょう。一般道路は公共財の代表的なものですが，道路はマナブ君とアキコさんが一緒に並んで歩くことができるでしょう？　経済学的には，道路という財を２人が同時に消費していることになります。つまり一般道路は，いったん供給がなされるとすべての人が同時に利用する（消費する）ことができるのです。

: いやだなあ（笑）。マナブ君とは一緒に歩きたくないかも…。

: いいじゃないか。同時に使えるのだから（笑）。ところですべての人が同時に利用できることは何となく解ったけれど，道路のキャパシティを超える1000人もの人が同時に利用しようとすると，さすがに無理じゃないかな。

: そうだね。一度に1000人，2000人といった，道路のキャパシティを超える人が１つの道路を利用するとなると，確かに"同時に"というわけにはいかなくなりますね。
これを経済学では混雑現象と呼んでいて，この混雑現象が起こると，公共財としての性質が失われてしまいます。ただ，この議論は経済原論を超えて財政学の範囲になるので，財政学で勉強してください。経済学で考える公共財は，原則としてこのような混雑現象はないものと仮定しています。

ことばの意味

競合性がない（非競合性）：等量（一定量）の財をすべての人が同時に消費できる性質

: それでは先生，もう１つの性質を教えてください。

: もう１つの性質は，排除性がないという性質だけれど，これは，対価を払わなくても財を消費，利用できる性質です。たとえば，りんごの場合はりんごを買って，それを消費しますね。つまり，りんごを買うお金を持っていない人はりんごを買うことができないから，りんごの消費から排

除されるんですね。ところが一般道路の場合は，毎回，道路料金を払って消費する，ということはなく使いたいときに無料で使うことができますね。つまりお金をもっていなくても，使いたいときに無料で自由に使うことができる性質を持っています。このような性質を排除性がないといいます。

🐘：でも，道路も料金を取れば公共財ではなくなるわけなんだね。料金を取ることはできないのかな。

🐘：これは難しい話になるんだけど，実は道路も昔は料金を取っていたんですよ。たとえば19世紀のアメリカでは，10マイル（16km）ごとに料金所を作って，そこで道路使用料を取っていたのです。ところが，10マイルごとだから，その各料金所の間の一部の区間だけを利用する人は，料金を払わなくていいことになるわけで，実際その区間だけを利用する人は，無料で使用していたんですね。これを経済学でフリーライダーというのですが，このフリーライダーが存在するのは不公平だ，ということになって結局，税金で使用料を徴収する代わりに，すべての人が無料で利用できるようにしたんだ。こうして道路は排除性を持たない財になったんですね。他の公共財もおおむねこのような経緯で，排除性を持たなくなりました。

🐘：なるほど。公共財にも歴史があったわけですね。ところで道路が公共財になって，フリーライダーはなくなったのですか。

🐘：いや，完全になくなったわけではなく，やはり存在します。たとえば東京都の道路は東京都の税金で賄うわけですが，埼玉県や神奈川県の人も東京都の道路を使うことがあるわけです。逆に埼玉県や神奈川県の道路は，それぞれ埼玉県や神奈川県の税金で賄うわけですが，東京都の人がそれを利用することもあるわけです。そのような場合にはフリーライダーになります。

🐘：なんだか難しいけれど，公共財には排除性がないということと，完全にフリーライダーをなくすことはできないんだということはわかりました。

> **ことばの意味**
>
> 排除性がない（非排除性，排除不可能性）：消費に関して，フリーライダーがきちんと排除されることがない，という性質
>
> フリーライダー：対価を払わずにその財を消費する人のこと

：公共財の性質を理解するうえで重要なことは，競合性がない，排除性がない，という2つの性質と，フリーライダーの意味を押さえておいてください。

：ところで公共財は，道路以外にどのようなものがあるのですか。

：道路以外に，国防，外交，警察，消防などがあります。これらはすべて排除性と競合性がありません。どれも大切なものですので覚えておいてください。

> **ポイント**
>
> 公共財の具体例：道路，港湾，橋，国防，外交，警察，消防，など

：はい，わかりました。

：少し発展的な内容ですが，公共財にとっての「排除性がない」という性質と，「競合性がない」という性質のうち，一方だけの性質を持つような財も存在します。たとえば教育ですが，これは競合性はないのですが，排除性はあります。学校の授業は，誰かが授業を受けても，他の人も同時に受けることができます。先生の話は同時に複数の人が聞けますからね。ところが義務教育を除いて，教育は学費を払わなければ受けることができません。つまり排除性があります。したがって，教育は公共財の性質のうちの1つしか持たないわけです。

> **ことばの意味**
>
> 準公共財：公共財にとっての「排除性がない」という性質と，「競合性がない」という性質のうち，一方だけの性質を持つような財

：これも財政学の範囲で扱うものですが，こんな財があるという程度に理解しておいてください。それと，次のPartにつながることだけれど，この2つの性質があるため，公共財は市場の競争では効率性を確保することができなくなってしまいます。そこでこのような財は政府が供給することになったわけです。詳しくは次のPart2で学習しましょう。

：ありがとうございました！

Exercise

地方上級　2006年

純粋公共財に関する記述として，妥当なのはどれか。

1. 純粋公共財は，消費における非競合性と非排除性という2つの組み合わせをもった財であり，例として国防や警察がある。
2. 純粋公共財は，大規模な施設を建設することを要するために，当初に巨額な費用が投入される財であり，例として鉄道や電力がある。
3. 純粋公共財は，消費者主権に任せると供給が過少となるため，政府による供給がなされる財であり，例として学校給食や公営住宅がある。
4. 純粋公共財は，外部経済効果をもたらすため，民間部門が補助金を受けて供給する財であり，例として公衆衛生や教育がある。
5. 純粋公共財は，各人が異なった量を消費する財であり，例として医療や下水道がある。

解説　正解　1

簡単に解説すると，純粋公共財とは，いま学習した公共財のことを意味する。準公共財と区別するためにこのように表現する時がある。

1 妥当である　純粋公共財とは非競合性と非排除性をもつ財であり，国防，外交，警察，消防などが例として挙げられる。よって，妥当である。

2 妥当でない　これは後に学習する費用逓減産業に関する記述である。よって，妥当でない。

3 妥当でない　純粋公共財は，消費者主権に任せると供給が過少になる。その点は正しいが，学校給食や公営住宅は公共財ではない。これらの財は，公共財として政府が供給しているのではなく，政府が個人の将来に有益な効果をもたらすということで供給している財になる。このような財を価値財ということがある。よって，妥当でない。

4 妥当でない　純粋公共財は外部経済効果をもたらす点は正しいが，民間部門が補助金を受けて供給するものではない。また，教育は公共財ではない。よって，妥当でない。

5 妥当でない　純粋公共財は，非競合性と非排除性があるため，各人がすべて等しい量を消費することができる。また，医療は公共財ではない。よって，妥当でない。

Part 2　5-2-2　最適供給量の決定

:それでは公共財の最適供給量の決定についての学習を始めましょう。

:はい，よろしくお願いします！

:前のPart 1では，公共財には競合性がない，という性質と排除性がない，という性質があることがわかりました。この2つの性質から，市場が完全競争でも**パレート最適**という効率的な状態が実現しなくなります。

:なぜ，完全競争市場なのにパレート最適が実現しないのですか？

:たとえば，排除性がないという性質を考えてみてください。フリーライダーが存在するわけですから，企業が財を作ったとしても，無料で消費してしまう人が出てくるわけです。たとえば，Part 1（257ページ）で例に挙げた一般道路を民間企業が作ったとしましょう。ところが一般道路はどこからでも利用して入ったり出たりすることが自由にできますから，高速道路のように料金所以外に出入りができないようにでもしない限り，フリーライダーが生じてしまいます。そんな性質を持った財を，企業は生産したいと思わないでしょう。

:確かに，僕が企業の社長だったら，そんな財は絶対に作らないなぁ。

:だから市場の民間企業に任せると，需要量に対して供給量が不足してしまってパレート最適にならないのです。この供給量が不足することを，過少供給というので覚えておいてください。

:はい，わかりました。

:ところで市場で過少供給になれば，それをどのように解決すればよいのですか。政府が介入するのですか？

:確かに，自由競争では解決しないので，政府が介入します。しかし公共財の場合は，企業に補助金を与える，といった解決策ではなくて，政府がその財を直接供給することになります。そこで政府はパレート最適を求めてその点で均衡するように供給量を決定し，税金によって費用を賄います。

:でも，そのパレート最適点はどのようにして求めるのですか。

:これはそんなに難しいものではありませんよ。市場の需要曲線と供給曲

線の交点において総余剰が最大になってパレート最適になるのでしたよね。ですから市場における需要曲線と供給曲線の交点の数量が政府の供給量になるのです。

🐘：なーんだ，簡単じゃないか。

🐘：でも，ちょっと待ってください。公共財の場合は，お店で価格が付いて販売されているようなものではないのだから，市場の需要曲線って私的財と同じように考えていいのかしら？

🐘：いいえ，公共財は私的財と異なる2つの性質を持っているので，市場の需要曲線は私的財のそれと異なりますね。それでは，公共財の需要曲線について話をしましょう。

🐘 🐘：よろしくお願いします！

🐘：公共財の前に，私的財の需要曲線について簡単に復習しておきましょう。私的財の場合は，個人の需要量を横に加える形で市場需要曲線を作りましたね。これを水平和といいました。これは図1に示したとおりで，ヨコ軸が数量，タテ軸が価格になっています。たとえば，りんごが1個100円のとき，マナブ君が2個，アキコさんが5個食べたとするならば，市場全体では100円のときに7個需要されるわけです。したがって，ヨコに加えていく水平和になりました。

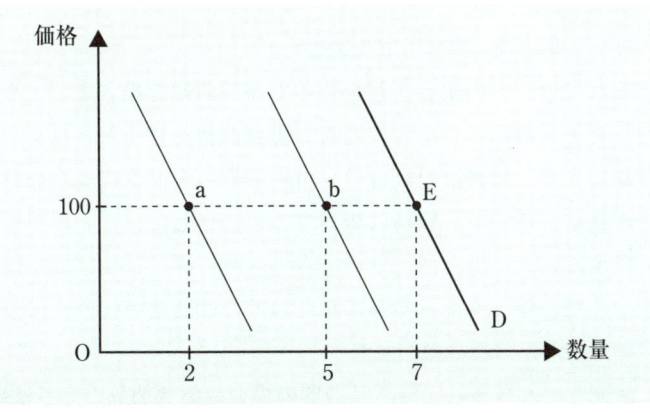

図1

🐘：これは，以前に消費者理論（93〜94ページ）で学習したものですね。

🐘：そうです。それでは，公共財の場合を考えましょう。公共財の場合は，

競合性がないため，1つの財を複数の人が同時に使うことができるのでしたね。つまり私的財とは異なり，個人の効用を上に加えていくことになります。上に加えるのでこれを垂直和といいます。

:私的財は水平和，公共財は垂直和と覚えておけばいいですね。

:う〜ん。語句だけじゃなくて，なぜそのようになるかの理由も確認しておいてくださいね。それから，ある町とある町を結ぶ道路ができたとしましょう。するとその道路を利用することによって人々は効用を得ますね。その時の効用のことを，公共財の場合は，限界便益または限界評価MB（以下，限界便益とのみ記す。なお，MB：Marginal Benefit）といいます。ちなみに，"利益"は数字で金額的に表せるもので英語では"profit"ですが，"benefit"とは，数値で金額的に換算することは困難だが，誰もが感じる利便性のことです。

:限界便益って，初めて聞く言葉なんですけど…。

:限界便益とは，1つの道路を利用したときに追加的に得られる利便性と覚えておいてください。便益とは効用と同じと考えても差し支えないでしょう。

ポイント

限界便益：公共財の消費量を追加的に1単位増加させた時に追加的に得られる便益のこと

:はい。何となくわかりました。

:それでは，この限界便益を使って需要曲線を描きましょう。その限界便益をタテ軸にとります。通常，需要曲線を描くときはタテ軸に価格をとりますが，公共財の場合は，市場で取引をせずに税金を財源として政府が供給するので，価格に相当するものとして，この限界便益を使うわけです。

:なんだか難しくなってきましたね。なぜ価格の代わりに限界便益を使うのかがわからないのですが…？

:確認しておきましょう。私的財の場合は需要曲線の高さは価格でしたね。1財あたりの満足度を貨幣で換算したものが高さになっていると言い換えてもいいかも知れません。公共財も，その財を消費したときの満足度

を貨幣で換算したものが高さになります。しかし公共財の場合は，その財から得る効用，つまり満足度は，価格があるものではないので，その代わりに便益という言葉を使って表現するわけです。

🐘：限界便益を限界効用と同じように考えていい理由が少しわかりました。

🐘：それでは，限界便益の話に移りましょう。この限界便益ですが，たとえばマナブ君がその道路を利用すると，そこから便益を得ますね。これがその道路から得た限界便益MBです。道路には競合性がないので，アキコさんも同時に利用できますね。そしてその道路を利用して効用を得ますね。つまりこの効用が，アキコさんが得た限界便益になるわけです。

🐘：そうすると，この道路から得られる市場全体の限界便益はどのように求めるのですか？

🐘：この1つの道路から得られる限界便益は，2人が利用した場合は，2人の合計になります。つまり図2のようになります。たとえば，マナブ君が500の便益を得て，アキコさんが1000の便益を得た場合は，全体の便益は図2のように1500ということになります。このような加算の方法を垂直和といいます。

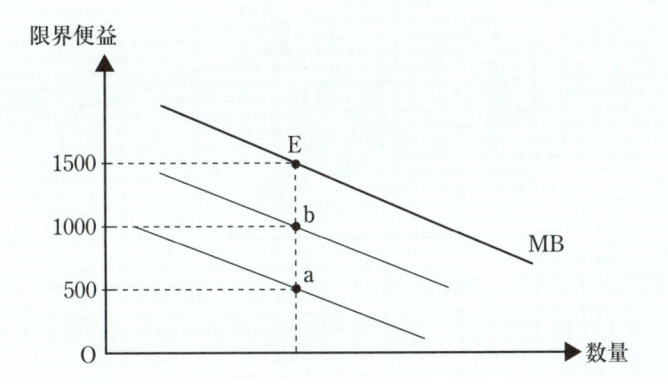

図2

（限界便益のグラフ：縦軸「限界便益」，横軸「数量」。右下がりのMB曲線が2本あり，その垂直和として1500の点E，1000の点b，500の点aが示されている）

🐘：でも，需要曲線が右下がりになるのはどうしてかしら？右下がりだから，限界便益が逓減することを意味すると思うのですが，なぜ逓減するのかしら？

🐘：需要曲線だから右下がりと覚えておけばいいんだよ。

🐘：うーん。もう少し正確に理解しておきましょう。たとえば，A町とB町に道路を1本ひいた場合，その道路から得られる便益がマナブ君500，アキコさん1000だったとしましょう。しかし，2つ目の道路を同じA町とB町の間に作った場合は，すでに1つ道路があるわけですから，その2つ目の道路から得られる便益の値は1つ目に比べて小さくなるのではないでしょうか。3つ目だとさらに小さくなると思いませんか。

🐘：なるほど，だから右下がりになるんだね。

🐘：限界効用が逓減するように限界便益も逓減するのですね。だから右下がりになるのですね。

🐘：うん。そう考えればいいでしょう。それでは，その公共財の需要曲線を使ってパレート最適条件を導出しましょう。

🐘 🐘：はい。

🐘：公共財の供給曲線は，政府が作るので政府の供給曲線になります。ただ政府が作っても基本的には右上がりの供給曲線になります。したがって，図3のように表すことができます。

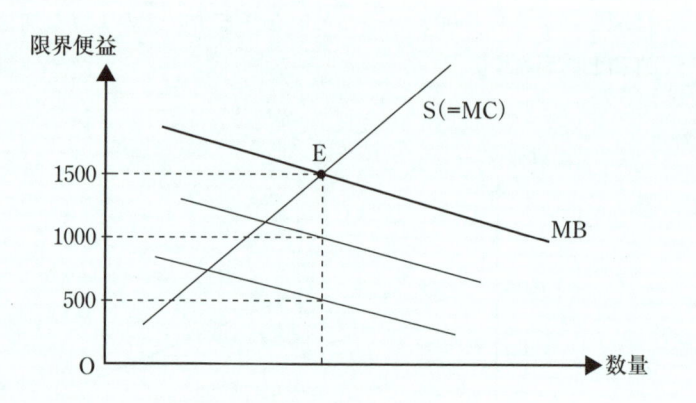

図3

そして図3の点Eが需要曲線と供給曲線の交点で，この点がパレート最適点になります。

🐘：完全競争市場の均衡点なんだね。

🐘：さっき確認したとおりじゃない？

🐘：そうですね。先ほど求めましたね。それでは，この点を求めるための条件を確認しておきましょう。点Eでは需要曲線と供給曲線が交わってい

ます。需要曲線の高さは，マナブ君とアキコさんの限界便益の合計でしたね。マナブ君の限界便益をMB_A，アキコさんの限界便益をMB_Bとすると，MB_A+MB_Bとなります。これに対して，供給曲線の高さは限界費用ですからMCと表せます。さらに，点Eのタテ軸の1500は一般にいう価格を意味しますから，パレート最適条件は，

$$P=MB_A+MB_B=MC$$

となります。この条件式を公共財の最適供給量の決定条件といいます。

- ：これがパレート最適条件なんだ！
- ：そう。つまり政府はこの条件を満たすように公共財を供給していけばいい，ということになります。この条件は重要ですから，正確に覚えておいてください。

ポイント

公共財の最適供給条件

公共財価格＝個人Aの限界便益＋個人Bの限界便益＝限界費用

$$P=MB_A+MB_B=MC$$

- ：それと参考のために，私的財のパレート最適条件も示しておきましょう。私的財の場合は，個人の限界効用が等しくなっているのが特徴です。公共財との違いを確認しておいてください。

補足

私的財の最適供給条件

$$P=MU_A=MU_B=MC$$

MU_A：個人Aの限界効用

MU_B：個人Bの限界効用

- ：どうもありがとうございました！

●●● Exercise 1 ●●●

国家Ⅱ種行政職・2004年

2人の経済主体A，Bが存在する経済において，A，Bの公共財への限界評価曲線および公共財供給にかかる限界費用（平均費用）がそれぞれ次のように表されるとする。

$P_A = 3 - X$

$P_B = 6 - X$

$MC = AC = 5$

P_i (i = A, B)：経済主体 i の公共財に対する限界評価，

X：公共財数量，MC：限界費用，AC：平均費用

このとき，公共財の最適供給量はいくらになるか。

1　2
2　4
3　6
4　8
5　10

解説　　正解　1

本問は，公共財の最適供給量を求める計算問題である。したがって，先ほどの最適供給条件に式や数値を代入すれば答えが求められる。限界評価とは限界便益と同じことだから，最適供給条件は以下のようになる。

個人Aの限界評価＋個人Bの限界評価＝限界費用

ここで個人Aの限界評価は問題文のP_Aにあたり，個人Bの限界評価はP_Bにあたるから，以下のようになる。

$$P_A + P_B = MC$$
$$(3 - X) + (6 - X) = 5$$
$$X = 2$$

したがって，正解は肢1になる。

●●● Exercise 2 ●●●

国税専門官　1997年

2人の消費者A，Bの存在する社会において，それぞれの消費者の公共財に対する限界評価曲線（需要曲線）は，つぎに示されるものとする。

消費者A：$P_A = 10 - Q_A$

　（P_A：個人Aの限界評価，Q_A：個人Aの需要量）

消費者B：$P_B = 20 - Q_B$

　（P_B：個人Bの限界評価，Q_B：個人Bの需要量）

この公共財の生産に要する限界費用曲線が，

$MC = 4Q$（MC：限界費用，Q：供給量）

であるとするとき，パレート最適を実現するための公共財の最適供給量はいくらか。

1　5
2　10
3　15
4　20
5　25

解説　　正解　1

この問題も公共財の最適供給条件を使って求める。本問では最適供給条件は以下のようになる。

消費者Aの限界評価 ＋ 消費者Bの限界評価 ＝ 限界費用

$$P_A + P_B = MC$$
$$(10 - Q_A) + (20 - Q_B) = 4Q$$

ここで公共財には，等量消費（非競合性）という性質があるため，政府が供給した際におけるすべての消費者の消費量は等しくなる。

したがって，$Q_A = Q_B = Q$ となる。

$$10 - Q + 20 - Q = 4Q$$
$$Q = 5$$

よって，正解は肢1になる。

Part 3　5-2-3　【補論】最適供給量の決定についての再考

🐘：前のPart 2において，公共財の最適供給量の決定についての学習をしました。その際に導出された条件は，公共財のみに注目した分析，つまり部分均衡分析における結果でした。このPartでは，より一般性を高めた一般均衡分析における最適供給量の決定条件を導出します。

🐘：はい，よろしくお願いします！

🐘：でもまず，部分均衡分析とか一般均衡分析とかいった言葉の意味がわかりません。

🐘：言葉の意味の確認をしておきましょう。部分均衡分析とは，他の市場への影響や波及効果を無視して，その財の市場のみに注目して分析をする方法であり，一般均衡分析とは，他の市場への影響やフィードバックなどを含めた総合的な分析になります。一般均衡分析は通常は2財での分析のケースを指す，と考えていいです。

🐘：一般均衡分析での公共財の最適供給条件を求めるということは2財で分析するのですか。

🐘：そのとおりです。2財での分析になります。

🐘：2つの公共財で分析するのですか。

🐘：いえ違います。ここでは公共財であるx財と私的財であるy財で分析します。公共財の存在が，私的財に与える影響などを考えるためにこのような設定で行いますので注意してください。

🐘🐘：はい，わかりました。

🐘：それでは導出しましょう。2人の個人が存在するとき，1財の公共財の最適供給条件と1財の私的財の最適供給条件は以下のように求められました。

(公共財 x の最適供給条件)
公共財価格＝個人Aの限界便益＋個人Bの限界便益＝限界費用
$$Px = MBx_A + MBx_B = MCx$$

(私的財 y の最適供給条件)
私的財価格＝個人Aの限界効用＝個人Bの限界効用＝限界費用
$$Py = MUy_A = MUy_B = MCy$$

:2財での最適供給条件の導出方法ですが，上の公共財の最適供給条件の式を私的財の最適供給条件の式で割ることによって導かれます。

$$\frac{公共財価格}{私的財価格} = \frac{個人Aの公共財の限界便益＋個人Bの公共財の限界便益}{個人Aの私的財の限界効用（＝個人Bの私的財の限界効用）}$$

$$= \frac{公共財の限界費用}{私的財の限界費用}$$

いま公共財をx財，私的財をy財として，上の式を書き換えましょう。

$$\frac{Px}{Py} = \frac{MBx_A + MBx_B}{MUy_A(=MUy_B)} = \frac{MCx}{MCy}$$

$$\frac{Px}{Py} = \frac{MBx_A}{MUy_A} + \frac{MBx_B}{MUy_B(=MUy_A)} = MRT \quad \left[\because MRT = \frac{MCx}{MCy}\right]$$

そして，

$$\frac{MBx_A}{MUy_A} = MRS_A \text{（限界代替率）}, \quad \frac{MBx_B}{MUy_B} = MRS_B$$

ですから，最終的に次のような形になります。

$$\frac{Px}{Py} = MRS_A + MRS_B = MRT$$

これが一般均衡分析における公共財のパレート最適条件になります。

:MRTというのがありますが，これは何ですか。

:これは，限界変形率（MRT：Marginal Rate of Tran

sformation）と呼ばれるもので，x財の生産量を1単位減少させたときに，y財が何単位増やして生産できるかを表すものになります。そして，生産可能性フロンティア曲線上の点の接線の傾きで表せます。この限界変形率を図示すると次の図1のようになります。

図1

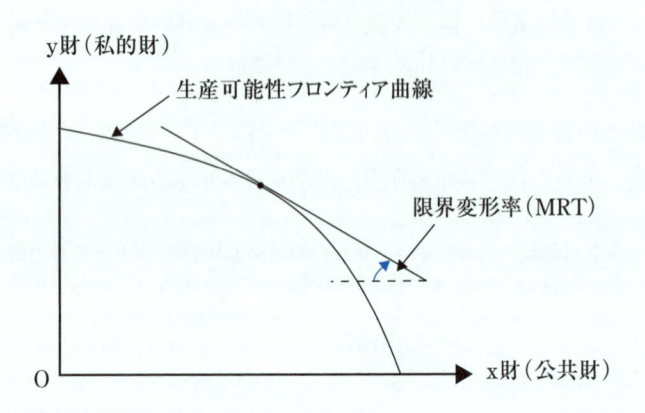

🐘：この生産可能性フロンティア曲線って何ですか？
🐘：これは，ある国や地域などで考えたとき，存在する資源を使って生産可能なx財とy財の組合せを示した軌跡になります。通常は図1のように，原点に対して凹型の曲線になるとされています。
🐘：なぜ右下がりの曲線になるのですか。 
🐘：それでは，次の図2を使って説明しておきましょう。

図2

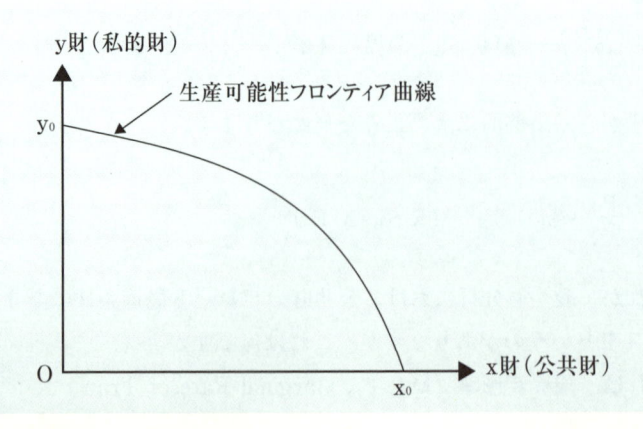

たとえば，ある国に一定の資源として資本Kが10，労働Lが10存在しているとしましょう。その10ずつ存在するKとLのすべて使ってx財をつくると，x_0だけ生産できます。一方，すべてのKとLを使ってy財をつくると，y_0だけ生産できます。このy_0の状態からx財の生産に資源を費やせば，それだけy財の生産に費やせる資源が減りますから，x財の生産量は増加しますが，y財の生産量は減少します。やがてすべての資源をx財に費やすようになると，x_0になります。したがって，生産可能性フロンティア曲線は右下がりの曲線になるのです。

:その国やその地域などに存在する資源の量によって生産可能性フロンティア曲線の形は異なるのですか？

:もちろん異なります。資源の量によっても形は異なりますし，x財，y財の性質によっても形は異なります。したがってその接線の傾きである限界変形率も生産可能性フロンティア曲線の形状によって変わってきます。

:やっとわかってきました。

:それでは最後に，公共財の最適供給条件をまとめておきましょう。

公式

公共財の最適供給条件

$$\frac{Px}{Py} = MRS_A + MRS_B = MRT$$

MRS_A：個人Aの限界代替率
MRS_B：個人Bの限界代替率
MRT：限界変形率

:しっかりと覚えておいてください。

: :わかりました。どうもありがとうございました。

MEMO

Stage 3
外部効果の発生

ここでは外部効果の学習をします。世の中にはある財についての経済活動が，その市場の内部だけでなく市場の外部である他の市場にまで影響を及ぼしてしまう場合があります。この及ぼし方ですが，市場を介するか，介しないかによって経済学的には大きな違いが出てきます。そこでこのStageでは，外部効果の種類とその影響について学習していきましょう。

Part 1　5-3-1　外部効果とは

🐘：それでは，外部効果についての学習を始めましょう。

🐘🐘：はい。よろしくお願いします！

🐘：世の中の産業には，市場での取引の結果，その財の市場だけでなく他の財の市場に影響を及ぼしてしまう場合があります。そのような他の市場に影響を与えてしまうことを**外部効果**といいます。ここでは，外部効果について具体例を用いて話していきましょう。

🐘🐘：はい。よろしくお願いします！

🐘：たとえば，ある町に新しい鉄道の駅が建設されたとしましょう。そうすると通常はどうなりますか？

🐘：その近郊に住む人にとって，とても便利になると思います。僕の家の近くにも駅ができないかな。

🐘：駅ができると乗換えが便利になるだけではなくて，駅前に商店街ができたりして，買い物がしやすくなる，などの利便性もよくなりますよね。

🐘：そうですね。駅ができると便利になりますね。ここで考えてほしいことがあるのですが，このとき，駅周辺の不動産の地価はどうなると思いますか？

🐘：新しい駅ができるとそれだけで，その周辺は便利になるから，地価は上がるのが普通ですよね。

🐘：そうですね。マナブ君の言うとおりで，地価は上がると考えるのが自然でしょう。

🐘：地価が上がるということは，経済学的にはどういうことを意味しているのですか？

🐘：鉄道の駅ができるということは鉄道市場の活動の結果であり，地価が上昇するということは，不動産市場の活動の結果です。つまり，鉄道市場の活動が不動産市場に影響を与えているのですね。このようにある市場の活動が他の市場の活動に影響を与えているので，これを**外部効果**というのです。

> **ポイント**
>
> **外部効果**：ある市場の取引が，他の市場へ影響を及ぼしてしまうこと

🐘：さて，この外部効果は，実は2種類あると考えられています。鉄道の駅ができて，付近の不動産の価格が上昇するのは，経済学的には**金銭的外部効果**と呼ばれています。これは金銭を通じて，つまり市場を通じて外部効果が及ぶからです。鉄道と不動産以外にも，ゴミ処理工場ができて付近の地価が減少すること，大規模スーパーができて地元商店街の売上が減少すること，などが挙げられます。ところが世の中の経済活動には，市場を通じることなく，外部効果が他の市場に及ぶ場合があります。これを**技術的外部効果**といいます。

🐘：金銭的外部効果は，先ほどの具体例で何となくわかりました。でも，"市場を通じることなく外部効果が他の市場に及ぶ"ってどういうことですか？

🐘：はい。それでは，こちらも具体例を用いて説明していきましょう。技術的外部効果には，他の市場に悪い影響を与える**外部不経済**と，他の市場にいい影響を与える**外部経済**があります。大気汚染，水質汚濁，騒音などの公害は，他の市場に対して悪い影響を与えますので，外部不経済になります。一方教育，養蜂業者と果樹園の関係，および環境に好影響を与える商品などは外部経済になります。

> **ことばの意味**
>
> **技術的外部効果**：市場の取引を通じないで，他の経済主体（消費者や生産者）へ影響を及ぼすこと
> **外部不経済**：ある経済主体の行動が，市場を通さずに他の経済主体に不利益をもたらすこと
> **外部経済**：ある経済主体の行動が，市場を通さずに他の経済主体に利益をもたらすこと

🐘：技術的外部効果は，市場を通じないで他の市場に影響が及ぶと言うことは，たとえば大気汚染のような公害の場合は，どのような経緯で他の市

：場にその不経済が及ぶのですか。

：はい。自動車で考えましょう。自動車の市場で100台が生産され，消費者に販売されたとしましょう。つまり市場に100台の自動車が走ることになりました。このとき自動車は排気ガスを発生させますね。これが外部不経済です。この結果，10人が呼吸器の疾患にかかったとしましょう。この10人は病院へ行き，手当てを受けました。その費用が10人で総額10万円であったとしましょう。

：この10万円が外部不経済ですか。

：そうです。ところがこの外部不経済の10万円は，自動車の市場には計上されていません。しかし，この10人は自動車の排気ガスが原因で病院に行ったわけですから，自動車が走らなければ必要なかった費用になるわけです。ということは，社会全体で見た場合には，これも自動車によって発生した費用であり，自動車市場で発生した費用と考えるべきでしょう。しかし完全競争のもとでは，企業は，このような市場の外部で発生した費用については計上しません。つまりこの費用は市場を通さずにかかってくる費用になります。このような費用を発生させる産業を，外部不経済を発生させる産業と表現するわけです。

：外部効果には，市場を通じて起こる金銭的外部効果と，市場を通じないで起こる技術的外部効果があるのですね。

：そうです。

アドバイス

技術的外部効果は，外部不経済と外部経済の2つのケースに分けられる

：この技術的外部効果は，市場を通じていないので，自由競争に任せるとパレート最適になってくれないので，市場の失敗になっている，と言えます。

：そうすると，公共財のように政府が供給する必要があるのですか？

：いいえ。基本的には，政府が規制をかけることになります。この点については，次のPart 2で話すことにしましょう。とりあえずここでは，外部効果の種類を覚えておいてください。

：ここでは，これくらいにしておきましょう。

：ありがとうございました！

Part 2　5-3-2　外部経済と外部不経済

- :それでは，技術的外部効果における外部経済と外部不経済についての学習を始めましょう。ここでのポイントは，外部経済や外部不経済が発生している市場では，パレート最適という資源配分の効率性が実現していないことを，部分均衡分析（余剰分析）で学習します。それを受けて次のPart 3で，政府がどのような政策を行うことによって総余剰が最大になり，その非効率が改善されるのかを学習します。
- :よろしくお願いします！
- :まず，外部不経済から説明していきます。外部不経済とは，市場を通さずに他の経済主体に不利益を及ぼすことでした。これは言い換えると，市場における経済活動が社会全体のコストを上昇させることといえます。たとえば，大気汚染や水質汚濁などの公害，あるいは騒音などになりますが，ここでは大気汚染を例に挙げて，外部不経済の説明をしていきましょう。
- :大気汚染がなぜ外部不経済になるのか忘れてしまいました。
- :ではもう一度，簡単に説明しておきましょう。大気汚染のような公害は，市場内部で活動する企業の費用として計上されずに社会全体的な費用として存在しているものです。たとえば，ある工場である製品を生産したとしましょう。しかしこの工場ではその製品を作るうえで，大気汚染物質を放出しているとします。その大気汚染物質のせいで大気が汚れ，呼吸器の疾患や地球温暖化のような公害を発生させていたとしましょう。これは，社会全体で見たときには，呼吸器の疾患によって追加的に医療費が必要になったり地球温暖化を防止する追加的費用が必要になりますが，この費用はこの製品の市場における費用に直接計上されることはありません。つまり社会全体としてみたときには費用として存在しているのですが，この市場の企業だけを見たときには費用として計上されていないのです。この企業は，原材料や人件費など，その製品の生産に直接かかった部分だけを費用とみなして計上し，大気汚染による公害の費用は計上しないので，これが外部不経済として発生するのです。
- :ありがとうございます。思い出しました。

🐘：それでは，その外部不経済が発生する市場では，社会全体に対する影響を考慮していない市場内部だけについての限界費用（供給曲線）と，社会全体に対する影響を考慮した，市場の内部および社会に対する影響分を合わせた限界費用（供給曲線）の2つの費用が存在してしまいます。それぞれを私的限界費用，社会的限界費用といいますが，それらを図示すると図1のようになります。

図1

```
P↑
                    社会的限界費用曲線SMC
                    私的限界費用曲線PMC
  ↕10
O─────────────────→Q
```

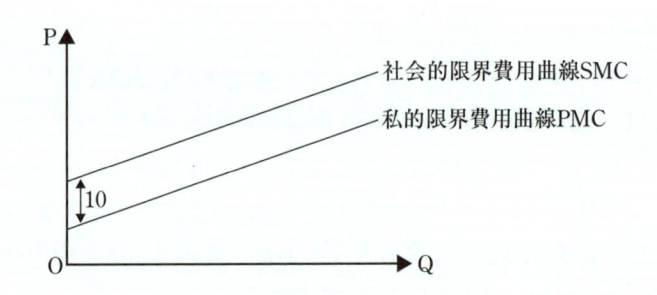

この図の私的限界費用曲線（通常の供給曲線）とは，企業がその製品を作るにあたって必要とした限界費用のことで，Private Marginal Costと呼ばれるため，通常ＰＭＣという記号で表現します。いままで学習した供給曲線と同じです。

🐘：なるほど。そしてその上の線は何ですか？

🐘：一方，この産業は公害を発生させているとしましょう。この発生が社会全体において追加的な費用を発生させます。その費用をいま，製品1個につき10であったとしましょう。そうすると企業の私的限界費用曲線の上に10を上乗せすることになります。1個につき10の費用がかかるわけですから，2個目，3個目も10だけ上乗せされることになります。その結果，私的限界費用曲線の10だけ上側に社会の費用を考慮した社会的限界費用曲線が導出されることになります（図1）。これは社会全体の費用をも考慮しており，Social Marginal Costと呼ばれるためＳＭＣと記号で表します。その市場の外部に及ぶ，社会全体の費用をも考慮したときの供給曲線と理解しておいてください。

> **ことばの意味**
> 私的限界費用曲線（PMC）：市場内部の企業が，生産に直接かかった費用をもとに作られた限界費用曲線のこと
> 社会的限界費用曲線（SMC）：市場内部の企業の生産に直接かかった費用だけでなく，市場の外部に及ぶ社会全体においてかかった費用をも含めて作られた限界費用曲線のこと

🐘：外部不経済の場合は，私的限界費用曲線の上側に社会的限界費用曲線が描けるわけですね。

🐘：そうです。ただ1つ注意してほしいことがあって，いまの例では1個につき10の，等しい額の費用が上乗せされましたが，どの財でも等しい額の社会的費用がかかるとは限りません。1個目，2個目，3個目と個数が増えるにしたがって，10，11，12のように社会的な費用が増加（逓増）する財もありますし，逆に1個目，2個目，3個目と個数が増えるにしたがって，10，9，8のように社会的な費用が減少（逓減）していく財もあります。それらを図示すると次のようになります。

図2

外部不経済が逓増する場合

外部不経済が逓減する場合

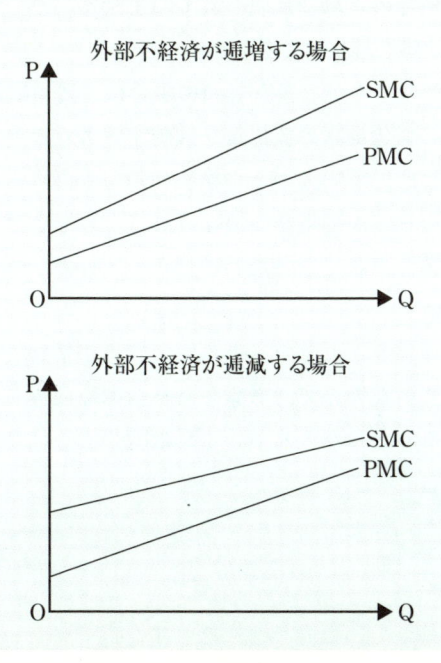

その財が，どのような外部不経済を発生させるかによってＳＭＣはさまざまな形になりますので確認しておいてください。

：はい，わかりました。ところで外部経済の場合はどのようになるのですか。

：それではつぎに，外部経済のケースを考えましょう。
外部経済とは，市場を通さずに他の経済主体に利益を及ぼすことをいいます。これは言い換えると，市場における経済活動が社会全体のコストを下落させることといえます。たとえば環境にやさしい商品や，教育，養蜂業者と果樹園などが挙げられます。ここでは植物を例に挙げて説明しましょう。

：よろしくお願いします。

：ある家庭の庭に，植物が植えられていたとしましょう。この植物は，この家庭の人が観賞用に植えたものですが，この植物は通りすがりの近所の人も鑑賞できるため，心が癒されて近所の人の効用も増加させるという外部経済を発生させています。また植物は二酸化炭素を吸収して酸素を放出するため，地球環境の視点から見ても外部経済をもたらしています。ところが，この外部経済による費用の減少はこの植物の市場に反映されていません。そこでその費用を考慮した限界費用曲線を導出する必要が出てきます。

：いま気付いたのですが，外部経済の場合は，費用は安くなるのですか？

：そうよ！　二酸化炭素の放出量を抑制するような環境対策の費用が安くなるわけだし，近所の人がその植物で効用が高められなかったら，別の手段で心を癒して，効用を高めなければならないけど，その植物のおかげで，この必要がなくなったわけだから，社会全体で見ると費用が安くなるじゃない！

：アキコさんの言うとおりで，これらの費用が植物の市場に考慮されていないので，考慮した社会的な限界費用曲線を導出することになります。これは次のようになります。

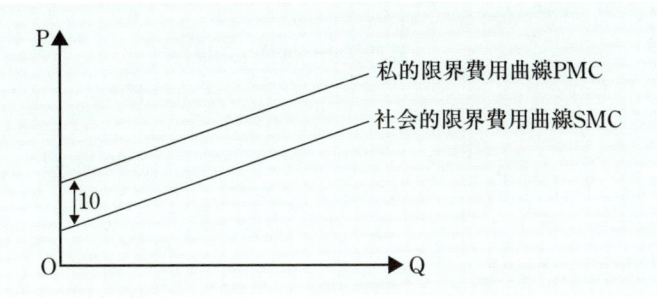

図3

私的限界費用曲線PMC
社会的限界費用曲線SMC

10

　植物によってアキコさんのいうような環境対策の費用や，心を癒すための費用が減少します。その費用を植物1個あたり10としましょう。するとこれらの費用を考慮した社会全体の限界費用曲線は10だけ下にシフトします。外部不経済の突起と同様に，社会全体の費用を考慮しない限界費用曲線を，私的限界費用曲線，またはPMCといい，社会の費用を考慮した限界費用曲線を，社会的限界費用曲線，またはSMCといいます。

🐘：外部不経済の場合と比べて，PMCとSMCの位置（上下の関係）が逆になっているね。

🐘：それは外部経済の意味がわかっていれば当然のことですよね。この外部経済の場合も，PMCとSMCは平行にならないケースはあるのですか？

🐘：もちろんあります。財の性質によっては，他の市場に利益をもたらす外部経済が，1個目，2個目，3個目と増加するにつれて，10，11，12と逓増する場合もあれば，10，9，8と逓減する場合もあります。それぞれのケースを図示しておきましょう。
　その財が他の市場に及ぼす外部経済によって，PMCとSMCの形状は異なってきますので，この機会にしっかりと確認しておいてください。

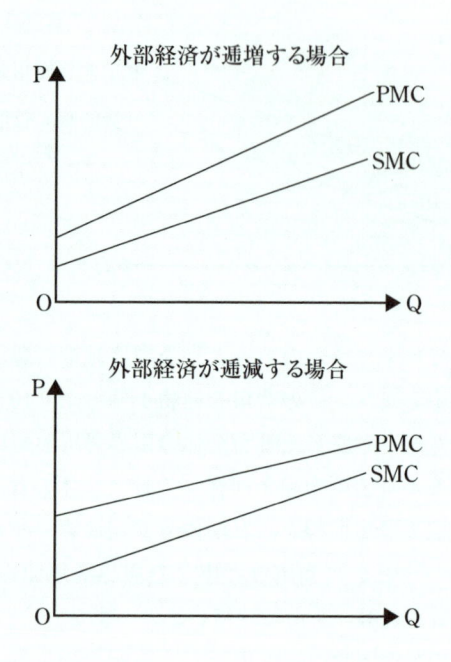

図4

外部経済が逓増する場合

（P-Q グラフ：PMC と SMC の右上がり直線、PMC が SMC より上）

外部経済が逓減する場合

（P-Q グラフ：PMC と SMC の右上がり直線、PMC が SMC より上）

🐘🐘：はい，わかりました。ありがとうございました！

Part 3　5-3-3　ピグー的政策

🐘：ここでは，外部不経済や外部経済を発生させる市場の分析をさらに行いましょう。このような市場では，自由競争に任せると，パレート最適にならず資源配分に非効率が生じます。そこで，政府がこのような市場に介入して，その非効率を解決します。それでは，政府としてはどのような政策を実行すれば，その非効率が解決するのか，という点について学習していきましょう。

🐘🐘：よろしくお願いします！

🐘：まず，外部不経済から学習しましょう。Part2で外部不経済について学習しましたが，その外部不経済が逓増するケースを用いて，市場の均衡を考えましょう。このとき市場の均衡は図1のようになります。

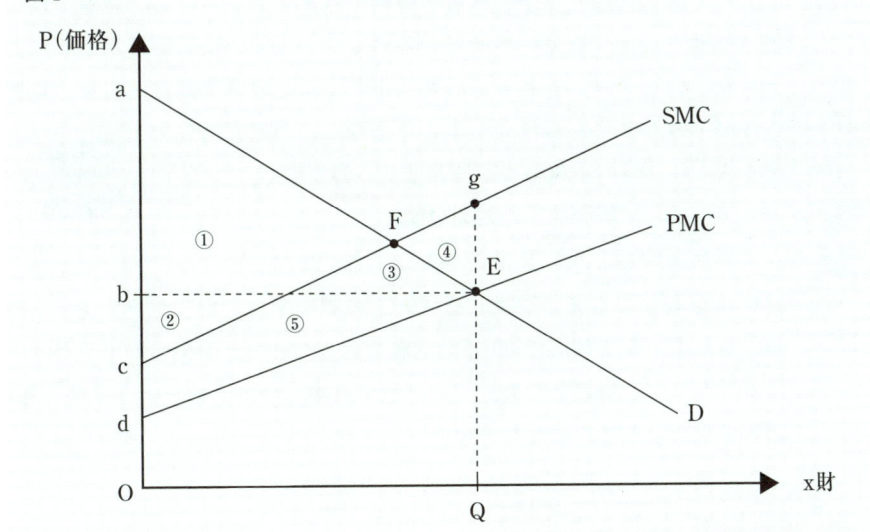

図1

（図：縦軸 P（価格），横軸 x財。点a から右下がりの需要曲線D，原点付近からPMC（右上がり），cから右上がりのSMC。SMCとDの交点付近にF，PMCとDの交点がE（価格b，数量Q），Eの上方にg。領域①②③④⑤，点c,d）

🐘：市場を自由競争状態にすると，需要曲線と供給曲線の交点で均衡するから，この場合は均衡点はEになって，価格がb，数量がQになるのですか？

🐘：そうです。そこで，このときの余剰分析を行いましょう。総余剰はどのようになりますか。

🐘：えーと，消費者余剰は①＋③になるよね。

:生産者余剰は②＋⑤になりますね。

:合計が総余剰だから，①＋②＋③＋⑤が総余剰になるのかなあ？

:残念ながら違います。この商品は社会に対して公害を発生させており，その公害の費用も考慮しなければなりません。したがって，消費者余剰と生産者余剰の合計から，公害による損失分を引かなければなりません。

:すると公害発生分はＰＭＣとＳＭＣの間の部分になるはずだから，③＋④＋⑤になるのかしら。

:そのとおりです。③＋④＋⑤になります。つまりこの部分は社会的なマイナス分なので，消費者余剰と生産者余剰の合計から引かなければなりません。その引いた残りが，この場合の総余剰になります。したがって，総余剰は①＋②－④となります。

:この余剰は最大になっていないのですか。

:はい。最大にはなっていません。政府が規制を行うことによって最大になります。政府の規制を考えましょう。この産業では公害（外部不経済）を発生させているのですが，その公害が費用として計上されていません。もしもその費用を計上して競争すれば，市場の均衡点は図1の点Ｆになるはずです。そこで，その点Ｆで均衡するように政府が税金をかければいいのです。

:どのようにして税金をかけるのですか。

:点Ｆで均衡するようにＰＭＣをシフトさせます。つまり，図2の点線ＰＭＣ'になるところまで課税します。その課税額は，財1個あたりＦｆの額になります。1個あたりＦｆの課税を行うことで，ＰＭＣがＦｆだけ上にシフトしてＰＭＣ'となり，この状態で自由に経済活動を行うとすると，点Ｆで均衡するようになります。

図2

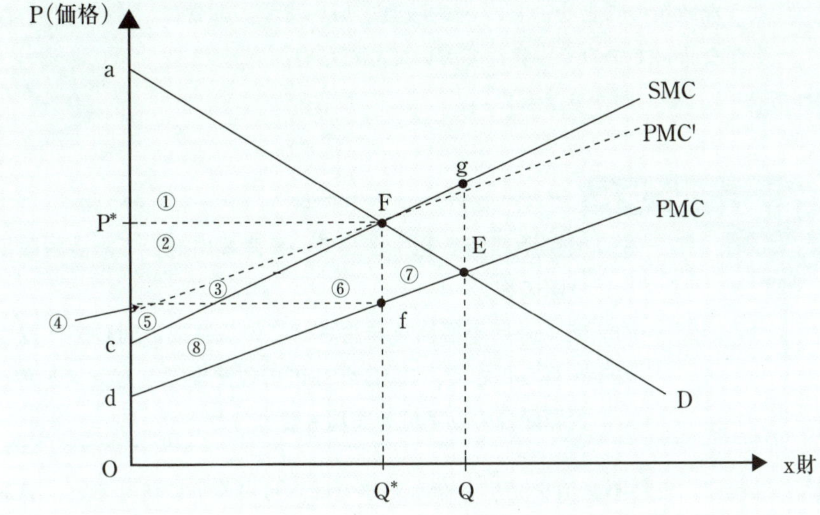

このときの余剰分析を行いましょう。消費者余剰は①，生産者余剰は④＋⑤＋⑧，外部不経済は⑥＋⑧，そして税収は②＋③＋⑥になります。外部不経済はマイナスとして引き，税収はプラスとして足してください。そうすると最終的に総余剰は，①＋②＋③＋④＋⑤になります。

：先生，生産者余剰はなぜ④＋⑤＋⑧になるのですか。

：いま均衡価格はP*で，数量はQ*になっています。企業が販売した価格はP*ですが，そのうちＦｆ分は税金になりますから，企業の実質的な販売価格はｆの高さの価格になります。その実質的な価格からＰＭＣの下側（可変費用の部分）を引くので，④＋⑤＋⑧になります。

：わかりました。

：さて，この場合の総余剰は自由競争の場合に比べてＦＥｇの面積だけ多くなっていることがわかると思います。つまり公害を発生させるような外部不経済をもつ産業においては，政府が税金をかけることで効率的な資源配分が実現することになります。

：なるほどね。何でも自由競争がいいのかと思っていたけど，そうでもないのですね。外部不経済を発生させる産業においては，政府が税金をかけたほうが，効率的になるのですね。面白いですね。

：この税金についてですが，ピグー税と名前がついています。さらにこのような政策のことを，ピグー的政策といいます。非常に重要な語句ですので，覚えておいてください。

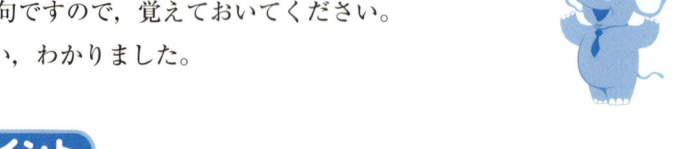

：はい，わかりました。

> **ポイント**
>
> ピグー税：外部不経済を発生させている産業に対して，課税政策を行う際の税
>
> ピグー的政策：外部不経済を発生させている産業に対して，課税政策を行うことで，PMCをSMCの位置まで上方シフトさせて，資源配分の効率性を実現させること

：最後に，外部不経済を発生させる産業では，自由競争に任せると，資源配分が最も効率的になる数量よりも多くなるということも覚えておいてください。つまり過剰に財が市場に出回ることになります。過剰であるがゆえに，政府が税をもって数量を適正なレベルにもっていくわけです。それでは外部不経済の場合の政策の学習はこれくらいにして，つぎに外部経済の場合を考えましょう。

：はい。よろしくお願いします。

🐘：外部経済の場合も，限界的な外部経済が逓増するモデルを用いて分析を行いましょう。

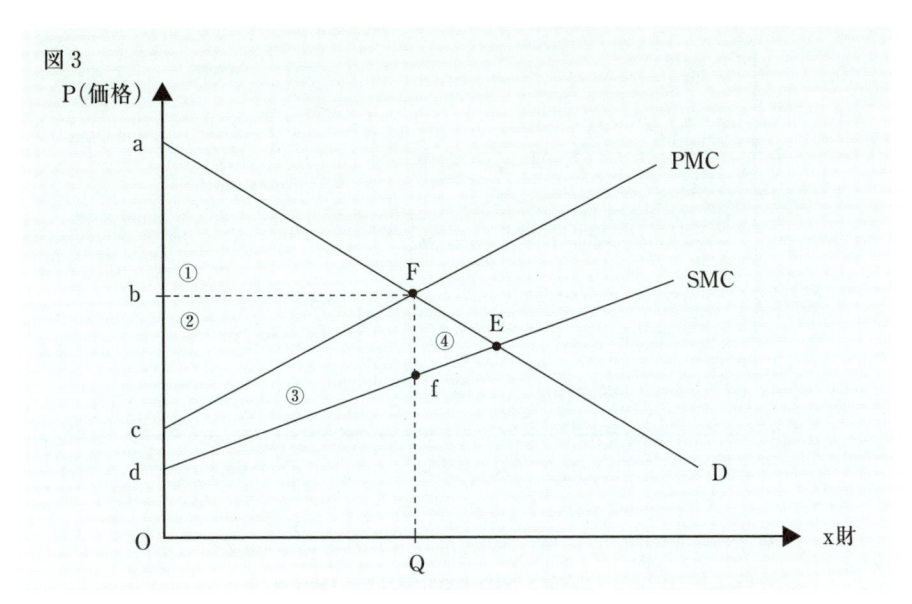

図3

P（価格）

a, b, c, d, F, E, f, PMC, SMC, D, Q, ①, ②, ③, ④

自由競争に任せると，企業の供給曲線はPMCになりますから，市場の均衡点はFになります。このときの総余剰はどのようになりますか。

🐘：均衡点における価格がbになるから，それより上側にある①が消費者余剰で，bの価格より下側にある②が生産者余剰になるんじゃないかな。

🐘：そうですね。消費者余剰が①で，生産者余剰が②になります。しかし，総余剰はこの2つだけではありません。社会全体で見たとき，この産業はプラスの効果を社会に及ぼし，その結果社会全体で費用が減少します。その費用が③の部分になります。これを外部経済といいますが，この部分を総余剰に加えてください。そうすると最終的に総余剰は①＋②＋③になります。

🐘：やはりこのケースもパレート最適になっていないのですか。

🐘：はい。なっていません。しかし，政府が介入することでパレート最適になります。その政府の介入ですが，外部経済を発生させている産業に対しては，補助金を支給することになります。こちらについても，図を用いて考えることにしましょう。

図4

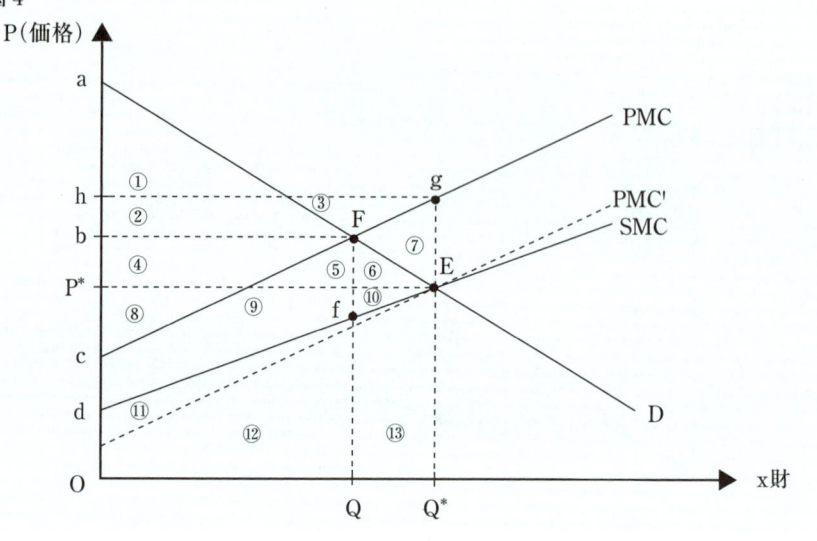

[図:縦軸P(価格)、横軸x財。需要曲線D、供給曲線PMC、補助金適用後のPMC'(=SMC)。点F(価格b,数量Q)でPMCとDが交わり、点E(価格P*,数量Q*)でPMC'とDが交わる。点g(価格h,数量Q*)。点f(数量Q,PMC'上)。価格軸上にa、h、b、P*、c、dの目盛。領域①〜⑬に分割。]

政府が企業に対して,財1個あたりgEの補助金を支給します。すると企業はその補助金額だけ,限界費用が減少することになりますから,PMCがPMC'に移動します。その結果,均衡価格はP*,均衡数量はQ*になります。

🐘:このときの消費者余剰はどうなるのですか。

🐘:はい。消費者が購入する価格はP*ですから,それより上側で需要曲線と囲まれた部分になります。つまり①+②+④+⑤+⑥になります。

　　　消費者余剰=①+②+④+⑤+⑥

🐘:それでは,生産者余剰はどうなるのですか? 何だか難しそうな気がするのですが…。

🐘:はい。少し難しいですね。生産者が売ることになる実質的な価格はhになります。これは実際の取引の価格はP*ですが,この価格で商品を1個売ると,補助金がgEだけ企業に支給されます。したがって企業にとっては,実質的にhの価格で売ったことになります。また企業の限界費用はPMCですから,その点に注意すると,生産者余剰は②+③+④+⑧になります。

:何だかよくわからないのですが…。

:それでは，マナブ君のために別の視点から求めてみましょう。この市場で財を売ったときの売上を求めて見ましょう。均衡価格がP^*で，均衡数量がQ^*ですから，掛け合わせると売上が求められます。つまり売上はOP^*EQ^*になります。図の番号でいうと，⑧+⑨+⑩+⑪+⑫+⑬になります。さらにこの市場では，商品を1個売ると補助金が支給されます。その補助金の支給額は，商品1個に対してgEで，商品の数量がQ^*ですから，補助金の支給額はgE×Q^*となります。図の番号でいうと，②+③+④+⑤+⑥+⑦になります。この売上と補助金の合計（②+③+④+⑤+⑥+⑦+⑧+⑨+⑩+⑪+⑫+⑬）がこの市場における生産者（企業）の総収入（実質的な売上）になります。

生産者余剰は，（売上）－（可変費用）で求められましたから，Q^*のときの可変費用を求めましょう。この可変費用は私的限界費用曲線PMCの下側で表されます。図の番号でいうと，⑤+⑥+⑦+⑨+⑩+⑪+⑫+⑬になります。この可変費用を総収入から引くことによって生産者余剰が求められます。したがって，生産者余剰は②+③+④+⑧になります。

  総収入＝②+③+④+⑤+⑥+⑦+⑧+⑨+⑩+⑪+⑫+⑬
  可変費用＝⑤+⑥+⑦+⑨+⑩+⑪+⑫+⑬
  生産者余剰＝②+③+④+⑧

:わかりました。

:それでは，話を元に戻しましょう。いま，消費者余剰と生産者余剰が求められました。つぎに，この産業は外部経済を発生させていますから，その外部経済を求めましょう。これはPMCとSMCの間で，均衡数量がQ^*ですから，⑤+⑥+⑦+⑨+⑩になります。

:これで全部ですか。

:いえ。まだあります。政府が補助金を支給していますね。この補助金の財源は国民から税金として徴収することになりますから，マイナスの余剰として，総余剰から引かなければなりません。図4では，この補助金の総額は②+③+④+⑤+⑥+⑦になります。

：そうすると，最終的に総余剰はどのようになるのかしら。

：消費者余剰と生産者余剰と外部経済を加えて，補助金を引きますから，①＋②＋④＋⑤＋⑥＋⑧＋⑨＋⑩になります。これが総余剰で，自由競争の場合に比べて，ＥＦｆの部分（⑥＋⑩）だけ増加しています。したがって，政府が補助金を支給することによってパレート最適になります。

：少し難しかったけど，要するに外部経済を発生させている産業では，補助金を支給することによってパレート最適が実現するというところから理解していけばいいのですよね。

：そうですね。最初はその部分から理解していくといいと思います。ただ最終的には，余剰分析までできるようになっておいてください。それからこのような，外部経済を発生させている産業に対して補助金を支給する政策のことを**ピグー的政策**といいます。また，このときの補助金を**ピグー補助金**といいます。この語句も覚えていてください。

> **ポイント**
>
> **ピグー補助金**：外部経済を発生させている産業に対して支給する補助金

：外部不経済を発生させている産業に対して税金を課す政策もピグー的政策といったけれど，それと同じなのですか？

：そのとおりです。正確には外部不経済を発生させている産業に対して税金を課し，外部経済を発生させている産業に対して補助金を支給する政策も**ピグー的政策**といいます。

：わかりました。

：では今日はここまでにしましょう。

：ありがとうございました。

●●● Exercise ●●●

地方上級　2002年

　下図は，外部不経済を発生させるある産業における，需要曲線ＤＤ′，私的限界費用曲線ＰＭＣ，他産業が被る損害を含めた社会的限界費用曲線ＳＭＣを示している。この場合の社会的厚生に関する記述として，妥当なのはどれか。

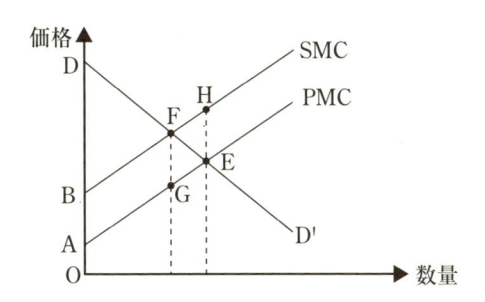

（図：縦軸 価格，横軸 数量。ＳＭＣ，ＰＭＣ，需要曲線ＤＤ′。点 Ｄ，Ｆ，Ｈ，Ｅ，Ｂ，Ｇ，Ａ，Ｏ，Ｄ′ が示されている。）

1　完全競争均衡における社会的厚生は，消費者余剰と生産者余剰の和であるＡＥＤから，他産業が被る損害分ＡＥＨＢを引いたものである。
2　完全競争均衡における社会的厚生は，消費者余剰と生産者余剰の和であるＡＥＤから，他産業が被る損害分ＡＥＦＢを引いたものである。
3　完全競争均衡における社会的厚生は，消費者余剰と生産者余剰の和であるＡＧＦＤから，他産業が被る損害分ＥＦＧを引いたものである。
4　最適均衡における社会的厚生は，消費者余剰と生産者余剰の和であるＡＥＤから，他産業が被る損害分ＥＦＧを引いたものである。
5　最適均衡における社会的厚生は，消費者余剰と生産者余剰の和であるＡＧＦＤから，他産業が被る損害分ＡＥＨＦを引いたものである。

解説　正解　1

社会的厚生とは総余剰であることに注意しながらそれぞれの選択肢を確認する。

1 妥当である　外部不経済（他産業が被る損害）がAEHBで，それを消費者余剰と生産者余剰の合計から引くことによって，社会的厚生（総余剰）が求められる。よって，これが正解。

2 妥当でない　外部不経済は，AEHBになる。これを引くことによって，完全競争における社会的厚生が求められる。よって，妥当でない。

3 妥当でない　消費者余剰と生産者余剰の合計はAEDになる。よって，妥当でない。

4 妥当でない　最適均衡（パレート最適点）での消費者余剰と生産者余剰の合計はBDFで，他産業が被る損害分（外部不意経済）はABFGとなる。なお，この点での総余剰はBDFとなる。よって，妥当でない。

5 妥当でない　肢4と同様に，消費者余剰と生産者余剰の合計はBDF，他産業が被る損害はABFGになる。よって，妥当でない。

Part 4　5-3-4　コースの定理

：前のPart 3で，ピグー的政策について学習しました。技術的外部効果が存在する市場では，その外部効果が市場を通じないで他の市場に影響を及ぼすために市場の失敗が起こりました。ピグー的政策は，それを解決するために行いました。

：外部不経済を発生させている企業には課税を行い，外部経済を発生させている企業には補助金を支給する，というものでしたね。

：そしてその結果，パレート最適になるのですよね。

：そうです。このピグー的政策ですが，これは政府が行いました。しかし，政府が介入することなく解決することはできないのでしょうか？

：市場の競争だけでは解決できないから政府が介入したのではないですか。

：もちろんそうなのですが，それでは実際の公害などの問題が発生したケースに，政府が企業に課税する，という形で必ず解決をしているのでしょうか？

：そう言えば…

：たとえば，次のようなケースを考えてみましょう。
　ある地域にマンションがあり，そこに住民が住んで生活をしていたとしましょう。ところがその隣に工場ができたとします。その結果，マンションの住民は，その工場の騒音に悩まされたとしましょう。このようなケースでは，外部不経済を発生させる加害者は工場で，それを受ける被害者は住民ということになります。この時，当事者間で自主的に交渉することができれば，政府が介入しなくても解決する可能性があります。

：どのように解決するのですか。

：お互いがじっくりと話し合いをして解決するのですか？

：アキコさんの言うとおりで，加害者と被害者が自主的にきちんと場を持って交渉をすると，どちらか一方が相手方に金銭を払うなどしてパレート最適が成立することになります。このように政府が介入しなくてもお互いの自主交渉でパレート最適が実現することをコースの定理といいます。

：これは，交渉によって外部不経済が当事者間の問題として内部化されて，

どちらかが補償をすることによってパレート最適になる，ということですね。

🐘：そういうことです。

🐘：外部不経済を内部化するって，どういう意味ですか。初めて聞くのですが…。

🐘：騒音が話し合いの結果として市場の取引の対象になる，ということでしょう…交渉する前は，騒音がまったく考慮されずに工場は操業をしていて住民は被害を受けるだけでしたが，外部不経済が内部化されれば，その騒音を考慮しながら工場は操業をしたり，その騒音による補償を行ったり，受けたりすることになるのですよ。

🐘：なるほど，アキコさんありがとうございます。

🐘：アキコさんはよく勉強してますね。アキコさんの言うとおりです。市場の取引の対象にすることを，内部化するといいます。このコースの定理ですが，重要な注意点が2つあります。1つ目は，自主交渉をすることで政府の介入は必要なくなる，ということです。2つ目は，加害者と被害者が交渉をした結果，どちらが補償金を支払ってもよいということです。

🐘："どちらが補償金を支払ってもよい"というのはどういうことですか？

🐘：少し難しいので，上の例である騒音を使って説明しましょう。工場が騒音を発生させていれば，通常は加害者の工場が被害者である住民に賠償金を支払って問題を解決し，パレート最適が実現するのですが，その逆で，被害者側の住民が工場に補償金を支払って生産量を減少してもらい，パレート最適が成り立つ場合もある，ということです。どちらの結果になってもパレート最適は成り立ちます。

🐘：被害者側の住民が補償金を支払って，生産を減少してもらうという考え方は，あまりなじみがないですね。

🐘：そうですね。ただし，このコースの定理で注意しておきたいポイントは，所得分配の公平性（所得はどのように分配することが公平であるのか）という点にはふれずに資源配分の効率性のみについて考えている点です。学者のR.コースは，所得分配の問題には価値判断が含まれるため，これら2つの手段（損害賠償金が発生するケースと補償金が発生するケース）

の是非については，判断が難しいとしているのです。つまり工場側が住民に補償をすると住民側に所得が移転し，住民が工場に補償をすると所得は工場側に移転しますが，このときの所得の移転（分配）については，価値判断の問題があるため，是非についての判断は非常に難しい，ということです。また，資源配分はこの所得分配に関係なく成立しますが，法的制度にも影響を受けないとしています。つまりどちらが補償をするのか，という点についての法的制度も，資源配分の効率性には関係ない，としているのです。

なお，もう1つの少し面倒なポイントは，取引費用（交渉費用と考えてよい）がゼロである，ということです。この取引費用は，交渉をするための，交通費や場所代などをイメージしてもらえればよいでしょう。

> **アドバイス**
>
> コースの定理：加害者と被害者の当事者間に外部性が存在しても，取引費用がなければ，資源配分は損害賠償の法的制度によっても変化することなく効率的になる
>
> （注意1）取引費用がない
>
> （注意2）交渉の結果，加害者，被害者のどちらが補償を行うことになるとしても資源配分は効率的になる（パレート最適になる）

🐘：ここは，これくらいにしましょう。

🐘🐘：ありがとうございました。

●●● Exercise ●●●

地方上級　1995年

コースの定理に関する記述として妥当なのは，次のどれか。

1　この定理は外部不経済が存在する場合，市場の失敗の原因となるが，外部経済が存在する場合は市場の失敗の原因とならないとするものである。
2　この定理は，外部性が存在する場合においては，課税や補助金などの政策があっても効率的な資源配分は決して達成されないとするものである。
3　この定理は外部性が存在しない場合に企業が獲得する限界利潤は，外部性が存在する場合のそれを上回っているとするものである。
4　この定理は，外部性が存在する場合においても，企業間の交渉に費用がかからなければ，交渉によって資源配分の効率性は維持されるとするものである。
5　この定理は，外部性が存在する場合，企業間の取引費用がかからなければ，資源配分は損害賠償に関する法的制度によって変化するとするものである。

解説　正解　4

コースの定理とは，取引費用が存在しないとき，法的制度の有無にかかわらず，当事者間の自主交渉によってパレート最適という資源配分の効率性が実現するという理論であった。ただし，所得分配の公平性は補償していないため，加害者が被害者に補償をするケースと，被害者が加害者に補償をするケースが起こりえることになる。これらを踏まえて選択肢を見ていく。

1　妥当でない　このようなことはいっていない。
2　妥当でない　コースの定理では，自主交渉によって資源配分の効率性が実現するとしている。
3　妥当でない　外部性が発生する市場と発生しない市場を比較する理論ではない。
4　妥当である　そのとおり。これが正解。
5　妥当でない　法的制度の有無にかかわらず，資源配分の効率性が実現すると主張している。よって，妥当でない。

Part 5　5-3-5　【補論】その他の解決方法

- ：前のPart 4では，コースの定理について学習しましたね。
- ：外部経済や外部不経済を発生させている産業において，政府が介入しなくても当事者間の自主交渉でパレート最適が実現するというものですよね。
- ：そうです。そこでここでは，企業同士が自主交渉をすることによって効率性が改善する，というケースを考えてみましょう。
- ：どのように考えるのですか。
- ：2つの企業があって，一方の企業が，他方の企業へ外部不経済を与えているケースを考えてみましょう。この時，これらの企業間に政府が介入しなくても，当事者同士が交渉をして共同で生産活動をすることによって，両企業の利潤の合計を最大にすることができます。こうすることによって，外部効果が内部化され，個々の企業が独自に利潤を最大にするよりも望ましい結果になります。それでは，過去の公務員試験問題の改題から企業の具体的な費用関数を引用して説明しましょう。
- ：よろしくお願いします。
- ：いま2つの企業があったとします。それぞれ企業1，企業2とします。そして企業1が企業2に外部不経済を与えているとしましょう。このときの費用が以下のように表されるとします。

（企業1）
　　$C_1 = x^2$　　　　　C_1：企業1の費用，x：企業1の生産量

（企業2）
　　$C_2 = y^2 + xy$　　C_2：企業2の費用，y：企業2の生産量

- ：企業2の費用関数には企業1の生産量xが入っています。これが外部不経済であり，企業1が生産を行うと，その外部不経済が企業2に及び，企業2の費用が増加するようになっています。
- ：費用関数の意味はわかるのですが，企業1が企業2に外

部不経済を与えているという意味がわかりません。

🐘：具体的に考えてみましょう。ある川の上流に製紙工場があったとします。その工場では，使用した汚水をそのまま川に流していました。ところがその川の下流には製鉄工場があるとしましょう。製鉄工場では汚水をきれいに浄化して使用しなければなりませんので，そのため余分な費用がかかります。これが外部不経済で，上流の製紙工場が生産を増やせば増やすほど汚染のレベルが高くなり，下流の製鉄工場の浄化費用がかかるため，企業2の費用関数は，企業1の生産量xが増えれば企業2の費用が増加するような形になっています。

🐘：もし，企業1が企業2に外部経済を与える場合は，企業2の費用関数は，企業1の生産量xが増えれば，企業2の費用が減少するような形になるのですか。

🐘：そのとおりです。外部経済の場合は，企業1の生産量が企業2にいい影響を与えるので，企業2の費用が減少するような形になります。

🐘：わかりました。

🐘：それでは，話を元に戻しましょう。いま，企業1の製品の市場価格を40，企業2の製品の市場価格を30としましょう。このときにそれぞれの企業が自由競争を行うと個別に利潤最大化を行うことになります。

🐘：そうすると，各企業の利潤式を作って，それを最大化すれば均衡点が求められるのですか。

🐘：そうです。では実際にやってみましょう。企業1の利潤をπ_1，企業2のそれをπ_2として利潤式を作りましょう。

（企業1の利潤：π_1）

$\pi_1 = P_1 \times x - C_1$　　P_1：企業1の製品の価格

$\pi_1 = 40x - (x^2)$

（企業2の利潤：π_2）

$\pi_2 = P_2 \times y - C_2$　　P_2：企業2の製品の価格

$\pi_2 = 30y - (y^2 + xy)$

それぞれの企業の利潤式が求められたので，この式を使って利潤の最大

化をしてみましょう。

🐘：利潤の最大化だから，それぞれの利潤式をそれぞれの企業の数量で微分して，それをゼロとおけばよいのですね。

🐘：そうです。ではやってみましょう。

（企業1）

$$\frac{\Delta \pi_1}{\Delta x} = 40 - 2x = 0$$

$$2x = 40$$

$$x = 20$$

このときの企業1の利潤は，$\pi_1 = 40 \times 20 - (20^2) = 400$

（企業2）

$$\frac{\Delta \pi_2}{\Delta y} = 30 - 2y - x = 0$$

$$x + 2y = 30$$

企業1はxを20生産するので，それを代入する。

$$20 + 2y = 30$$

$$y = 5$$

このときの企業2の利潤は，

$$\pi_2 = 30 \times 5 - (5^2 + 20 \times 5) = 25$$

となり，実は企業2は企業1の外部不経済をもろに受けています。ところが企業1と企業2がお互い自主交渉することで，企業2の利潤π_2が増加します。これも計算で確認してみましょう。

🐘：お互いが自主交渉をする，という状態をどのように計算で表現するのですか？

🐘：自主交渉の結果，共同で利潤を最大化するということが決まったとしましょう。そのときは両者の利潤の合計を最大化すればよいのです。

:両者の利潤の合計を最大化するって，どうすればよいのですか。

:企業1と企業2の利潤式を合計して，それをそれぞれの企業の生産量で微分すればよいのです。

（2企業の合計利潤：Π）
$$\Pi = \pi_1 + \pi_2$$
$$= \{40x - (x^2)\} + \{30y - (y^2 + xy)\}$$

そして，このΠを最大化します。この式を企業1の生産量 x と企業2の生産量 y で微分してゼロと置けばよいのです。

$$\frac{\Delta \Pi}{\Delta x} = 40 - 2x - y = 0$$
$$2x + y = 40 \quad \cdots ①$$
$$\frac{\Delta \Pi}{\Delta y} = 30 - 2y - x = 0$$
$$x + 2y = 30 \quad \cdots ②$$

この①と②を連立させると合計利潤を最大にする生産量が求められます。
①より，$y = 40 - 2x$
②に代入します。

$$x + 2(40 - 2x) = 30$$
$$x + 80 - 4x = 30$$
$$50 = 3x$$
$$x = \frac{50}{3}$$

$x = \frac{50}{3}$ を①に代入すると y が求められます。

$$y = 40 - 2 \times \frac{50}{3} = \frac{20}{3}$$

:企業が独自に利潤最大化を行ったときと比べると，企業1の生産量が20から$\frac{50}{3}$へと減少して，企業2の生産量が5から$\frac{20}{3}$へと増加してますね。

:そうですね。それでは，この時の利潤を求めてみると，独自に利潤を最大化したときに比べて，企業2の利潤が増加していることがわかります

$$\pi_2 = 30y - y^2 - xy = 30 \times \frac{20}{3} - \left(\frac{20}{3}\right)^2 - \frac{50}{3} \times \frac{20}{3} = \frac{400}{9} = 44.44$$

…>25：独自に利潤を最大化したときのπ_2)。このように外部不経済を発生させる産業においては，当事者企業同士が共同で生産を行うことで，より効率的な状態を形成することができます。

:共同すれば，利潤が大きくなると覚えておけばいいですか？

:正確に言うと，この議論の重要な点は，外部効果を発生させている産業において，当事者同士が共同で利潤を最大化させるというところにあります。さらにこれは外部効果の内部化によって利潤が拡大するという議論も示唆しています。

:外部効果の内部化とはどういうことでしたっけ？

:企業活動の場合，前述の例のように，川の上流の企業と川の下流の企業が，まったく関連のない企業でした。そのためそれぞれの企業が独自に利潤最大化を行ってしまい，結果として利潤は共同して生産した場合に比べて少なくなりました。ところが，もしも企業1と企業2が合併して1つの企業になった場合はどうなるでしょう。合併すると，川の上流の企業の汚染の浄化費用が，その企業の費用になります。すると企業はそれを考慮しながら利潤の最大化を行うことになるため，利潤は共同で最大化したときと同じ結果になります。実は共同で生産するというのは，合併するのと同じことを意味します。したがって汚染の浄化費用という外部効果（外部不経済）を内部化するといいます。このように企業同士の場合では，お互いが共同して，外部効果を内部化することで，非効率を回避することができます。

:企業の共同しての活動と外部効果の内部化についてはわかりました。それと，説明の際に使った計算は覚える必要があるでしょうか。

:計算の形で試験に出るかもしれませんので，できれば理解していたほうがいいでしょう。

: :わかりました。ありがとうございました。

MEMO

Stage4
費用逓減産業の存在

ここでは費用逓減産業について学習します。費用逓減産業とは，初期設備投資としての固定費が非常に大きな産業のことで，現実には電力産業や鉄道産業などが該当します。このような産業においては固定費があまりにも大きいがゆえに平均費用曲線（ＡＣ曲線）の右下がりの領域が長くなり，仮に多数の企業でもって自由競争を行ったとしても最終的には1社による独占状態になってしまう特徴を持ちます。それでは，なぜそのような独占状態になってしまうのか，まずは，そのメカニズムから学習していきましょう。

Part 1　5-4-1　費用逓減産業とは

：それでは，費用逓減産業の学習を始めましょう。

：はい。よろしくお願いします！

：今までのミクロ経済学の学習では，多数の企業による自由な競争である完全競争市場では，パレート最適という理想的な状態になるため，資源配分が効率的になりました。

：はい。

：それでは，電力産業はどうでしょうか。多数の企業が存在して自由競争を行っているようにみえますか？

：そういえば，電力産業って独占だわ！

：でも，電力産業も多数の企業で自由な競争を行ったほうがいいんじゃないの？

：そのように思うかもしれないけど，実は電力産業は特殊な要素を持っているので，自由競争に任せると，市場の失敗が発生します。

：なぜ自由競争に任せると市場が失敗するのですか？

：それは，初期設備投資の費用である固定費が非常に大きいからなんだ。たとえば，電力産業を行おうとすると，さまざまな設備投資が最初に必要になるよね？

：まず発電所がいるでしょ，それから発電所から各家庭まで電気を起こすための送電線がいるわよね，さらには変電所なんかも必要だわ。

：そうだね。それらの設備を作ってから電気を供給するわけだから，設備投資額はすごく大きくなるね。

：でも，設備投資額が大きいだけでなぜ市場の失敗につながるのですか？

：言葉で説明すると，設備投資額である固定費が大きいため，設備を建設して供給が行われると，その1社によってその地域全体の需要をまかなうことができてしまうからなのです。したがって複数の企業が，同じような設備を建設して自由競争をすると市場が失敗するのです。これは図を描いてみればすぐにわかります。

図1

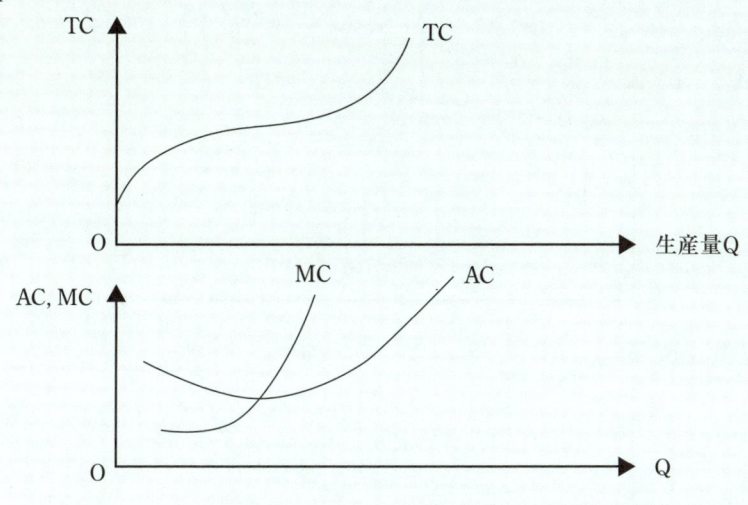

図1は通常の産業における総費用曲線と平均費用曲線，限界費用曲線が描かれています。平均費用曲線に注意を払っておいてください。

🐘：U字型になっている，ということでいいのですよね？

🐘：そうですね。平均費用曲線の右下がりの部分が比較的少ないことを確認しておいてください。それではつぎに，費用逓減産業の図を描いてみましょう。

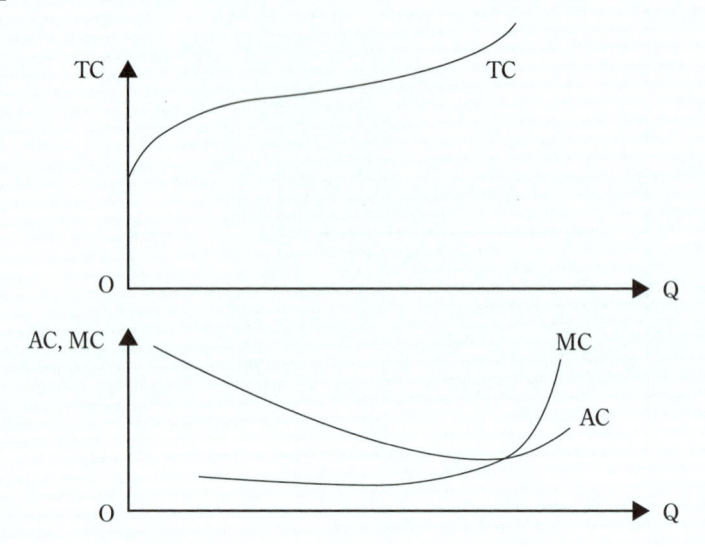

図2

：図2のように費用逓減産業の場合は，固定費が大きいために総費用曲線の切片の部分が高くなります。その総費用曲線から平均費用曲線を導くと，平均費用曲線は，数量（供給量）が少ない最初の部分が大きくなります。しかし最初の部分が大きいがゆえに，数量の増加に対して平均費用の減少（逓減）する部分が長くなるのです。

ことばの意味

費用逓減産業：固定費が非常に大きいがゆえに，生産領域において平均費用が逓減する産業のこと

：そこでそれぞれの図に，需要曲線を書き込んでみましょう。図3が通常の産業，図4が費用逓減産業になります。

図3

図4

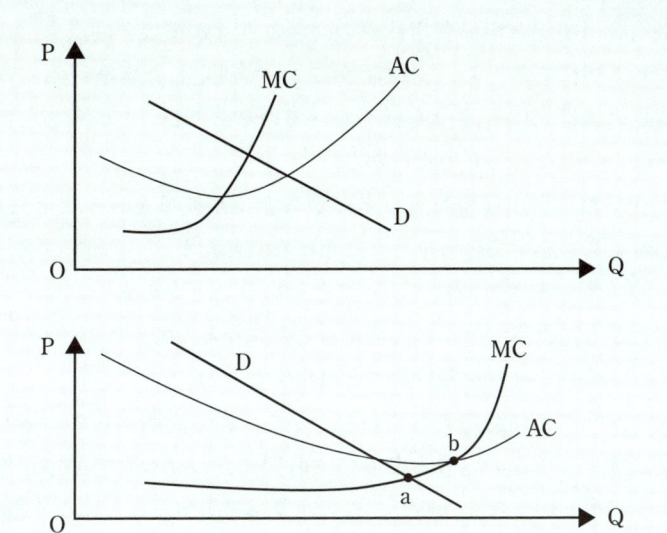

- 🐘：図3の場合は右下がりの需要曲線に対して、右上がりの供給曲線となり、通常の完全競争の状態が実現します。ところが図4の場合はどうなっていますか。
- 🐘：なんか変な部分で需要曲線と供給曲線が交わっているね。
- 🐘：そうだね。このような状況で自由競争を行うとどうなるかな。
- 🐘：自由競争だから需要曲線と供給曲線の交わるところで価格と数量が決まるのですよね。すると点aで価格と数量が決まることになるのかな。
- 🐘：そうだね。完全競争だから点aになるね。でもこの点aは平均費用の下

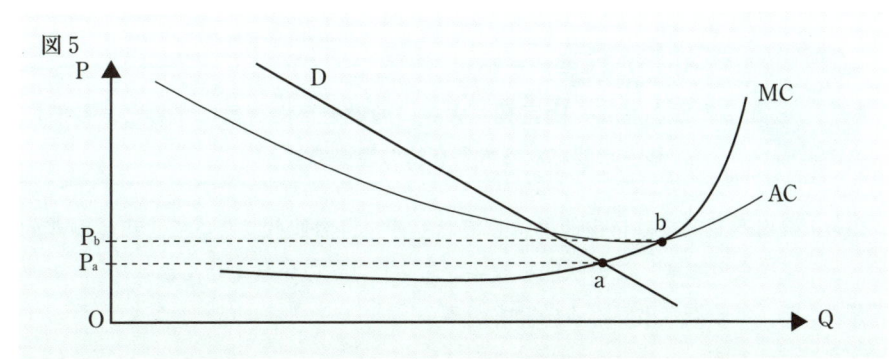

図5

：側にあるね。そうするとこの状態で競争を行うと企業はどうなるかな？

：平均費用曲線と限界費用曲線の交わる点 b が損益分岐点で，点 a は点 b より下側にあるから，自由競争によって決定した価格（P_a）が，損益分岐点の価格（P_b）よりも低くなっているんだね。ということは，この企業は赤字になるんじゃないかな。

：そうだね。自由競争を行うと多数の企業が競争を行うことになるけど，どの企業も赤字で経営を行うことになるんだよ。

：どの企業も赤字で経営するってどういうことなのかな。時間とともに赤字がどんどん増えることになるんでしょ。

：これでは長く経営を続けることは出来ないね。

：図 5 は時間の概念が入っていないから，図で説明するのは難しいのですが，アキコさんの言うとおりで，時間がたつにつれて赤字が増え，その赤字に耐え切れなくなると，この企業は撤退することになります。

：でもすべての企業が赤字になるわけだから，すべての企業が撤退してしまうのではないですか。

：詳しく説明すると，赤字に耐え切れなくなった企業から順番に撤退していきます。そのため徐々に市場の企業数が減りますが，最後の 1 社になった時点で，その企業は独占状態を作ることが可能になります。

：じゃあ独占市場になってしまうのですね。

：そうなんです。最初のうちは完全競争をしていたとしても，自然に独占になってしまうのです。したがって，これを自然独占と呼びます。電力産業や鉄道産業のような固定費の大きな費用逓減産業が自然独占になるといわれています。

ことばの意味

自然独占産業：固定費が大きい産業を自由競争にすると，自然に独占状態になる性質を持つ産業のこと

：費用逓減産業は自由競争にしておくと，自然独占になって，市場が非効率になります。この状態を放っておくわけにはいきませんね。

：そこで政府が出てくるのですか？

：そうです。

:それでは，政府はどのような規制を行って非効率を解消しようとするのですか。

:仮に独占禁止法で規制をして企業の数を増やしたとしても，このような産業はそのうち独占になるわけですから，企業数を増やすという方法は適切ではありません。この費用逓減産業の問題点は，市場が独占状態になったときに，その企業が独占価格をつけるところにあります。そこで，市場が独占状態になったときに，その企業の価格を規制することで非効率を回避することになります。

:費用逓減産業は，市場が自然独占を形成するので，政府が財の価格を規制することで市場の失敗を回避すると理解しておけばよいのでしょうか。

:そうですね。とりあえずそのように覚えておきましょう。どのような価格に規制すればよいかは，次で学習することにしましょう。

:ありがとうございました！

Part 2　5-4-2　限界費用価格形成原理

🐘：それでは，費用逓減産業の価格規制についての学習を始めましょう。

🐘 🐘：はい，よろしくお願いします！

🐘：前のPart 1で，費用逓減産業は自由競争に任せておくと，自然独占になってしまい市場が失敗して非効率が生じることを学習しました。

🐘：具体的には，電力産業や鉄道産業などですね。

🐘：その電力産業や鉄道産業などの費用逓減産業では，政府が価格を規制することで非効率を解消するのですよね。

🐘：そうですね。それでは，自然独占の状態になったときに，その企業に対して政府が価格の規制をまったく行わなかったらどうなると思いますか？

🐘：独占の状態で何も規制を行わなかったら，独占のままじゃないかしら？　えーと，価格や数量は…

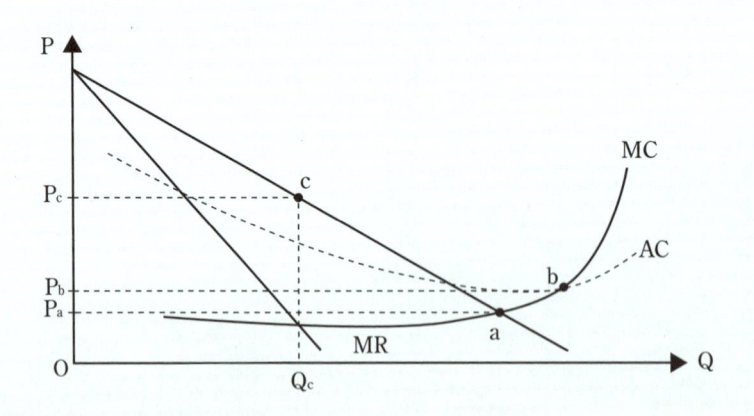

🐘：何の規制も行わなければ，独占の状態が続くだけですね。独占だから，企業はMR＝MCで生産量を決めて利潤を最大化します。そのとき，図1で説明すると，価格はP_c，数量はQ_cになります。

図1

🐘：なーんだ，普通の独占とそっくりじゃないか。

🐘：そうですね。しかしこの状態を放置するのはよくないですね。この費用逓減産業というのは電力産業や鉄道産業だけではなくて，都市ガス産業，

水道産業，および航空産業などでも費用逓減産業の要素があるといわれています。このような産業に共通するのは，我々の生活に不可欠な公益産業である，ということです。そこで特に政府からの規制が必要になるのです。

:我々の生活に不可欠な公益性の強い財ならば，非効率な状態にしておくのは絶対によくないわ。

:当然の考えだと思います。そこで価格の規制を行うのですが，規制をする以上は，非効率を解消しなければなりませんね。それでは，その非効率がなくなるのは，どこかというと，完全競争市場の均衡点でしたね。この点では非効率が解消され，パレート最適という資源配分の効率性が保たれる状態になるのですね。

:ということは，完全競争の均衡点が点aだから，価格はP_aになるのかな。

:その通りです。つまり価格をP_aに規制すればよいのです。さて，その価格P_aですが，これは完全競争の均衡点として均衡する点の価格ですから，企業サイドからみるとP＝MCが成り立つ価格になるわけです。したがって，価格をP_aにさせるような価格規制を限界費用価格形成原理と呼びます。

:でもこの価格は，何だか変だわ。前のPartによれば，完全競争にすると企業は赤字になるんじゃなかったっけ。だから企業が撤退して自然独占が起こるはずだったと思うんだけど。

:アキコさんはとても重要な点に気付きましたね。それでは詳しく説明していきましょう。限界費用価格形成原理では，価格は完全競争の場合と同じようにP_aに設定されます。完全競争市場のケースと同じ価格ですから，当然パレート最適な状態がその市場で実現しています。しかしアキコさんの言うとおり，この価格で取引を行っていれば企業は赤字になりますから，この赤字に耐えられなくなれば撤退，または倒産してしまいます。

:えっ，じゃあたとえば，自然独占の状態にある電力会社にこのような価格をつけたままでいると，その電力会社は撤退か倒産してしまうわけですね。もしも撤退か倒産してしまうと，その地域に電力産業がなくなってしまうのではないですか？

:そうです。その地域は電力のない生活を強いられることになるかもしれませんね。ということで、この限界費用価格形成原理に基づいて価格設定を行うと、パレート最適にはなるのですが、一方、企業に赤字が発生するためにその企業に補助金などの支給を行わなければ、このパレート最適な状態を継続して維持することはできません。これは限界費用価格形成原理の短所といえるでしょう。ポイントをまとめておきます。

ポイント

限界費用価格形成原理：限界費用に等しくなるように価格を設定する規制のこと
　　　（長所）パレート最適が実現する
　　　（短所）企業に補助金の支給が必要になる

:少し難しくなりますが、限界費用価格形成原理はパレート最適を実現させるので効率的な資源配分の状態なのですが、それは部分均衡分析で言い換えれば、総余剰が最大になる、ということを意味します。しかし総余剰は最大になっても、消費者余剰はプラス、生産者余剰はマイナスとなる場合もあり、そのような場合でも総余剰さえ最大になれば、パレート最適と表現されます。費用逓減産業は固定費用が大きいため、生産者余剰自体がマイナスになる場合や、あるいは生産者余剰は、利潤プラス固定費用ですから、固定費用が大きいと生産者余剰はプラスでも、利潤がマイナスになることもあるわけです。

:それでは、これで終わりにしましょう。

:ありがとうございました。

Part 3　5-4-3　平均費用価格形成原理

：ここでは，費用逓減産業についての，もう1つの価格規制についての学習をしましょう。

：はい，よろしくお願いします！

：前のPart 2では，限界費用価格形成原理について学習しました。その限界費用価格形成原理は，パレート最適が実現しますが，赤字が発生してしまうので企業に対して補助金の支給が必要になりました。

：政府が補助金を支給すると，政府と企業の癒着とか，談合とかが生じるかもしれないですね。

：うーん。起こるかもしれませんねぇ。

：先生，企業に赤字が起こらないような価格を設定することはできないのですか？

：それでは，赤字が起こらない価格について考えてみましょう。赤字にならない価格とはそもそもどんな価格なのか，という部分から説明しましょう。たとえば，ある商品を100個作って，そのときの総費用が1000円だったとしましょう。このとき1個あたり10円で売れば，総費用と同じ1000円の収入が得られるため，企業に赤字は発生しません。この10円とは総費用を数量で割った平均費用に等しくなることがわかります。つまり平均費用と同じ価格をつければ，企業に赤字が発生しなくなります。

$$AC = \frac{TC}{Q} = \frac{1000}{100} = 10円（平均費用）$$

平均費用に数量をかけると総費用が求められる。
　（平均費用AC）×（数量Q）=（総費用TC）
　　10円　　　×　100個　=　1000円

：わかりました。平均費用と同じ価格をつけて供給すれば赤字が出ないんだわ。つまり，市場価格が平均費用に等しくなればいいんだわ。

：そうですね。それでは，赤字にならない価格を図1で考えてみましょう。企業に赤字が出ないのは，市場価格が

平均費用に等しくなればよかったのですよね。つまり，図1の平均費用曲線上（ACの線上）で価格を決定すればよいわけです。市場価格は需要曲線上で決まるため，点dで需要量と供給量が一致します。したがって，P_dの価格が企業の赤字が出ない価格ということになります。この価格に政府が規制することを平均費用価格形成原理といいます。

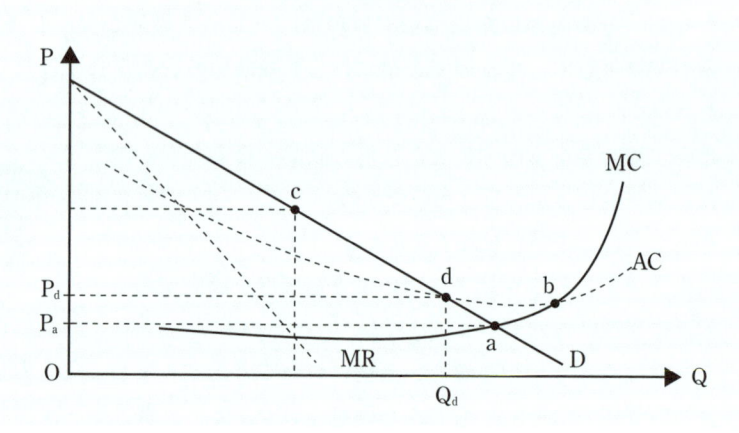

図1

🐘：この価格だと，企業に赤字が出ないから，補助金も要らなくて済むね。すごくいい価格設定だな。

🐘：ちょっと待って！　でも，どこか変な感じがするなぁ…パレート最適な価格はP_aだったでしょ！　だから，P_aの価格にしないとパレート最適にならないからよくないはずよ！

🐘：赤字が出ないんだからこの価格の方がいいんじゃないの？

🐘：正確にまとめておきましょう。実はこの平均費用価格形成原理も長所と短所を持っているのです。長所はマナブ君の言うように，企業に補助金を支給する必要がなくなるということになります。つまり企業にとっては，独立採算での活動が可能になるのです。一方，アキコさんの指摘するようにパレート最適が実現しない，ということにもなっています。つまり政府の規制を行っても非効率が存在する，ということになります。

> **ポイント**
>
> **平均費用価格形成原理**：価格を平均費用に一致させるように設定すること
> 　　（長所）企業の独立採算が可能になる
> 　　（短所）パレート最適が実現しない

🐘：平均費用価格形成原理は企業の独立採算が可能という意味では，すばらしいのですが，パレート最適が実現しないという意味では，大きな欠点を備えている，と言えます。資源配分の非効率を政府の規制によって改善することはできるものの，その改善が不十分な状態にしかならないということは，規制の意義を問われかねないかもしれませんね。

🐘：単純に価格規制といっても難しいのですね。いい勉強になりました。

🐘：それでは，これくらいで終わりにしましょう。

🐘 🐘：ありがとうございました！

Part 4　5-4-4　【補論】現実的な解決方法

🐘：Stage 4全般にわたって費用逓減産業の学習をしてきました。費用逓減産業は，自由な競争に任せることができないので，政府が価格規制を行うことで市場の失敗を解決しましたね。その価格規制はどんなものだったか覚えていますか。

🐘：1つが限界費用価格形成原理で，もう1つが平均費用価格形成原理でした。

🐘：そうでしたね。そして，それぞれが長所と短所を持っていましたね。

🐘：えーと，限界費用価格形成原理の場合は，長所はパレート最適になる，という点で，短所は企業に補助金を与えなければならない，という点でした。平均費用価格形成原理の場合は，長所は企業の独立採算が可能である，という点で，短所はパレート最適が実現しない，という点でした。

🐘：そのとおりです。よく復習していますね。ところで，どちらの価格を採用しても短所が存在するため，経済学にとっては，あまり望ましい結果は得られそうにないと思いませんか？

🐘：限界費用価格形成原理の場合は，赤字を前提に企業が生産して，その赤字分を政府の補助金で補填するのは，国民の理解が得られないかもね。

🐘：平均費用価格形成原理の場合は，政府が規制をしているにもかかわらず，パレート最適という効率的な状態にならない。

🐘：そうですね。どちらもしっくりこない価格規制ですね。実はそこで考え出されたのが，二部料金制度というものです。これは，料金を基本料金と従量料金（利用料金）にわけて徴収する方法で，従量料金（利用料金）は限界費用価格形成原理に基づく設定を行い，赤字分は基本料金という形で消費者から徴収するというものです。こうすることで，パレート最適と独立採算の両方の目的を達成することができるのです。

> **ことばの意味**
>
> 二部料金制度：（電力料金や電話料金などに見られる）基本料金と従量料金に分けて徴収する方法。従量料金は限界費用価格形成原理に基づいて設定し，発生する赤字分は政府からの補助金支給ではなく，基本料金で消費者から徴収する。

：あー，いい考えだね。気付かなかったよ。

：確かにいい考えだわ。限界費用価格形成原理を採用することによって，政府の補助金が必要になるけど，その補助金を政府が支給するのではなくて，実際の利用者である消費者が払う形になっているのですね。

：そうですね。つまり，限界費用価格形成原理における補助金の問題をうまく解決したものだといえるでしょう。現実の費用逓減産業は，このような方法で料金を徴収しています。

：そういえば，電気料金やガス料金って，まったく使わなくても基本料金が取られていたような気がするわ。

：あっ，そう言えば…

：電気料金，ガス料金，電話料金などで採用されていますから，領収書などで見る機会があれば，一度確認してみてください。

：はい，わかりました。ありがとうございました。

●●● Exercise ●●●

地方上級　2005年

下図は，ある費用逓減産業の需要曲線と費用曲線を示したものである。この図に関する記述として，妥当なのはどれか。

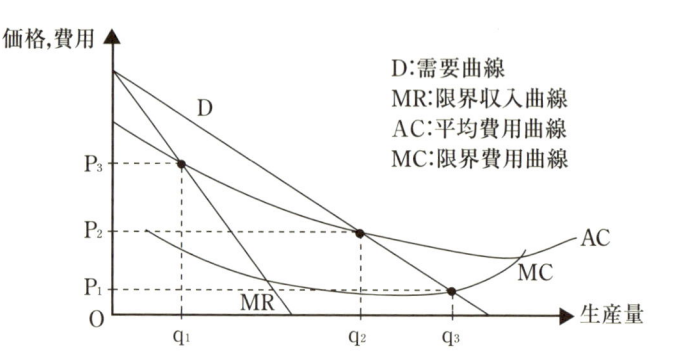

価格,費用

D:需要曲線
MR:限界収入曲線
AC:平均費用曲線
MC:限界費用曲線

P_3, P_2, P_1, O, q_1, q_2, q_3, 生産量

1　限界費用価格形成原理により価格を設定した場合，生産量はq_3となり，社会的厚生はゼロになる。

2　平均費用価格形成原理により価格を設定した場合，生産量はq_2になり，企業の損失が発生する。

3　企業が生産量をq_2からq_3に増加させた場合，消費者余剰は企業の損失額以上に増加するため，社会的厚生は増加する。

4　企業が生産量をq_2からq_1に減少させた場合，政府が企業に補助金を与えることにより，最適な資源配分が実現する。

5　政府が一切規制を行わず，企業が利潤最大化を図った場合，生産量はq_1，価格はP_3に決定される。

解説　正解　3

費用逓減産業の価格設定は，完全競争の均衡点に価格を設定する限界費用価格形成原理と，赤字が出ない平均費用価格形成原理がある。それぞれの選択肢を調べる。

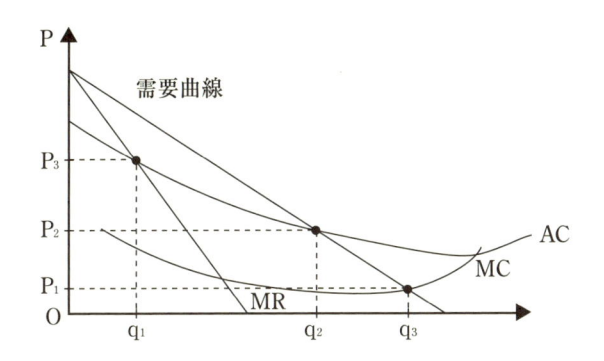

1 **妥当でない**　限界費用価格形成原理では，需要曲線とMCとの交点になるので生産量はq_3となる。この点は正しいが，社会的厚生は消費者余剰と生産者余剰の合計で，これはプラスになる。

2 **妥当でない**　平均費用価格形成原理で，これはP＝ACとなる点で，このとき企業の赤字は発生しない。

3 **妥当である**　q_3は完全競争の均衡点にあたり，限界費用価格形成原理の均衡点になる。この点がパレート最適であるため，q_2の平均費用価格形成原理の均衡点より，社会的厚生は増加する。したがって，正解である。

4 **妥当でない**　q_1は独占の均衡点より，最適な資源配分（パレート最適）は実現しない。

5 **妥当でない**　政府が規制をしなければ独占の均衡点になるが，このときは，生産量は正しいが価格はP_3にならず，需要曲線上の点に対応する位置の価格になる。

MEMO

Stage5
情報の不完全性

ここでは，情報の不完全性について学習します。完全競争市場が成立するためには，消費者と生産者は等しい情報を持つと仮定していました。ところがどちらか一方の経済主体に情報が偏ってしまうと，市場が失敗します。ここではどのようなケースにおいて情報が偏ってしまうのかを学習し，このような状況が生じた時には，どのような対策を行えばよいのかについて学習します。

Part 1　5-5-1　逆選択

- : それでは、<u>逆選択</u>についての学習を始めましょう。
- : はい。よろしくお願いします。
- : ミクロ経済学の世界では、消費者と生産者がいて市場が成立しています。市場に参加する消費者や生産者のことを<u>経済主体</u>と呼ぶんだけど、その財に関する情報がどちらかの経済主体に偏ってしまうと、完全競争市場が成り立たなくなります。
- : 情報が偏るってどういうことですか？
- : それでは、中古車の市場を例にとって説明しましょう。いま、マナブ君とアキコさんが同じメーカーの同じ車種の自動車を所有して使っていたとしましょう。そろそろ新しい自動車がほしくなったので、中古車の業者に買い取ってもらうことになりました。
- : 中古車の場合は、新車と違って、その人の使用の状況によって自動車の価値は変わってくるように思うんですけど、それが買い取り価格に影響を与えたりするのですか？
- : いい質問ですね。たとえば、アキコさんの自動車は、大切に使用されていたとしましょう。逆にマナブ君の自動車は乱暴に使用されていたとしましょう。中古車の業者に買い取ってもらう場合、どちらの中古車のほうが価格は高くなると思いますか。
- : それは当然アキコさんの中古車だよね。
- : そうだね。アキコさんのほうが大切に使用していたわけだから、中古車としての価値は高いわけですね。一方、マナブ君は乱暴に使用していたわけだから中古車の価値は低いわけですね。だからもちろん、それが価格に反映されるはずなんです。ところが、アキコさんの自動車が大切に使われていてマナブ君の自動車は乱暴に使われていた、ということをどうやって中古車の業者は知るのでしょうか。
- : 実際に何ヵ月か乗ってみて判断するしかないですね。
- : そうですね。外見に大きな傷などでもない限り、見た目には違いはよくわからないわけですよ。だからしっかりと見極めるためには、しばらくの間は実際に乗ってみる、などのことをしてみて、大切に使われていた

のかどうかを判断しなければなりません。ところが中古車の業者は，日々何十台，何百台の中古車を扱うわけですから，そんなことは現実的にはできないのです。

:それでは，中古車の業者は，どのようにして買い取り価格を決めるのですか？

:この買取価格についてもう少し考えてみましょう。たとえば，アキコさんの自動車は大切に使用されていたので100万円の価値があるとしましょう。逆にマナブ君の自動車は乱暴に使用されていたので，40万円の価値しかなかったとしましょう。

:僕の自動車は，ずいぶん低い価値だな…

:けれどそんなマナブ君も含めてほとんど誰もが，きっと中古車取扱業者に引き取ってもらう時には，キレイに掃除をして外見上は大切に乗っていた人と区別がつかないようにして，買い取ってもらおうとするだろうから，中古車の業者としては，外見上はどちらが大切に使用されていて，どちらが乱暴に使用されていたかが判らないわけです。そのような状況の下では，中古車の業者としては，市場での平均的な査定価格で買い取ろうとするしかないわけなんですよ。

:そうですね！ 細部まではよくわからないので，市場の平均価格で買い取ってしまう，というわけですね。

:そうそう。ところで，相場での価格が70万円だったとして，業者から「70万円で買い取ります。」と言われたら，君たちはどうする？ 売るかな？

:僕の自動車は40万円の価値しかないのに，70万円で買ってくれるのだから絶対に売るよ。

:私は売りたくないなあ。だって100万円もの価値があるのに，70万円でしか買い取ってくれないんだもの。

:そうだね。誰でもマナブ君やアキコさんのように考えますよね。でもそうなると，中古車の市場にはどんな自動車が集まることになるのかな？

:こんな買い取り方がされてしまったら，中古車は全部マナブ君のような乱暴に扱われた自動車ばかりになってしまうわ。

:そうだね。このような行動が繰り返されると，中古車市

場に出回る中古車はどれも相場以下の粗悪品ばかりになってしまうね。経済学としては，このような現象をレモンの原理といいます。

> **ことばの意味**
>
> レモンの原理：中古品の需要者と供給者の持つ情報量の差から，粗悪品ばかりが取引されるようになること。通常は，そのままでは市場が縮小していくことになる。

：でも，こんなことが中古車の市場で起こるなら，僕は中古車を買いたくないなあ。中古車の市場ってどうなっちゃうの？

：確かに，このような粗悪品ばかりが並ぶ中古車市場で中古車を買うと，故障が多かったりして，ひどい目にあうことになるかも知れませんね。そうすると，マナブ君の言うとおり人々が中古車を買わなくなってしまうので，中古車市場の規模が縮小していくことになるかも知れませんね。

：なるほど，中古車の業者がきちんと中古車についての情報を持たなかったことから起こる情報の不完全性の話なんですね。でもなぜ中古車なのにレモンの原理なんて言い方をするのですか？

：アメリカでは，粗悪な中古品のことを俗語で"レモン"と言うのです。レモンは，外見は美しくて美味しそうに見えるけれど，実際に食べてみるととても酸っぱくてビックリするでしょ。私などは，そのままではとても食べられません。中古車もこれに似ていて，外見は美しくみえるけれど，実際に乗ってみるとひどい目にあう，というケースがあるのでこのように表現するのですよ。

：このレモンの原理ですが，買い手と売り手の情報の偏りから生まれているわけです。中古車の場合は，買い手である業者がきちんと情報を持てないことから起こりました。しかしこのような現象は実は中古車の市場だけで起きるとはかぎりません。たとえば他にどんな市場があると思いますか？

：うーん。すぐにはわからないです。

：中古品以外について考えてみても，たとえばパソコンを買うときに，同じ性能で他にもっと価格の安い製品があるにもかかわらず，高いほうの

製品を買ってしまうことなどがあります。買い手が商品についての完全な情報（知識）を持っていれば，このようなことは起こらないのに，完全な情報を持たないことから起こってしまうのです。このように情報の不完全性から，誤って優良品よりも粗悪品を買ってしまうことを逆選択といいます。レモンの原理は逆選択の1つの例になります。

ことばの意味

逆選択：情報の不完全性から，より質の悪い方の財を選択してしまうこと

:レモンの原理や逆選択を学習すると，なんだか世の中が信用できなくなってくるよね。僕は何だか商品を買うのが少し怖くなってきたよ。

:あまり心配しなくてもいいですよ。このような現象を回避する手段も考えられています。その1つがスクリーニングと呼ばれるものです。これは，情報を持っていない側が情報を持っている側にいくつかの選択肢を示して，そこから選ばせることをいいます。代表的なものに，携帯電話の複数の料金設定があります。1つの料金設定しかないと，レモンの原理のようにその条件に不利な人は，それに加入しなくなります。そこでさまざまな料金設定を行うことで不利になる人をなくして，逆選択をなくそうとするのです。

:なるほど，そういえば携帯電話に加入するとき，自分に有利なプランを調べて加入したわ。

:そうだね。いくつかの料金設定があるので，それが逆選択を回避してくれているのです。

:僕はよく調べずに適当に加入したのだけど，これは逆選択が起こっているのかな。

:その可能性はありますね。もしかしたら，自分にとって有利な条件があるにもかかわらず，誤って高いプランを選択しているかもしれませんね。

:これからはきちんとプランをチェックしてから決めないといけないですね。いい勉強になりました。

:それからもう1つ，シグナリングというものも逆選択を回避してくれる1つの手段です。これは，自らが行動して示すことで，相手に情報を与えることをいいます。たとえば中古車販売店の場合，一定期間内に故障を

すると，無料で完全修理をするようなケースをいいます。
: そうか。中古車だけでなく電気製品なども，一定の保障期間があるけど，確かにこのような制度があると安心して購入できるよね。これは逆選択を回避するためだったんだね！
: スクリーニングとシグナリングは，あまり頻繁に出題されるテーマではないので，こんな制度があるという程度に理解しておけばいいのですが，このような制度を利用しても逆選択を100％回避することは不可能だということは覚えておいてください。
: はい，わかりました！　ありがとうございました。

Part 2　5-5-2　モラルハザード（道徳的危険）

- 🐘：それでは，モラルハザードの学習を始めましょう。
- 🐘　🐘：はい。よろしくお願いします！
- 🐘：みなさんは自動車を運転したことはありますか？
- 🐘：あります。僕は運転が大好きです。４ＷＤの車に乗っているので，山道を走るのが特に好きです。
- 🐘：私も運転はするけれど，あんまり運転は得意じゃないし，事故を起こすと大変だから，安全運転でしかも必要最小限だけしか乗らないことにしています。
- 🐘：アキコさんは慎重だね。それくらい慎重な人ばかりだと，世の中の事故も減るんだろうけどね…
- 🐘：僕も安全には気を使っていますよ！
- 🐘：安全に気を使うのは当然のことなんだけど，マナブ君は，自動車保険に入っていますか？
- 🐘：はい。入ってます！
- 🐘：その保険に入ることで，どんなメリットがあると思いますか？
- 🐘：もしも事故を起こしたとしても，保険会社がその損害を補償してくれるんだよね。だから毎月の保険料さえ払っていれば，事故を起こしても金銭的な心配をする必要がなくなるんだよね。これがメリットじゃないかな。
- 🐘：そうだね。毎月の保険料さえきちんと納めておけば，もしも事故を起こしたとしても保険会社がその損害を補償してくれるんだよね。
- 🐘：保険のおかげで，私たちは安心して自動車の運転ができるんだ。便利よねえ。
- 🐘：確かに保険のおかげで，便利な世の中になりましたね。でも安心して自動車の運転ができるってどういうことでしょうか？
- 🐘：もしも事故を起こした場合に保険に入っていなかったら，膨大な損害賠償を負担しなければならないけど，保険に入った結果，それを保険会社が補償してくれるから，自分の懐は痛まないんだよね。だから安心して運転できるのだわ。

🐘：そうだね。アキコさんの言うとおりだよね。でも，この"安心できる"というのが，実は経済学上の大きな問題を生じさせるのです。"安心できる"ということは，言い換えれば"気持ちが緩む"ことなんですね。つまり保険に入っていなかったならば，事故を起こすと損害賠償はすべて自分で行わなければならないため，安全運転に非常に気を遣うのですが，ところが保険に入ってしまうと，保険会社が損害賠償を補償（補填）してくれるので，自分で損害賠償をする必要が大幅に減るわけですよね。だから安全運転の気持ちが緩んでしまうのです。その結果，その人の事故率を高めてしまうことになる可能性が高いのです。

🐘：その人の事故率が高まることがなぜ，経済学での大きな問題を生じさせるのですか？

🐘：保険会社は，その個人と契約をする時に，この人は契約後も以前のような安全運転をしてくれるかどうかよくわからないままに保険料，という価格を設定します。ところがこの保険に入った人が，その保険契約を行った後に，大きく気が緩んで事故率を高めてしまうと，保険会社の財務状況を圧迫することになりますよね。それでは，保険会社の立場に立ったら，会社の財務状況を健全にしておくためにどうしようと考える？

🐘：保険料は，割高に設定しておこう，と考えますよね…

🐘：そうなるよね。つまり，本来のあるべき水準のところに価格が設定されず，その結果，取引量についても本来のあるべき水準とは異なったものになってしまい，市場ではパレート最適という資源配分の効率性が損なわれてしまうことになるのです。

🐘：そうなんだ！　でも，どこに情報の不完全性があるのかしら？

🐘：これは，保険会社側に情報の不完全性がある，と考えていいよ。保険会社がある個人と保険契約を行う時に，その個人が保険契約後に行動を変えてしまうのか，それとも保険契約後も従来どおりの行動をとるのか，ということがわからないために起こるのです。

🐘：このような現象を モラルハザード というのですね。

🐘：そうです。このように，経済主体が契約後に行動を変えてしまう可能性があり，その可能性を正確に把握するこ

とが困難であることから発生する諸現象をモラルハザードといいます。

ことばの意味

モラルハザード：契約者が，被契約者の契約後の行動が正確に把握できないことによって起こる情報の非対称性から発生する諸現象のこと。契約後に行動パターンが変化したり，価格や数量の水準が本来あるべき水準に設定されなくなっていく可能性が発生する。

：でもユウゾウ先生，質問があります。
：何かな？ 
：前のPart 1で学習した，逆選択とモラルハザードの区別がよくわかりません。逆選択のケースも同じような情報の不完全性がありましたよね…
：そういえば，逆選択とモラルハザードの違いがよくわからないですね。保険の話はモラルハザード，中古車の話は逆選択と覚えておけばいいのかな！
：うーん。マナブ君のような覚え方も悪くはないけれど，この点は重要なので，もっとしっかりと区別しておきましょう。逆選択とモラルハザードの違いは，取引が行われる前に情報の不完全性が起こるか，取引が起こってから情報の不完全性が起こるかの違いで区別します。

アドバイス

取引や契約が起こる前に情報の不完全性が存在すれば逆選択といい，取引が起こった後に情報の不完全性が存在すればモラルハザードという

：あっ，そうか！　中古車の買い取りは，買い取りの取引が起こる前に情報の不完全な状態が起こっているし，保険の場合は，保険契約の取引が起こったあとに情報の不完全な状態が起きているんだわ。 
：そうだね。アキコさんの言うとおりです。それではたとえば，もしも大学生が就職活動の面接の際に「一生懸命働きます。」と言っておきながら，

：実際に就職するとあまり熱心に働かなくなってしまうようなことが起きた場合は、逆選択とモラルハザードのどちらになるのかな？

：これは就職が決まるという契約が成立してから起こるから、モラルハザードじゃないの？

：そのとおりだね。これはモラルハザードになります。このように取引や契約の起こる前は逆選択、取引の起こった後はモラルハザードということをしっかりと覚えておいてください。

：はい。わかりました！

：ところで、逆選択の際には、シグナリングやスクリーニングで回避することがある程度可能でしたが、モラルハザードにも回避する方法はあるのですか？

：もちろんあります。1つ目が モニタリング というもので、契約者が被契約者の行動を監視することです。自動車保険でいうならば、加入した人が契約後に乱暴な運転をしていないか、定期的にチェックすることなどがいえます。それから2つ目が インセンティブ契約 というものです。これは契約者の望む行動を被契約者が行ったときに、報酬などを支払うことになります。自動車保険の場合は、一定期間無事故であったならば、保険料の一部を返還したり、あるいは保険料を安くするなどの方法になります。これらの方法によって、モラルハザードを回避することができる可能性が高まります。ただし逆選択と同様、100％回避することはできないということも覚えておいてください。それでは、モラルハザードの学習はこれで終わりにしましょう。

：ありがとうございました！

Exercise

中小企業診断士　2005年

逆選択とモラルハザードについて，最も適切なものはどれか。

ア　逆選択は契約後に発生し，モラルハザードは契約の前に発生する。
イ　逆選択は契約の前に発生し，モラルハザードは契約後に発生する。
ウ　逆選択もモラルハザードも契約後に発生する。
エ　逆選択もモラルハザードも契約の前に発生する。

解説　　正解　イ

　本文の中にあったように，逆選択とモラルハザードの違いは，取引が行われる前に情報の不完全性が起こるか，取引が起こってから情報の不完全性が起こるかの違いで区別する。特に，就職しようとする大学生の例がわかりやすいかも知れない。
　したがって，正解は肢イである。

MEMO

第6部
国際貿易論

これまでは，国内の経済活動ばかりに注目していて外国との関係を考慮しないで学習してきました。ここでは，外国との関係を考慮した経済学を学習します。こういった外国部門との関係を考慮した経済学を国際経済学といいます。この国際経済学は，国際ミクロ経済学と国際マクロ経済学に分かれますが，本書では国際ミクロ経済学についての学習を行います。国際ミクロ経済学では各国間での貿易が重要なテーマになりますので，ここでは貿易論について学習していきましょう。

Stage 1
貿易政策の比較分析

ここでは貿易政策を行うことによって，国内だけで取引を行う閉鎖経済よりも総余剰が大きくなることを確認します。また，貿易政策には自由貿易政策と保護貿易政策があり，どちらも閉鎖経済のときよりも総余剰は大きくなりますが，保護貿易よりも自由貿易のほうが総余剰は大きくなることも確認します。

Part 1　6-1-1　閉鎖経済体制と自由貿易政策

🐘：ここでは，貿易政策について説明しましょう。
🐘🐘：よろしくお願いします！
🐘：以前，閉鎖経済において余剰分析を行いました。
🐘：閉鎖経済ってなんだっけ？
🐘：貿易を考慮しない場合の国内だけに注目した経済のことよ。言葉から想像できるじゃない。
🐘：そう言えばそうですね…
🐘：確認しておきましょう。

> **アドバイス**
>
> 閉鎖経済：国内のみで，外国部門との取引を考えない経済活動
> 開放経済：国内経済に加えて外国部門との取引についても考慮した経済活動

🐘：国際経済学ではよく使う言葉ですので，覚えておいてください。
🐘🐘：はい，わかりました。
🐘：それでは，閉鎖経済での余剰分析について，図1を使って確認しておきましょう。閉鎖経済においては，消費者余剰と生産者余剰は次のようになっていました。この2つの余剰の合計を閉鎖経済体制における総余剰ということになります。

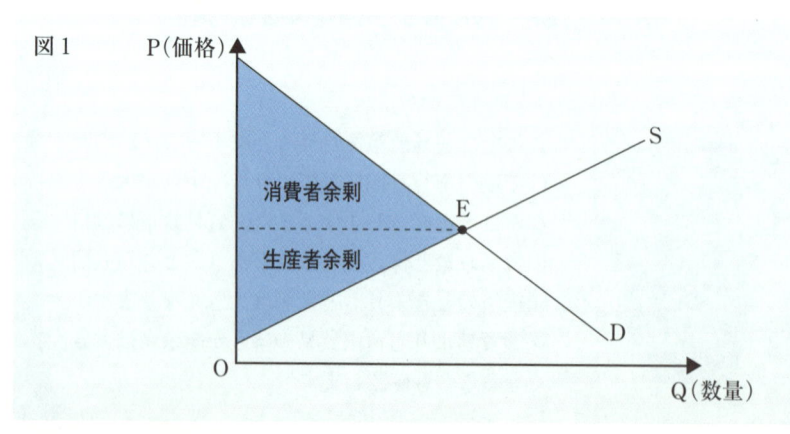

図1

（消費者余剰・生産者余剰の図。縦軸P（価格），横軸Q（数量），均衡点E，供給曲線S，需要曲線D）

🐘：これはさすがに僕でも覚えています。

🐘：これは完全競争市場を仮定した場合の総余剰ですが，この完全競争のときに総余剰は最大になりました。

🐘：そしてこの時に資源配分の効率性が最大になっているのですよね？

🐘：はい，そうです。

🐘：資源配分の効率性とは，パレート最適と同じ意味ですよね。

🐘：そうです。ところで自由貿易を行うと，この余剰はさらに大きくなります。図2を使って具体的に考えてみましょう。いま，閉鎖経済のもとでは，点Eで均衡しています。このとき価格はP^*，数量はQ^*です。この状態から，国内市場を国際的に開放したとしましょう。市場開放の結果，外国から安い商品が輸入されることになりました。この輸入される商品の価格をP_1としましょう。

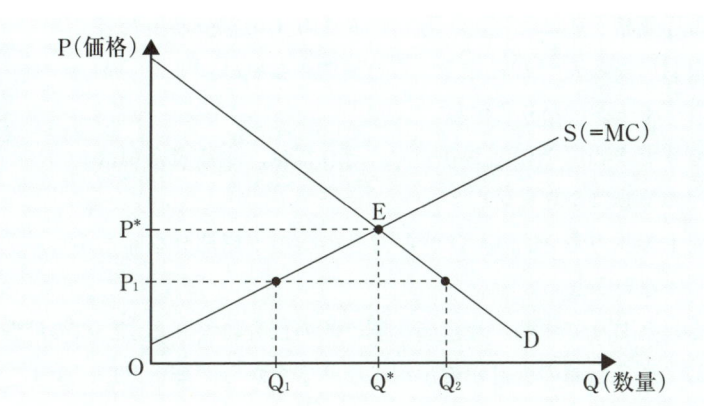

図2

P_1の価格で商品が輸入されるため，国内における需要量はQ_2になります。一方，国内の生産者は，価格がP_1になってしまったので，"$P = MC$"の利潤最大化条件に基づいて（供給曲線Sは限界費用曲線MCでもあることに注意！），国内の生産者による供給量はQ_1になります。しかし国内での取引量は需要曲線よりQ_2なので，輸入量は，需要量と国内供給量の差である$Q_2 - Q_1$になります。

🐘：これなら僕にもわかりますね。

🐘：それでは，図3を使って，この時の余剰分析を行いましょう。消費者余剰と生産者余剰はどの部分になりますか。

図3

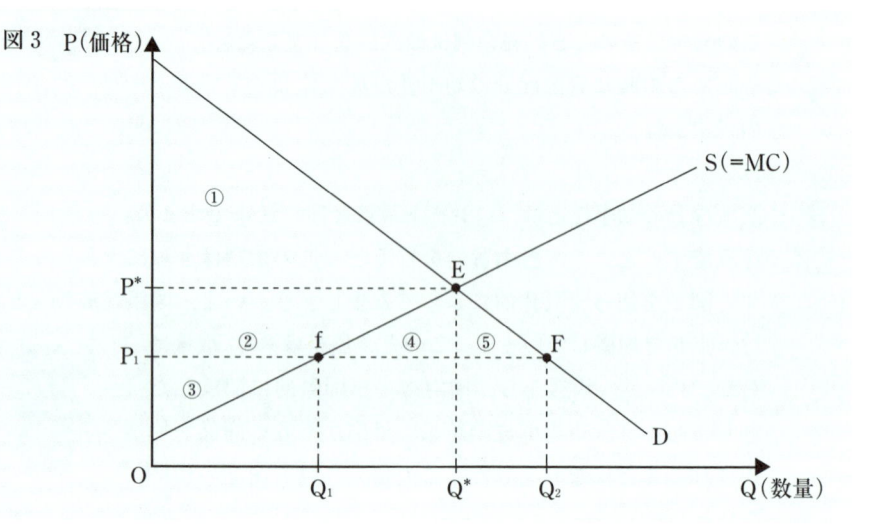

[図：縦軸 P(価格)、横軸 Q(数量)。右下がりの需要曲線D、右上がりの供給曲線S(=MC)。交点E で価格P*、数量Q*。水平線P₁がQ₁(f点)、Q₂(F点)を通る。P*より上の領域に①、P₁とP*の間で需要曲線の左側に②、P₁より下で供給曲線の左側に③、②の右でEfの下に④、EからFに向かう三角形部分に⑤]

🐘：市場価格がP₁になったから，P₁Fより上の部分が消費者余剰になるんだわ。そうすると消費者余剰は図3の①＋②＋④＋⑤になりますね。

🐘：そうですね。そのとおりです。それでは，生産者余剰はどの部分になりますか？

🐘：売上の長方形P₁fQ₁OからMCの線の下側部分を除くから，③の部分じゃないかしら。

🐘：そのとおりですね。生産者余剰は③の部分になります。この消費者余剰と生産者余剰の合計が総余剰になりますから，総余剰は，①＋②＋③＋④＋⑤になります。これは閉鎖経済の場合に比べて，変化していますね。

🐘：はい，総余剰は④＋⑤の部分だけ増えています。

🐘：そうです。④＋⑤だけ総余剰は増加しますね。つまり自由貿易を行うことで閉鎖経済における完全競争の場合よりも総余剰が大きくなることになります。この自由貿易体制の総余剰に注目して，自由貿易体制にした結果，増加した余剰分のことを貿易の利益と呼びます。

> **ポイント**
>
> （図3を利用）
>
> （閉鎖経済体制時の余剰）
>   消費者余剰：①
>   生産者余剰：②＋③
>   総余剰：①＋②＋③
>
> （自由貿易時の余剰）
>   消費者余剰：①＋②＋④＋⑤
>   生産者余剰：③
>   総余剰：①＋②＋③＋④＋⑤
>   ⇒貿易の利益（増加した余剰）：④＋⑤

🐘：これは，閉鎖経済の完全競争市場のケースよりも効率性が増すことを意味するのですか？

🐘：そうです。自由貿易によって閉鎖経済のときよりも資源配分の効率性が増加することになるのです。経済学の世界では，貿易は余剰を増加させて資源配分の効率性を高めるため，望ましい政策ということになるのです。

> **アドバイス**
>
> 自由貿易政策：自由貿易を行うことによって，総余剰は閉鎖経済体制のケースよりも大きくなる

🐘：それでは，ここはこれで終わりましょう。
🐘🐘：どうもありがとうございました！

Part 2　6-1-2　自由貿易と保護貿易（関税）

🐘：ここでは，自由貿易と保護貿易について学習しましょう。
🐘🐘：よろしくお願いします。
🐘：前のPart 1では，自由貿易を行うことで閉鎖経済よりも総余剰が大きくなることを学習しました。
🐘：僕も覚えています。
🐘：その時の余剰はどのようになったかも覚えていますか。
🐘：覚えています。
🐘：僕はそこまでは…，少し怪しいです。
🐘：それでは，図1を使って復習しておきましょう。閉鎖経済のもとで自由競争を行うと，点Eで均衡し価格はP^*，数量はQ^*になりました。この市場を外国に開放すると外国から価格の安い財が入ってくるので，この市場の価格は外国の価格と等しくなります。その価格はP_1でした。

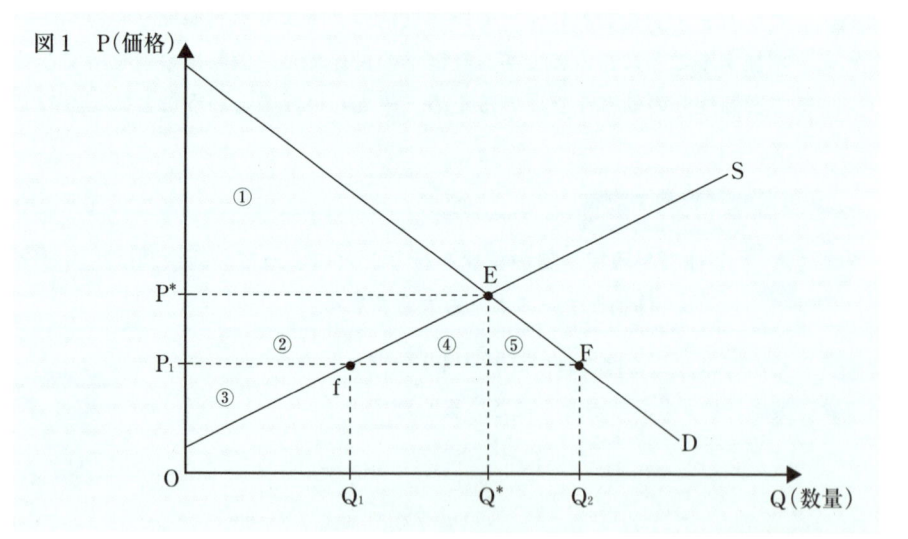

図1　P（価格）

自由貿易体制の下では，P_1の価格で商品が輸入されるため，国内需要量はQ_2，国内供給量はQ_1になりました。輸入量は需要量と国内供給量の差である$Q_2 - Q_1$になりました。そしてこのときの消費者余剰は①+②+④+⑤で，生産者余剰は③の部分になりました。よって総余剰は，①+

②+③+④+⑤になりました。これによって，閉鎖経済体制の場合に比べて④+⑤の部分だけ余剰が増加していることがわかりました。これが自由貿易における総余剰でした。

> （自由貿易政策時の余剰）
> 　　消費者余剰：①+②+④+⑤
> 　　生産者余剰：③
> 　　総余剰：①+②+③+④+④
> 　　貿易の利益（増加した余剰）：④+⑤

🐘：総余剰から見ると，自由貿易はとても良い政策ですね。

🐘：しかし視点を変えると，こんな問題があることに気付きます。生産者余剰を見てください。

🐘：生産者余剰は，閉鎖経済体制の場合に比べるとずいぶん小さいですね。

🐘：そのとおりです。これはどういうことを意味していると思いますか？

🐘：貿易を行ったときの国内の供給量が減少したから，生産者の余剰も減少したんだわ。これは，国内の生産活動が閉鎖経済のケースに比べて衰退したことを意味しているのじゃないかしら。

🐘：そのとおりですね。国内の産業が衰退して生産量が著しく減少するのは，あまり好ましくないですね。そこで生産者の保護をする政策について考えてみましょう。

🐘：そんな政策，あるのですか？

🐘：ありますよ。たとえば関税政策です。**保護貿易政策**の1つ，と考えていいです。日本を含めた世界中で行われている政策の1つですね。日本の貿易はかなり自由化されてきましたから，ほとんど関税は残っていないのですが，それでもなお，おコメなどをはじめとした品目に対しては，関税が存在します。

🐘：その関税は輸入品に対してかけるのですか。

🐘：そうですよ。外国からの輸入品に対して課税します。それでは，実際に関税を課した際の余剰分析について，図2を使って行いましょう。関税は商品の1個ずつに対して課税されるとします。そして，財1単位あたりの関税をt円としましょう。そうすると，輸入品が日本の税関を通るときに課税

されますから、日本の市場に出回るときの価格は、$P_1 + t$（円）になります。この関税を課した後の価格をP_2としましょう。

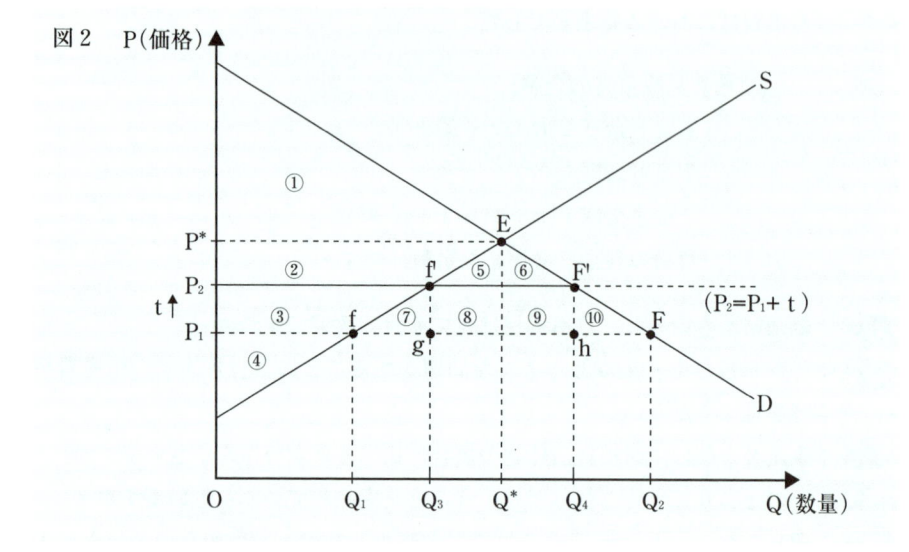

図2

t円の関税を課すと、価格はP_1からP_2になります。このときこの財に対する国内の需要量はQ_2からQ_4に減少します。国内の生産量はQ_1からQ_3に増加します。したがって輸入量は$Q_4 - Q_3$になります。関税を課すことで国内企業にとっての生産量は増加しています。つまり日本の産業をある程度保護することができたわけです。

🐘：このとき資源配分の効率性はどうなっているのですか？

🐘：それでは、資源配分がどのようになるのかについて、余剰分析をしていきましょう。まず、消費者余剰は価格P_2より上側で需要曲線の間で囲まれた部分になります。

🐘：そうすると、①＋②＋⑤＋⑥になるんじゃないですか？

🐘：そうですね。それでは、生産者余剰はどのようになりますか？

🐘：市場価格がP_2で生産量がQ_3だから、売上からＭＣの線の下側を除いて、③＋④の部分になるのですね？

🐘：そのとおりです。

🐘：そうすると、その消費者余剰と生産者余剰の合計が総余剰になるのですか。

:違います。ここでは政府が関税を課していますね。関税を課すことによって，政府にとっての"得した分"と言える税収が入ります。この収入は国民に還元されるわけですから，市場全体からみたときは余剰になります。

:そうすると政府の税収を求めればよいのですね。財1単位あたりt円の関税で，輸入量が$Q_4 - Q_3$だから，掛け合わせればいいですね。つまり⑧+⑨になるんじゃないかな。

:そのとおりです。⑧+⑨になります。

:そうすると，総余剰はこれらの合計になるのですよね。

:そうですね。

:ということは，①+②+③+④+⑤+⑥+⑧+⑨になります。

:そうですね。まとめておきましょう。

ポイント

関税政策のケースでの余剰（図2）

消費者余剰：①+②+⑤+⑥
生産者余剰：③+④
関税：⑧+⑨
総余剰：①+②+③+④+⑤+⑥+⑧+⑨

この総余剰ですが，自由貿易のケースに比べて増加していますか，減少していますか，それとも同じですか？

:よく見ると減少しています。⑦と⑩の部分が自由貿易に比べて減少しています。

:そうですね。よくみると⑦と⑩の部分が余剰でなくなりました。つまり自由貿易に比べて総余剰が減少したわけです。

:非効率が発生しているのですか。

:そうですね。自由貿易に比べて，⑦+⑩の大きさだけ非効率が発生したと言えます。

> **ポイント**
>
> （図2を活用）
> 保護貿易体制にして関税政策を導入した結果発生した余剰損失分：⑦＋⑩　　　　　　　　　　　　　　　（非効率の発生）

🐘：以上から，関税政策は国内の産業を保護することはできますが，自由貿易の場合に比べて，非効率が発生するという欠点をあわせ持っていることになります。

🐘：国内の産業の保護も大事だけれど，資源配分の効率性も大事だわ。どちらも完全に行える政策はないのかしら。

🐘：うーん，いまのところ，関税政策が最も優れている政策の1つといえるでしょうね。それでは，今日はこれで終わりにしましょう。

🐘 🐘：ありがとうございました。

●●● Exercise 1 ●●●

地方中級　2003年

下図は，小国におけるある財の需要曲線と供給曲線を示している。自由貿易における国際価格がOP_0のとき，P_0P_1の輸入関税が課せられた場合の記述として，妥当なのはどれか。

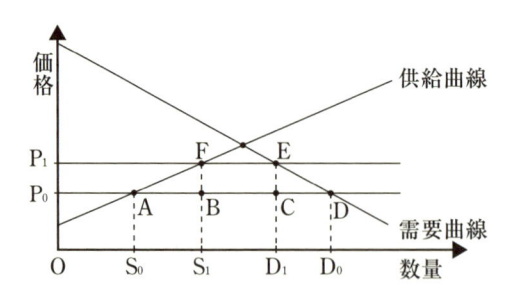

1 国内の生産者は，S_1D_1を供給し，輸入業者はOS_1を輸入する。
2 需要量は，S_1D_1だけ減少する。
3 生産者余剰は，P_1P_0AFだけ増加する。
4 消費者余剰は，$FBDE$だけ減少する。
5 関税収入は，P_1P_0CEである。

解説　正解　3

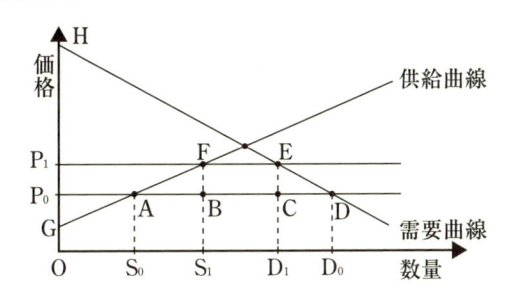

関税をかける前の価格はP_0で，関税を賦課すると価格はP_1になる。では，関税をかける前の余剰を求める。

消費者余剰：ＨＤP_0

生産者余剰：ＧＡP_0

つぎに，関税賦課後の余剰を求める。

消費者余剰：ＨＥP_1

生産者余剰：ＧＥP_1

関税収入：ＦＥＣＢ

以上から，生産者余剰の増加分は，$P_1 P_0$ＡＦとなる。

したがって，正解は肢3になる。

●●● Exercise 2 ●●●

中小企業診断士　2004年

　下図は，ある小国の輸入競争財の市場を表したものであり，DD′は需要曲線，SS′は供給曲線である。いま，国際価格P_0のもとで輸入が行われているが，政府が単位当たりT円の輸入関税を課し，国内価格が（P_0＋T）に上昇したとしよう。

　図の説明として，最も適切なものの組み合わせを下記の解答群から選べ。

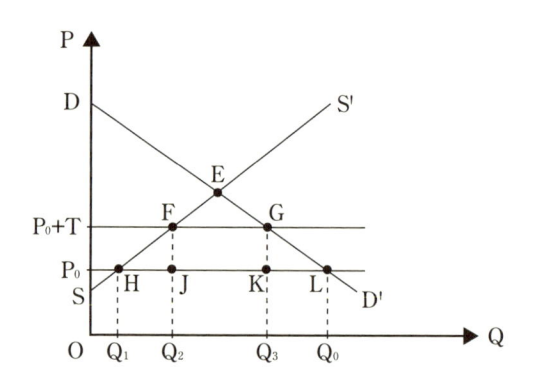

a　関税が課せられた結果，全体としての総余剰の減少分は三角形FHJと三角形GKLを加えたものに等しい。
b　関税の賦課によって，消費者余剰と生産者余剰はともに増加している。
c　関税の賦課により，輸入量は（$Q_0 - Q_1$）から（$Q_3 - Q_2$）に減少するが，国内生産者の保護という目的は達成されない。
d　自由貿易下における総余剰は三角形DLP_0と三角形SHP_0を加えたものになる。
e　政府は，四角形JKQ_3Q_2に相当する関税収入を獲得する。

〔解答群〕
ア　aとd　　イ　aとe　　ウ　bとc　　エ　bとd　　オ　cとe

解　説　　正解　ア

a　正　正しい。本文を読んでよく復習しておくこと。
b　誤　関税の賦課によって，消費者余剰は三角形ＤＬP_0から三角形ＤＧ(P_0＋Ｔ)へと減少し，生産者余剰は三角形P_0ＨＳから三角形(P_0＋Ｔ)ＦＳへと増加している。
c　誤　肢ｂの解説でわかるように，関税の賦課によって生産者余剰は増加したのだから，国内生産者の保護という目的は達成されたことになる。
d　正　正しい。これについても，本文を読んでよく復習しておくこと。
e　誤　政府が獲得した関税収入は，四角形ＦＧＫＪである。
　したがって，正しいのはａとｄであるから，正解はアとなる。

MEMO

Stage2
比較優位説

前のStageでは，余剰分析を用いて自由貿易のもたらす経済効率性の向上について確認しました。ここでは，少し違う視点からですが，やはり経済効率性の向上実現に向けて自由貿易が推奨される理由に関して，学者リカードによる比較優位説という考え方を学習します。

Part 1　6-2-1　リカードの比較優位説

- ：それでは，貿易論についての学習を深めていきましょう。
- ：よろしくお願いします！
- ：皆さんは，貿易がなぜ起こると思いますか？
- ：貿易が起こるのは，そもそも日本では生産できなくても外国では生産が可能な財を輸入し，外国では生産できなくても日本では生産できる財を輸出するから貿易が起こるのですよね？
- ：たとえば，パパイヤのような南国の果物は，日本では生産できないので，外国から輸入していますね。でもパパイヤのような果物は，日本の貿易額の中では実は少額で，実際には小麦や大豆のような，日本でも生産できる財のほうが圧倒的に輸入額は多くなっています。
- ：確かに小麦や大豆は，アメリカや中国から大量に輸入していますね。
- ：そうですね。小麦や大豆は日本でも生産可能ですが外国から輸入していますね。これはなぜでしょう？
- ：それは，日本で農業をする人が減ってきたからでは…？
- ：うーん…なかなかいい点をついているかもしれませんね。それでは，ミクロ経済学としてはどのように考えるのか，について話をしていきましょう。実は貿易は，日本で生産できないものを輸入し，日本で生産できるが外国では生産できないから輸出をする，という単純なものではなくて，もっと奥の深い部分があるのですよ。
- ：やっぱり…。どんな部分なのですか？
- ：18世紀の後半，イギリスにD.リカードという学者がいました。このリカードが，なぜ貿易が起こるかを理論として明確に示したので，少し彼の話をしましょう。彼はイギリスとポルトガルの財の取引を見ながら貿易論を提唱しました。彼はイギリスとポルトガルのラシャ（綿織物）に注目しました。それぞれの国での生産を見てみると，イギリスは軽工業の産業革命の起こっていた時期でしたから，機械を使って生産していました。一方，ポルトガルは手作業で生産していました。またリカードは，ぶどう酒の原料であるぶどうにも注目していました。ポルトガルは比較的温暖であるため，あまり手入れをしなくても，良いぶどうが育ちます。

ところがイギリスは，気候的にポルトガルに比べて寒いので，あまり良いぶどうが育ちません。かなり手入れをしなければポルトガル並みのぶどうはできません。リカードはこの2つの財の生産における特徴から，"効率性"という概念が貿易を生んでいるのではないかという考えに至ったのでした。

：効率性って，結局どういうことなんですか？

：きっと効率性って，どちらが安いコストで作っているか，という意味よ。

：そうですね。リカードはこの効率性に注目しました。そしてこの効率性の違いが貿易を生むと考えたのでした。

：そうすると，いまのイギリスとポルトガルの場合でも貿易は起こるのですか。

：価格比が適切に機能することが前提になりますが，貿易が起こります。この場合，ラシャ（綿織物）はイギリスが効率的に生産しているので，イギリスが輸出をし，ぶどう酒はポルトガルが効率的に生産しているので，ポルトガルが輸出することになると考えました。ただしこれは，あくまでもリカードの理論をごく単純にまとめれば，という話なので，厳密にはもう少し深い考えが必要になります。そこで，その深い部分についての話をしていきましょう。

：はい，よろしくお願いします。

：そこで，リカードの理論を，次の表を用いて説明してみましょう。リカードは貿易論を論じるにあたって，2国2財1生産要素のモデルを設定して，完全競争のもとで説明しました。貿易はさまざまな国と行うものですが，とりあえず2国間での貿易に注目し，2財モデル（x財，y財）を使って考えました。さらに，1つの生産要素，という仮定で考えました。この1生産要素ですが一般的には労働を指しています。本来，生産は資本と労働で行われますが，リカードは労働のみで生産活動を行うものとして理論を作りました。これらの前提のもとで，貿易論を作ったのでした。

：もうすでに難しいですね。

：それでは，表1を見てください。2国をそれぞれ日本，

アメリカ，2財をそれぞれ自動車，コメとしましょう。

表1

	A国（アメリカ）	B国（日本）
x財（自動車）	1人	2人
y財（コメ）	2人	10人

　この表の数値の意味ですが，アメリカ（A国）の自動車（x財）における"1人"とは，1単位（1台）の自動車を生産するのに，1人の労働者を必要とする，という意味になります。そうすると，アメリカ（A国）のコメ（y財）の2人は何を意味しますか。

：アメリカではコメを1単位（たとえば1トン）生産するのに，2人の労働者を必要とするということを表していると思います。

：そうですね。それでは，日本（B国）の自動車（x財）の2人は何を意味しますか。

：これは日本では，自動車を1台生産するのに，2人の労働者を必要とするということだと思います。

：そうですね。そのとおりです。そして日本（B国）のコメ（y財）は10人となっていますが，これは日本でコメ1単位を生産するのに，10人の労働者を必要とするという意味になります。

：なーんだ，簡単そうだな。

：それではこの図から，自動車，コメにおいて，効率的に生産しているのは，それぞれどちらの国になりますか。

：えーと，自動車もコメもアメリカになると思います。

：そうですね。自動車1台を作るのに，アメリカは1人の労働者，日本は2人の労働者を必要とするわけですから，アメリカのほうが少ない労働者で生産しています。つまり効率的に生産していることになります。コメも同様に1単位を作るのに，アメリカは2人の労働者，日本は10人の労働者を必要とします。つまり，アメリカのほうが効率的に生産しています。

：リカードの貿易論では，効率的に生産しているほうを輸出しますから，この場合，アメリカが両方の財を輸出す

ることになるのですか？

：いい質問ですね。しかし残念ながら違います。順を追って説明しましょう。まず，アメリカがどちらも効率的になりましたが，この効率性のことを**絶対優位**といいます。いまアメリカは，自動車とコメの両方に対して絶対優位にあります。

> 自動車を1台つくる。
> 　アメリカ　→　1人必要　　アメリカが絶対優位にある。
> 　日本　　　→　2人必要
>
> コメを1単位（1トン）つくる。
> 　アメリカ　→　2人必要　　アメリカが絶対優位にある。
> 　日本　　　→　10人必要

しかしリカードの理論では，この絶対優位は貿易には関係ないとし，貿易は比較生産費（相対生産費）から求めるべきであるとなっています。それでは，その比較生産費を求めてみましょう。比較生産費はx財のy財に対する比較生産費と，y財のx財に対する比較生産費の2つの比較生産費が求められます。まずx財のy財に対する比較生産費を求めてみましょう。

x財のy財に対する比較生産費（自動車のコメに対する比較生産費）

アメリカ　　　　　　　　　　　　　日本

$$\frac{x財（自動車）}{y財（コメ）} = \frac{1人}{2人} = \frac{1}{2}$$　　　$$\frac{x財（自動車）}{y財（コメ）} = \frac{2人}{10人} = \frac{1}{5}$$

この比較生産費をみると，アメリカは$\frac{1}{2}$，日本は$\frac{1}{5}$で，日本のほうが小さくなっています。つまり**比較生産費**，という各国内での2財の相対的な生産費，という視点から見たとき，自動車（x財）は日本のほうが米国よりも効率的である，と言えるのです。したがって，日本のほうが比較生産費の視点からみると優位にあるのですが，この優位性のことを**比較優位**といいます。

> **ことばの意味**
>
> 比較生産費：各国内での2財の相対的な生産費のこと
> 比較優位：相対的に比較生産費が低いこと

🐘：比較生産費とは，アメリカの場合 $\frac{1}{2}$ ですが，これは何を意味しているのですか。

🐘：では，簡単に解説しておきましょう。これは分母の財である，コメ（y財）の生産費を1としたときの，分子の財である自動車（x財）の生産費を表しています。表1ではコメ（y財）の生産費が2ですが，これを1に換算したときの，自動車（x財）の生産費になります。コメの生産費が2から半分の1になりましたから，自動車の生産費も1から半分の $\frac{1}{2}$ になっています。これが比較生産費の概念になります。

🐘：何となくわかったような気がします。

🐘：それではつぎに，y財のx財に対する比較生産費を求めましょう。

y財のx財に対する比較生産費（コメの自動車に対する比較生産費）

アメリカ

$$\frac{y財（コメ）}{x財（自動車）}=\frac{2人}{1人}=2$$

日本

$$\frac{y財（コメ）}{x財（自動車）}=\frac{10人}{2人}=5$$

この生産費を見ると，アメリカ2，日本5となっていて，アメリカのほうが小さくなっています。つまり比較生産費からみたとき，アメリカのほうが米の生産は比較優位にあることになります。

🐘：いま，自動車は日本が比較優位，コメはアメリカが比較優位になりましたが，結局，それぞれの国は，比較優位にある財を輸出することになるのですか。

🐘：そのとおりです。厳密には，価格比に依存して貿易は発生するのですが，価格比が適切に機能すれば，それぞれの国は比較優位にあるほうの財を輸出し，貿易が起こることになります。

:要するに，比較生産費でそれぞれの国の輸出財がわかると覚えておけばよいのですね。

:うーん。とりあえずはそのように覚えておいてください。

:比較生産費だけで貿易が起こるとは限らないのですか。

:そうですね。比較生産費によって，それぞれの国の比較優位にある財が求められます。しかし実際に貿易が実現するかどうかは国際価格（比）に依存します。国際価格の値によっては，比較優位であっても貿易が起こらなかったりします。

:それでは，国際価格比はどのように決まるのですか？

:その説明をすると長くなるので，これは次のPart 2で話すことにしましょう。

:そのようにしてください。ぼくは今，理解の限界に達しています。

:そうですか。それでは，これぐらいにしておきましょう。

:ありがとうございました。

Part 2　6-2-2　交易条件の確認

🐘：ここでは，貿易が行われるための条件にあたる交易条件についての話をしましょう。

🐘🐘：よろしくお願いします！

🐘：比較優位になっても，交易条件が適切な状態にならなければ，貿易は発生しません。この交易条件について考えて行きましょう。**交易条件**とは貿易を行う際の財の交換条件のことで，両財の価格比で表されます。それでは，前のPart 1で学習した表を再び使って説明しましょう。

🐘：日本とアメリカの表ですね。

🐘：そうです。

表1

	A国（アメリカ）	B国（日本）
x財（自動車）	1人	2人
y財（コメ）	2人	10人

この図から比較生産費を求めましたね。

x財のy財に対する比較生産費（自動車のコメに対する比較生産費）

アメリカ

$$\frac{x財（自動車）}{y財（コメ）} = \frac{1人}{2人} = \frac{1}{2}$$

日本

$$\frac{x財（自動車）}{y財（コメ）} = \frac{2人}{10人} = \frac{1}{5}$$

日本は自動車において比較優位にあり，アメリカはコメにおいて比較優位にあります。それでは，この時のそれぞれの国のこれらの財に対する価格を求めましょう。

🐘：どのようにして求めるのですか？

🐘：完全競争であることが前提になっていますから，利潤はゼロと考えてください。さらに費用は労働のみですから，労働の費用がそのまま価格になります。

🐘：よくわからないなあ…。

🐘：それでは，もう少し具体的に考えてみましょう。いま，アメリカの賃金

率をw_1，日本の賃金率をw_2としましょう。アメリカでは，自動車1台は，1人の労働者で生産できるわけですから，1人分の賃金が自動車の価格になります。完全競争市場で企業が得られる利潤はゼロと考えられますから，この1人分の賃金のみが自動車の価格に反映されることになります。したがって自動車の価格をP_xとすると，

$$P_x = 1 \times w_1 = w_1 \text{（ドル）}$$

となります。同様にコメの価格をP_yとすると，1単位のコメを生産するのに，2人の労働者で生産できるので，2人分の賃金がコメ1単位生産する際のコストとなり，これが価格になります。つまり，

$$P_x = 2 \times w_1 = 2w_1 \text{（ドル）}$$

となります。このとき，価格比は$\dfrac{P_x}{P_y} = \dfrac{w_1}{2w_1} = \dfrac{1}{2}$となります。

:価格比にすると，アメリカの賃金率w_1が消えてしまいましたが，間違いではないのですか？

:大丈夫ですよ。間違いではありません。比率をとると2財の相対価格（価格比）になるので，このように賃金率w_1が消えてしまうのです。またこの価格比は，アメリカの比較生産費に等しくなっていることも確認してください。それでは，日本の賃金率をw_2として，同様の方法で日本の価格比も求めましょう。

:同じ方法ならば，僕が求めてみますよ。えーと，日本の賃金率がw_2で，自動車を1台生産するのに2人の労働者が必要なので，この労働分が自動車生産のコストで，これが価格になるわけですね。だから$P_X = 2w_2$になりますね。

:そうですね。それでは，コメの価格はどのようになりますか。

:えーと，日本の賃金率がw_2で，コメを1単位生産するのに，10人の労働者を必要とするので，$P_X = 10w_2$になります。

:そうですね。そのとおりです。それでは，ここでの価格比を求めてみましょう。すると，価格比は$\dfrac{P_x}{P_y} = \dfrac{2w_2}{10w_2} = \dfrac{1}{5}$になりますね。この価格比も，日本の比較生産費に等しくなっていることを確認してください。

:これで両国の価格比と，その価格比が比較生産費に等しいことがわかりましたが，貿易が起こるためには，この価格比が必要なのですか。

:この価格比がとても重要になります。価格比を用いて貿易を考えるからです。それでは，アメリカから始めましょう。アメリカの価格比は $\dfrac{P_x}{P_y} = \dfrac{w_1}{2w_1} = \dfrac{1}{2}$ でした。ここで国際価格比が $\dfrac{P_x}{P_y} = \dfrac{1}{3}$ であったとしましょう。国際価格比とは，外国との貿易を行うときの価格比と考えてください。そうするとこの場合，分母のコメ（y 財）は，自国で販売するより，外国に売ったほうが高く売れることになります。

$$\dfrac{P_x}{P_y} = \dfrac{1}{3} = \dfrac{w_1}{3w_1} < \dfrac{w_1}{2w_1} = \dfrac{1}{2} \cdots\cdots ①$$

:よく意味がわからないなあ。

:それでは，①式の意味を説明しましょう。国際価格比はいま，$\dfrac{P_x}{P_y} = \dfrac{1}{3}$ です。この価格比の，右辺の分母，分子に w_1 をかけることで，$\dfrac{P_x}{P_y} = \dfrac{w_1}{3w_1}$ になります。これは価格比ですが，この分母と分子を分けて見てみると，$P_x = w_1$，$P_y = 3w_1$ となっているように見えませんか。

:見ようと思えば見えますね…

:このように見ると，国内の価格は，$P_x = w_1$，$P_y = 2w_1$ でしたから，この場合，コメ（y 財）は国内価格よりも外国価格のほうが，高くなっています。したがって，利潤を最大化する国内のコメ業者は，アメリカ国内で売るよりも，外国に売ったほうがいいことになります。もう少し詳しく説明すると，コメの業者は，アメリカ国内で，1単位のコメを，アメリカ人労働者を使って，$2w_1$ の費用で生産して，そのコメを外国に $3w_1$ で売ることになります。その結果，コメ業者は $3w_1 - 2w_1 = w_1$ の利益を得ることができるわけです。したがって，国際価格比 $\left(\dfrac{1}{3}\right)$ が自国の価格比 $\left(\dfrac{1}{2}\right)$ よりも小さいときに，ア

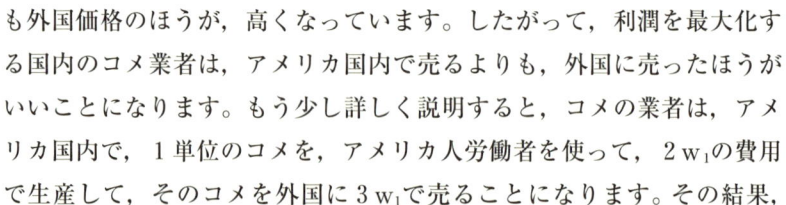

メリカはコメを輸出することになります。

🐘：何だか難しいなあ…。

🐘：それでは，同じ要領で日本の場合を考えましょう。国際価格比が $\dfrac{P_x}{P_y} = \dfrac{1}{3}$ のとき，日本の賃金率w_2をかけることで，$\dfrac{P_x}{P_y} = \dfrac{1}{3} = \dfrac{1 \times w_2}{3 \times w_2} = \dfrac{w_2}{3w_2}$

$= \dfrac{2 \times w_2}{6 \times w_2}$ と変形することができます。これも分母と分子をそれぞれ分けて見ると，$P_x = 2w_2$，$P_y = 6w_2$ となっているように見えませんか。

🐘🐘：見ようと思えば…

🐘：そうすると，それぞれの財の日本の価格は，$P_x = 2w_2$，$P_y = 10w_2$ でしたから，コメ（y財）は自国で買うより，アメリカから購入したほうが，安く手に入れられることになります。したがって日本は，アメリカからコメを輸入することになります。以上から日本の価格比 $\left(\dfrac{1}{5}\right)$ が国際価格比 $\left(\dfrac{1}{3}\right)$ より小さいときにはコメを輸入することになります。

$$\dfrac{1}{5} < \dfrac{1}{3} < \dfrac{1}{2}$$

$$\dfrac{日本の自動車（x財）の価格}{日本のコメ（y財）の価格} < \dfrac{自動車の国際価格}{コメの国際価格} < \dfrac{アメリカの自動車の価格}{アメリカのコメの価格}$$

このときアメリカがコメを輸出して，日本がコメを輸入するのです。

🐘：なるほど…。これでコメはアメリカが輸出して，日本が輸入するということがわかりました。それでは自動車はどうなるのですか。

🐘：難しくなってしまうので省略しますが，自動車も同じ要領で考えればいいです。価格比をうまく変形すればすぐにわかります。

🐘：先生！　ボクはすごいことに気付いてしまいましたよ！　結局，簡単に言ってしまえば，貿易が起こるのは，国際価格費が，両国の比較生産費

の間にあるとき，と覚えておけばいいのですね？

🐘：そうですね。ただ，丸暗記ではなくて，できればメカニズムも理解しておいてほしいのですが，最初のうちはマナブ君のように覚えておくのも1つの方法かも知れませんね。

> **ことばの意味**
>
> 交易条件：貿易を行う際の財の交換条件（国際価格比）のこと。この国際価格比が両国の比較生産費の間にあるときに，貿易が行われる。

🐘：私は大変だけど，きちんと理解するわ！
🐘：リカードの貿易理論は，奥の深い理論なんだなぁ，と思いました。
🐘：そうですね。それでは，これで終わりにしましょう。
🐘 🐘：ありがとうございました。

INDEX

英字（A～Z）

AC	134
AVC	135
Bads	58,105
FC	133,134
MB	262
MC	137,143
MP	119
MR	192,193
MRS	37,39
MRT	269,271
MU	27,39
PMC	278,279
SMC	278,279
TC	125,128,130,133,134
TR	125,126
VC	133,134

ア 行

安定	166,169,171
異時点	109
異時点間の最適消費	109
一般均衡分析	268
インセンティブ契約	330
売上	125,126
売上高最大化	228
売上高最大化仮説	227
売り手	114
エッジワース・ボックス・ダイアグラム	245
エンゲル曲線	72,73

カ 行

外部経済	275,280
外部効果	274,275
外部不経済	275,277
開放経済	334
価格支配力	152,153
価格消費曲線	79
価格調整	164
下級財	69,70
家計	3
加重限界効用均等法則	50,51
寡占市場	188
傾き	10,11
可変費用	133,134
関数	8,24
関税	341
関税政策	339
完全競争市場	152,181
完全競争市場の成立条件	152
完全代替財	40
完全補完財	41
企業	3,114
技術的外部効果	275,276
希少価値	39
基数的効用	34

ギッフェン財	86
逆S字型	131, 132
逆選択	322, 325, 329
供給曲線	143
供給独占	188
競合性	254
共同で利潤を最大化する	299
均衡	156, 157
均衡解	231
金銭的外部効果	275
クールノー均衡	210, 212
屈折需要曲線	222
クモの巣理論	170
クモの巣理論の安定条件	172
経済主体	322
契約曲線	248, 249, 251
ゲーム理論	229
限界効用	27
限界効用逓減の法則	28
限界収入	192, 193
限界生産力	118, 119
限界生産力逓減	120
限界生産力逓増	120
限界代替率	36, 49
限界代替率逓減の法則	37
限界費用	137, 143
限界評価	262
限界費用価格形成原理	311, 312, 316
限界便益	262
限界変形率	251, 269, 271
コア	249
公益産業	311
交易条件	354, 358
公共財	254
公共財の最適供給条件	265, 271
厚生損失	200
硬直的	222
効用	23
効用関数	24
効用最大化点	49
効用最大化の仮定	47
効率性	176, 238
コースの定理	293, 295
国際価格比	358
固定費用	133, 134
個別需要曲線	89
混雑現象	255

サ 行

財	23
最適消費	47
最適消費点	49
差別価格	201, 204
差別独占	201
参入	152, 154
シェア維持	214, 216
死荷重	184, 200
シグナリング	325
市場	4
市場供給曲線	143
市場需要曲線	92, 94
市場の失敗	241, 242

指数	12
自然独占	308
実質所得	82, 83
私的限界費用	278
私的限界費用曲線	278, 279
私的財	254
私的財の最適供給条件	265
シフト	61
資本	115, 116
資本の限界生産力	119
社会的限界費用	278
社会的限界費用曲線	278, 279
社会的総余剰	181, 183
奢侈品	73
自由財	39, 238
囚人のジレンマ	233
自由貿易	335, 337
従量税	182
シュタッケルベルク均衡	217
需要曲線	89
需要独占	188
需要の価格弾力性	95, 98, 203
需要法則	95
準公共財	258
純粋公共財	259
上級財	68, 69
消費可能領域	45, 46
消費者	3, 22
消費者均衡点	157
消費者余剰	177, 178, 181, 183, 336, 337, 340, 341
情報の完全性	152
序数的効用	34
所得効果	80, 81, 82
所得消費曲線	66
推移律の仮定	33
数量調整	167
スクリーニング	325
生産関数	116, 118
生産者	3, 114
生産者余剰	179, 180, 181, 183, 336, 337, 340, 341
生産要素	115
正常財	68
ぜいたく品	73
製品差別化	153, 205
政府	5
絶対優位	351
切片	10
ゼロサムゲーム	230
全部効果	80, 81
操業停止点	145
総収入	125, 126
総費用	125, 128, 130
総費用曲線	131
総余剰	336, 337, 341
損益分岐点	145, 160

タ行

退出	152, 154
代替	31
代替効果	80, 81

代替財	29,40
代替性の仮定	31
短期均衡	158,161,205
端点解	55
中級財	71
超過供給	165,166
超過供給価格	168,169
超過需要	165,166
超過需要価格	168,169
長期均衡	158,161,207
貯蓄	109
賃金率	106
逓減	28
同質	152,153
投入	115,116
等量消費性	254
独占企業の利潤最大化条件	192
独占市場	188
独占的競争市場	188,205
独占度	197
独立採算	314,315
取引	4
取引費用	295

ナ　行

内部化	294
ナッシュ均衡	232
2財の価格比	46,49
二部料金制度	316,317

ハ　行

π	125
排除性	255
排除不可能性	257
パレート改善	247
パレート最適	239,241,242,243,
	248,260,295,312,315
パレート最適点	247,249
パレート最適の成立条件	249
反応関数	212,217
比較生産費	351,352
比較優位	351,352
非競合性	254,255
ピグー税	286
ピグー的政策	283,286,290
ピグー補助金	290
必需品	73
非排除性	254,257
微分	14
費用逓減産業	304,306,309,310
不安定	166,169,171
不完全競争市場	186
複占市場	188
部分均衡分析	268
不飽和の仮定	24
プライス・テイカー	153
プライス・メイカー	153,186
フリーライダー	256,257
フル・コスト原理	225
平均可変費用	135
平均費用	134

平均費用価格形成原理	313,314, 315,316
閉鎖経済	334
変動費用	133
偏微分	17
貿易の利益	336,337,339
補完財	40
保護貿易政策	339
補助金	312

マ 行

マークアップ率	225
マーシャル的調整過程	167
マクロ経済学	2
ミクロ経済学	2
ミニマックス原理	229
無差別曲線	30
名目所得	82
モニタリング	330
モラルハザード	328,329

ヤ 行

余暇	105
予算制約式	44,110
予算制約線	44
余剰	176,238
余剰損失	183,200

ラ 行

ラーナーの独占度	197
利益	124

利潤	124,125
利潤最大化条件	140
利子率	109,129
利得表	229
劣等財	69
レモンの原理	324
連関財	42
レンタル・プライス	129
労働	115,116
労働供給量	104,106
労働の限界生産力	119

ワ 行

ワルラス的調整過程	164

<執筆>

宮本裕基（みやもと・ひろき）

慶應義塾大学経済学部卒業，同大学大学院経営管理研究科修士課程修了。
中高一貫の進学校での教員やシンクタンクでの経済分析研究員としての勤務等を経た後に1998年よりＬＥＣ専任講師となり，経済学，経営学を中心に様々な資格試験を目指す多くの受講生に講義，指導，サポートをしている。ＭＢＡコースを修了していることもあり，講義では抽象的で堅苦しく難しいテーマよりも，身近なわかりやすい具体例を取り入れた話題が多く出る点が特徴。

宮本裕基のスッキリわかるミクロ経済学

2007年5月10日　第1版　第1刷発行
2012年1月10日　　　　　第4刷発行

　　執　筆●宮本　裕基
　　編著者●株式会社　東京リーガルマインド
　　　　　　ＬＥＣ総合研究所　公務員試験部

　　発行所●株式会社　東京リーガルマインド
　　　　〒164-0001　東京都中野区中野4-11-10
　　　　　　　　　　アーバンネット中野ビル
　　　　☎03(5913)5011（代　　表）
　　　　☎03(5913)6336（出版部）
　　　　☎048(999)7581（書店様用受注センター）
　　振　替　00160-8-86652
　　　www.lec-jp.com/

　　本文フォーマットデザイン＆カバーイラスト●デザインスタジオ　ケイム
　　カバーデザイン●エー・シープランニング　千代田　朗
　　印刷・製本●日経印刷株式会社

©2007 TOKYO LEGAL MIND K.K., Printed in Japan　　　ISBN978-4-8449-0410-6
複製・頒布を禁じます。
本書の全部または一部を無断で複製・転載等することは、法律で認められた場合を除き、著作権者及び出版者の権利侵害になりますので、その場合はあらかじめ弊社あてに許諾をお求めください。
なお、本書は個人の方々の学習目的で使用していただくために販売するものです。弊社と競合する営利目的での使用等は固くお断りいたしております。
落丁・乱丁本は、送料弊社負担にてお取替えいたします。出版部までご連絡ください。

LEC INFORMATION

LEC独自の情報満載の公務員試験サイト!
LEC公務員サイト
www.lec-jp.com/koumuin/

さらに見やすく、さらに便利に!

ここに来れば「公務員試験の知りたい」のすべてが分かる!!

- 公務員試験案内 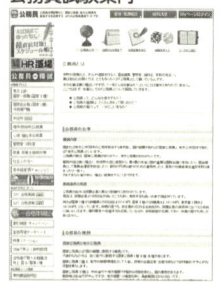 
- 講座案内
- 無料講座説明会
- オンラインショップ

掲載情報

最新試験情報
各種の国家公務員試験はもちろん、全国各地の地方公務員試験の最新試験情報を、いち早くお知らせします。

試験DATA
各公務員試験の仕事内容や試験概要・日程など、志望先を決定するのに役立つ最新情報を提供します。

イベント情報
特別企画の説明会や官庁講演会、合格者座談会など公務員試験受験生に有益なLECのさまざまなイベントをご紹介しています。

メールマガジン
毎週金曜日に送信される「合格へのパスポート」は、試験情報や特別公開講座・講演会など各種イベント情報や講師からの学習アドバイスなどの最新の公務員試験情報をお届けします。登録は随時受付中。

講師紹介
長年にわたって公務員試験の受験指導を続けている、経験豊富なLEC講師陣から、受験生の皆様へメッセージをお伝えしています。

※実際の運用に際しては、一部変更となる場合がございます。あらかじめご了承ください。

公務員書籍のご案内

大人気! 畑中敦子シリーズ

＜シリーズ第4弾＞
畑中敦子の数的処理の9回勝負！ ～畑中敦子シリーズの集大成～

畑中敦子シリーズの集大成です。本試験で役立つテクニックを大公開しています。数的処理は全部解けばいい訳ではありません。限られた時間内で確実な得点を目指すためのテクニックを満載している一冊です。

定価：1,575円（税込）
（KD00409）

大人気! 大卒程度ワニ本3部作　～これで数的処理は完璧!!～

＜シリーズ第1弾＞
畑中敦子の**数的推理の大革命！**

数的推理のポイントは、"いかに短時間で多くの問題を解くことができるか"ということです。本書にはそのための裏ワザやスピード解法が満載です。

定価：1,575円（税込）
（KD00197）

＜シリーズ第2弾＞
畑中敦子の**判断推理の新兵器！**

公務員試験でウェイトが高く、受験生が引っかかりがちな判断推理を徹底解説します。付録のCD-ROMは、例題の図形を視覚的に捉えやすい内容となっています。

定価：1,680円（税込）
（KD00198）

＜シリーズ第3弾＞
畑中敦子の**資料解釈の最前線！**

グラフの正確な読解と多くの計算で、膨大な時間がかかるのが資料解釈の特徴です。本書には資料解釈問題をスピード解答するためのウラ技やテクニックを満載しています。

定価：1,260円（税込）
（KD00199）

高卒程度ワニ本　～基本から数的処理を身に付けたい方向け～

畑中敦子の**天下無敵の数的処理！**

高卒程度公務員試験の問題を60パターンに分析したうえで、講義形式で解説が書かれています。高卒程度公務員試験の数的処理対策には必携の一冊です。また、大卒程度公務員試験の数的処理対策の入門本としても最適な本です。

第1巻　判断推理・空間把握編
定価：1,470円（税込）
（KD00395）

第2巻　数的推理・資料解釈編
定価：1,470円（税込）
（KD00396）

算数・数学を基本からやり直したい方向け

畑中敦子の**算数・数学の超キホン！**

算数・数学をキレイさっぱり忘れちゃった方におススメの「超入門書」です。公務員試験はもちろん、就職試験のSPIやその他各種試験の数学分野の基礎対策にも利用していただけます。

定価：1,050円（税込）
（KD00394）

LEC Webサイト

資格最新情報や講座申込受付まで、いつでも情報満載でご案内しております。

情報盛りだくさん！

資格を選ぶときも、
講座を選ぶときも、
最新情報でサポートします！

最新情報
各試験の試験日程や法改正情報。対策講座、模擬試験の最新情報を日々更新しています。

資料請求
講座案内など無料でお届けいたします。

受講・受験相談
メールでのご質問を随時受け付けております。

よくある質問
LECのシステムから、資格試験についてまで、よくある質問をまとめました。疑問を今すぐ解決したいなら、まずチェック！

適性診断サービス（有料）
あなたのパーソナリティーの分析から、仕事・資格の適性を診断します！

充実の動画コンテンツ！

ガイダンスや講演会動画、
講義の無料試聴まで
Webで今すぐCheck！

動画視聴OK
パンフレットやWebサイトを見てもわかりづらいところを動画で説明。いつでもすぐに問題解決！

Web無料試聴
講座の第1回目を動画で無料試聴！気になる講義内容をすぐに確認できます。

| LEC公式サイト | **www.lec-jp.com/** ▷▷▷ LECのWebサイトは最新情報だけではありません。お気軽にアクセスしてください。

自慢のメールマガジン配信中！（登録無料）

LEC講師陣が毎週配信！ 最新情報やワンポイントアドバイス、改正ポイントなど合格に必要な知識をメールにて毎週配信。

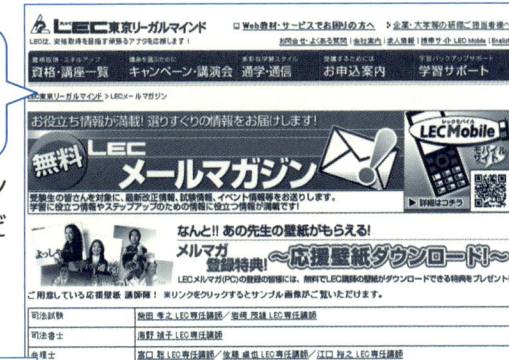

LECオンライン本校

LECで販売している通信講座・書籍・講義補助教材などいつでもご注文いただけます。さらに購入額の1%をポイント付与！

online.lec-jp.com/

LECモバイル 携帯サイト
www.lec-jp.com/i/

いつも近くにLECモバイル

LECモバイルは資格情報やLEC全国学校情報や学習サポートコンテンツも充実！

一問一答サービス
携帯電話に問題を毎日配信。本試験までのペースメーカーに最適です！

モバイルメルマガ
試験情報やキャンペーン情報など毎週配信。その他「携帯小説」や「用語集」など、いつも近くにある携帯だからこそ使える学習コンテンツを順次提供中。

QRコード

※資格試験によっては実施していないサービスがありますので、ご了承ください。

LEC 全国学校案内

＊講座のお問い合わせ、受講相談は最寄りのLEC各本校へ

LEC本校

■ 関東

渋谷駅前本校 ☎03(3464)5001
司法試験学院 ☎03(3464)5007
〒150-0043 東京都渋谷区道玄坂2-6-17 渋東シネタワー

池袋本校 ☎03(3984)5001
〒171-0022 東京都豊島区南池袋1-25-11 第15野萩ビル

水道橋本校 ☎03(3265)5001
〒101-0061 東京都千代田区三崎町2-2-15 Daiwa三崎町ビル

新宿エルタワー本校 ☎03(5325)6001
〒163-1518 東京都新宿区西新宿1-6-1 新宿エルタワー

新宿西口本校 ☎03(5325)6001
〒160-0023 東京都新宿区西新宿7-10-1 新宿第2アオイビル
※新宿西口本校へのお問い合わせ等は、新宿エルタワー本校にて承っております。

高田馬場本校 ☎03(6861)5001
〒169-0075 東京都新宿区高田馬場2-14-17 高田馬場宮田ビル

早稲田本校 ☎03(5155)5501
〒162-0045 東京都新宿区馬場下町62 三朝庵ビル

中野本校 ☎0570(064)464
〒164-0001 東京都中野区中野4-11-10 アーバンネット中野ビル

立川本校 ☎042(524)5001
〒190-0012 東京都立川市曙町1-14-13 立川MKビル

蒲田本校 ☎03(5744)5331
〒144-0051 東京都大田区西蒲田8-20-8 アゼル3号館

町田本校 ☎042(709)0581
〒194-0013 東京都町田市原町田4-5-8 REGALOビル

八王子本校 ☎042(631)1911
〒192-0082 東京都八王子市東町2-12 京王八王子東町ビル

上野本校 ☎03(3834)6611
〒110-0015 東京都台東区東上野3-37-9 かみちビル

浅草本校 ☎03(5827)0561
〒111-0032 東京都台東区浅草1-10-2 YS-1ビル

錦糸町本校 ☎03(5638)0411
〒130-0022 東京都墨田区江東橋4-11-5 東亜ビル

西葛西本校 ☎03(5878)3661
〒134-0088 東京都江戸川区西葛西6-16-7 西葛西駅前三基ビル

北千住本校 ☎03(5284)2601
〒120-0036 東京都足立区千住仲町19-6 和光ビル

竹ノ塚本校 ☎03(5831)2161
〒121-0813 東京都足立区竹ノ塚1-27-1 タケカビル

新橋本校 ☎03(5510)9611
〒105-0004 東京都港区新橋2-14-4 マルイト新橋レンガ通りビル

大宮本校 ☎03(3984)5001
〒330-0802 埼玉県さいたま市大宮区宮町1-24 大宮GSビル
※大宮本校へのお問い合わせ等は、池袋本校にて承っております。

川口本校 ☎048(224)9811
〒332-0012 埼玉県川口市本町4-1-6 第一ビル

南越谷本校 ☎048(961)1811
〒343-0845 埼玉県越谷市南越谷1-12-11 イーストサンビル2

所沢本校 ☎04(2929)4511
〒359-1124 埼玉県所沢市東住吉9-5 ARAIビル

横浜本校 ☎045(461)5001
〒220-0011 神奈川県横浜市西区高島2-19-12 スカイビル

横浜西口本校 ☎045(311)5001
〒220-0004 神奈川県横浜市西区北幸2-6-1 横浜APビル

日吉本校 ☎045(286)5001
〒223-0062 神奈川県横浜市港北区日吉本町1-22-10 日吉駅前ビル

川崎本校 ☎044(211)3831
〒210-0006 神奈川県川崎市川崎区砂子2-5-10 りそな川崎ビル

藤沢本校 ☎0466(55)205
〒251-0055 神奈川県藤沢市南藤沢21-7 平野ビル

横須賀本校 ☎046(828)641
〒238-0006 神奈川県横須賀市日の出町1-2-2 明香ビル

千葉本校 ☎043(222)500
〒260-0015 千葉県千葉市中央区富士見2-3-1 塚本大千葉ビル

柏本校 ☎04(7142)271
〒227-0852 千葉県柏市旭町1-6-4 島田ビル

船橋本校 ☎047(433)721
〒273-0011 千葉県船橋市湊町2-11-3 ASビル

水戸本校 ☎029(302)901
〒310-0803 茨城県水戸市城南2-8-38 常磐第一ビル

高崎本校 ☎027(330)517
〒370-0831 群馬県高崎市あら町67-1 高崎あら町センタービル

宇都宮本校 ☎028(650)141
〒320-0811 栃木県宇都宮市大通り4-2-10 宇都宮駅前ビル

■ 甲信越・北陸

甲府本校 ☎055(221)851
〒400-0858 山梨県甲府市相生1-1-1 M-1ビル

長野本校 ☎026(238)351
〒380-0821 長野県長野市大字鶴賀上千歳町1137-23 長野1137ビル

新潟本校 ☎025(240)778
〒950-0901 新潟県新潟市中央区弁天3-2-20 弁天501ビル

富山本校 ☎076(443)581
〒930-0002 富山県富山市新富町2-4-25 カーニープレイス富山

金沢増泉本校 ☎076(247)261
〒921-8025 石川県金沢市増泉2-7-16 グリーンヒルズビル

■ 北海道・東北

札幌本校 ☎011(210)500
〒060-0004 北海道札幌市中央区北4条西5-1 アスティ45ビル

旭川本校 ☎0166(29)621
〒070-0035 北海道旭川市5条通9丁目 ロイヤルビル

青森本校 ☎017(721)803
〒030-0823 青森県青森市橋本2-19-21 バランテックビル

仙台本校 ☎022(380)700
〒980-0021 宮城県仙台市青葉区中央3-4-18

■ 東海・中部

静岡本校 ☎054(255)500
〒420-0857 静岡県静岡市葵区御幸町3-21 ペガサート

浜松本校 ☎053(451)541
〒430-0944 静岡県浜松市中区田町230-17 田町ファーストビル

名古屋駅前本校 ☎052(586)500
〒450-0002 愛知県名古屋市中村区名駅3-26-8 名古屋駅前校通ビル

岡崎本校 ☎0564(25)701
〒444-0059 愛知県岡崎市康生通西3-5 森岡崎ビル

岐阜本校 ☎058(265)277
〒500-8847 岐阜県岐阜市金宝町1-1 UTビル

四日市本校 ☎059(350)840
〒510-0067 三重県四日市市浜田町12-16 ネットプラザ四日市ビル

■ 関西

京都駅前本校 ☎075(353)953
〒600-8216 京都府京都市下京区東洞院通七条下ル東塩小路町680-2 木村食品ビル

大津駅前本校 ☎077(510)291
〒520-0051 滋賀県大津市梅林2-1-28 アクティ大津

【LEC公式サイト】www.lec-jp.com/　【携帯サイト】www.lec-jp.com/i/　（バーコード対応機種のみ）

携帯電話からはかんたんアクセス！
全国学校案内へ！

梅田駅前本校 ☎06(6374)5001
〒530-0013 大阪府大阪市北区茶屋町1-27　ABC-MART梅田ビル

北梅田本校 ☎06(6374)5001
〒530-0012 大阪府大阪市北区芝田2-9-20 学園ビル
※北梅田本校へのお問い合わせ等は、梅田駅前本校にて承っております。

天王寺北本校 ☎06(6772)1051
〒543-0062 大阪府大阪市天王寺区逢阪2-3-2　リンクハウス天王寺ビル

難波駅前本校 ☎06(6646)6911
〒542-0076 大阪府大阪市中央区難波4-7-14　難波阪神ビル

神戸本校 ☎078(325)0511
〒650-0021 兵庫県神戸市中央区三宮町1-1-2　三宮セントラルビル

尼崎本校 ☎06(6491)4311
〒661-0976 兵庫県尼崎市潮江1-20-1　アミング潮江20-1号棟

姫路本校 ☎079(287)2351
〒670-0935 兵庫県姫路市北条口2-7　カーニープレイス姫路第二ビル

奈良大宮本校 ☎0742(30)5701
〒630-8115 奈良県奈良市大宮町4-266-1　三和大宮ビル

■中国・四国

岡山本校 ☎086(227)5001
〒700-0024 岡山県岡山市駅元町1-6　岡山フコク生命駅前ビル

広島本校 ☎082(511)7001
〒730-0011 広島県広島市中区基町11-13　広島第一生命ビルディング

山口本校 ☎083(921)8911
〒753-0814 山口県山口市吉敷下東 3-4-7　リアライズⅢ

松山本校 ☎089(947)7011
〒790-0012 愛媛県松山市湊町3-4-6　松山銀天街GET！

高松本校 ☎087(851)3411
〒760-0023 香川県高松市寿町2-4-20　高松センタービル

徳島本校 ☎088(612)0781
〒770-0832 徳島県徳島市寺島本町東3-12-8　K1ビル

高知県庁前本校　☎088(820)5131
〒780-0870 高知県高知市本町5-6-35　つちはしビル

■九州・沖縄

福岡本校 ☎092(715)5001
〒810-0001 福岡県福岡市中央区天神1-10-13　天神MMTビル

北九州本校 ☎093(533)3661
〒802-0001 福岡県北九州市小倉北区浅野2-7-22　小倉興産19号館

熊本本校 ☎096(355)5001
〒860-0804 熊本県熊本市辛島町6-7　辛島第一ビルディング

大分本校 ☎097(540)5801
〒870-0021 大分県大分市府内町1-4-16　河電ビル

長崎本校 ☎095(832)4311
〒850-0036 長崎県長崎市五島町3-3　プレジデント長崎

宮崎本校 ☎0985(35)7311
〒880-0001 宮崎県宮崎市橘通西2-4-20　アクア宮崎ビル

鹿児島本校 ☎099(812)8211
〒890-0053 鹿児島県鹿児島市中央町3-36　西駅MNビル

那覇本校 ☎098(867)5001
〒902-0067 沖縄県那覇市安里2-9-20　丸姫産業第2ビル

LEC提携校　※提携校はLEC本校と実施講座およびサービスが異なります。

〈提携校名〉	〈提携先〉
北海道 — 北見駅前校[提携校]	志学会
青森 — 八戸中央校[提携校]	新教育センター
福島 — 郡山並木校[提携校]	㈱エイム
群馬 — 群馬玉村校[提携校]	早稲田進学スクール
千葉 — 京成佐倉駅前校[提携校]	光英塾
埼玉 — 熊谷筑波校[提携校]	ケイシン
深谷駅前校[提携校]	ケイシン
東松山駅前校[提携校]	ケイシン
北浦和駅東口校[提携校]	WIN&WINセミナー
東京 — 東京駅八重洲口校[提携校]	グランデスク
山梨 — 甲府中央[提携校]（旧LEC甲府校）	山梨情報専門学校
石川 — 金沢driven西[提携校]	㈱ヒューマン・デザイン
福井 — 福井南校[提携校]	㈱ヒューマン・デザイン
静岡 — 三島駅前校[提携校]	M-netパソコンスクール
沼津駅前校[提携校]	M-netパソコンスクール
浜松小豆餅校[提携校]	A-GOOD ITスクール
三重 — 四日市富田駅前[提携校]	教育サプライ
滋賀 — 滋賀草津駅前校[提携校]	パソコンスクールビット
和歌山 — 和歌山駅前校[提携校]	KEG
島根 — 松江殿町校[提携校]	山路イングリッシュスクール
松江北陵校[提携校]	アイム教育事業部
山口 — 岩国駅前校[提携校]	英光学院
山口大学前校[提携校]	GESプレップスクール
宇部琴芝校[提携校]	GESプレップスクール
防府駅前校[提携校]	慶應英数学院
香川 — 高松兵庫町校[提携校]	トータル教育桜咲く
愛媛 — 新居浜駅前校[提携校]（旧新居浜中萩）	㈲プラネット
高知 — 高知駅前校[提携校]	アールシステム㈱
福岡 — 北九州小倉砂津校[提携校]	GESプレップスクール
長崎 — 佐世保駅前校[提携校]	㈱智翔館
浦上駅前校[提携校]	㈱智翔館
沖縄 — 沖縄プラザハウス校[提携校]	共学琉大セミナー

※上記の所在地は2011年12月1日現在のものです。

お問い合わせ窓口

書籍・講座・資料のお問い合わせ・お申し込み

○ **LECコールセンター** （お申し込みは書籍・通信講座のみ）

☎ **0570-064-464**

受付時間　月～金 11:00～20:00　土・祝 10:00～19:00　日 10:00～18:00
※このナビダイヤルは通話料お客様ご負担となります。
※固定電話・携帯電話共通（PHS・IP電話からはご利用できません）。
※書店様のご注文・お問い合わせは、下記の受注センターで承ります。

知りたい！
聞きたい！

○ **オンライン本校** （お申し込みは書籍・通信講座のみ）

online.lec-jp.com/

【携帯サイト】www.lec-jp.com/i/
＊iモード・EZweb・Yahoo!ケータイ対応

携帯電話からはかんたんアクセス！
（バーコード対応機種のみ）

○ **最寄りのLEC各本校**
LEC全国学校案内をご覧ください。

書店様の書籍のご注文

○ 受注センター　☎ 048-999-7581
　　　　　　　　Fax 048-999-7591

受付時間　月～金　9:00～17:00
　　　　　土・日・祝　休み

書籍の内容に関するお問い合わせ

内容に関するご質問は受け付けておりません。
誤字・誤植等についてはLECオンライン本校に掲載の訂正情報をご覧いただくか、Webサイト内「お問合せ」「よくある質問」の各種フォームよりお問い合せください。

オンライン本校（トップページ）　online.lec-jp.com
＊「本を買いたい」から「LEC書籍の訂正情報」でご確認ください。

※LECの講座は全国有名書店・大学生協・購買部にて受付しております。具体的な店舗についてはコールセンターへお問い合わせください。

無料体験入学・無料試聴制度

★あなたもLECの講義を体験してみませんか？

LECは講義に自信があります。お申し込みを迷っている方は、講義の第1回目を試しにWebで受講していただけます。

| お問い合わせ お申し込み | 無料試聴……インターネットで▶ www.lec-jp.com/　携帯サイト（LECモバイル）で▶ www.lec-jp.com/i/ |

※講座によって無料体験入学・無料試聴の対象とはならないものもあります。事前にお問い合わせください。

LEC取扱試験種一覧

法律系　法科大学院／司法試験／司法書士／行政書士／弁理士／法務事務職（パラリーガル）／ビジネス著作権検定／知的財産管理技能検定／ビジネス実務法務検定試験／米国司法試験対策／ビジネスコンプライアンス検定

公務員系　国家総合職・一般職／外務専門職員／国税専門官／財務専門官／労働基準監督官／裁判所事務官／家庭裁判所調査官補／心理・福祉公務員／警察官・消防官／教員採用試験／経験者採用試験／保育士採用試験

会計・金融系　公認会計士／税理士／日商簿記／全経簿記能力検定／証券アナリスト／ビジネス会計検定試験／建設業経理士／貸金業務取扱主任者／FP（ファイナンシャル・プランナー）

コンサルタント系　中小企業診断士／社会保険労務士／証券外務員／年金アドバイザー

労務系　衛生管理者試験／運行管理者／危険物取扱者

不動産系　宅地建物取引主任者／不動産鑑定士／マンション管理士／管理業務主任者／土地家屋調査士／測量士補

IT系　ITパスポート

医療福祉系　登録販売者／保育士／診療報酬請求事務能力認定試験／福祉住環境コーディネーター

その他　通関士／販売士検定／秘書検定／ビジネス実務マナー検定／サービス接遇検定／TOEIC

LECグループ

■人材開発・キャリア開発サポート　**企業研修**
企業内での集合研修やeラーニング・通信教育の企画提案・提供
partner.lec-jp.com/

■子育て支援
株式会社プロケア
保育所「ちゃいれっく」の経営や、学童クラブ・児童館、一時預かり保育施設の受託運営
www.procare.co.jp/

■事務所作りをトータルサポート　**株式会社輸法**
合格後の独立開業をバックアップ
☎ 03-5913-5801

■専門士業のワンストップサービス　**士業法人グループ**
新たな士業ネットワーク構築と、独立支援・実務能力の養成をめざす
社会保険労務士法人LEC（エル・イー・シー）
sharoushi-houjin.lec-jp.com/
司法書士法人法思　homepage3.nifty.com/mat-shiho/
税理士法人LEC（エル・イー・シー）
弁護士法人LEC（エル・イー・シー）

人材サービス

■プロキャリア事業部
資格や学習知識を活かした就・転職をサポート
東京オフィス・横浜オフィス・名古屋オフィス・大阪オフィス
☎ 0120-923-067
www.procareer.co.jp/